# 拜登上台一週年的台美中關係

出版

**台灣國際研究學會**

經銷

**翰蘆圖書出版**

國家圖書館出版品預行編目資料

拜登上台一週年的台美中關係 / 施正鋒主編. --
初版. -- 台北市：台灣國際研究學會；翰蘆
圖書總經銷，2022.03
　　面：21×14.8公分

　ISBN 978-986-97485-7-5（平裝）

1. CST：美國外交政策　2. CST：臺美關係
3. CST：中美關係

578.52　　　　　　　　　　　111004075

知識分享・文化傳播
翰蘆知識網 www.hanlu.com.tw

# 拜登上台一週年的台美中關係

### 王崑義・施正鋒
主編

台灣國際研究學會
www.tisanet.org

# 拜登上台一週年的台美中關係

2022 年 3 月 初版發行

| | | |
|---|---|---|
| 編　　　者 | 王崑義、施正鋒 |
| 發 行 人 | 紀舜傑 |
| 出 版 者 | 台灣國際研究學會 |
| 地　　　址 | 10699 台北市成功郵局第 44-2066 號信箱 |
| 電　　　話 | 02-2755-2991 |
| 網　　　址 | http://www.tisanet.org/main.htm |
| 製　　　作 | 金華排版打字行 |
| 電　　　話 | 02-2382-1169 |

| | |
|---|---|
| 總 經 銷 | 翰蘆圖書出版有限公司 |
| 總 經 理 | 洪詩棠 |
| 法律顧問 | 許兆慶、曾榮振（依筆劃） |
| 工作團隊 | 孫麗珠、許美鈴、王偉志、秦渼瑜、林佳薇、楊千儀 |
| 地　　　址 | 台北市 100 重慶南路一段 121 號 5 樓之 11 |
| 電　　　話 | 02-2382-1120 |
| 傳　　　眞 | 02-2331-4416 |
| 網　　　址 | http://www.hanlu.com.tw |
| 信　　　箱 | hanlu@hanlu.com.tw |

| | |
|---|---|
| ATM轉帳 | 107-540-458-934 中國信託城中分行（代號 822） |
| 郵政劃撥 | 15718419 翰蘆圖書出版有限公司 |

ISBN 978-986-97485-7-5（平裝）

加入會員，直購優惠。

書局缺書，請告訴店家代訂或補書，或向本公司直購。

定價　新臺幣 360 元

# 「拜登上台一週年的台美中關係」
# 學術研討會

合辦單位：台灣國際戰略學會、台灣國際研究學會

時　　間：2022 年 2 月 19 日（星期六）

地　　點：淡江大校台北校區 D310 會議室（台北市大安區金華街 199 巷 5 號）

| 時　間 | 議　　　　程 | |
|---|---|---|
| 10:20 | 主辦單位致詞：台灣國際戰略學會理事長 王崑義<br>台灣國際戰略學會理事長 紀舜傑 | |
| 10:30 | 休　　　息 | |
| 10:50<br>～<br>11:50 | 總論主持人：台灣國際研究學會副理事長 林健次 | |
| | 美中區域競爭與台灣身份<br>台灣國際戰略學會理事長 王崑義<br>台灣國際戰略學會秘書長 張明睿 | 評論人：林正義 教授<br>中研院歐美研究所 |
| | 拜登上台一年的台中美關係<br>東華大學民族事務暨發展學系教授 施正鋒 | 評論人：林崇義 副教授<br>文化大學政治學系 |
| 11:50 | 午　　　餐 | |
| 12:50<br>～<br>13:50 | 觀察美國主持人：淡江大學國際事務與戰略研究所名譽教授 許智偉 | |
| | 強本固中──美國強化基礎設施與對中出口管制政策<br>實踐大學高雄校區會計暨稅務學系副教授 蔡裕明<br>台灣國際戰略學會副研究員 黃惠華 | 評論人：蘇紫雲 所長<br>國防安全研究院國防戰略<br>與資源研究所 |
| | 拜登的清晰或模糊──政策、策略、戰略<br>淡江大學教育與未來設計學系副教授 紀舜傑 | 評論人：范盛保 副教務長<br>崑山科技大學 |
| 14:00<br>～<br>15:00 | 觀察中國主持人：政治大學政治學系退休教授 李榮秋 | |
| | 從立陶宛問題解析中國大陸回應美國<br>友台政策的模式──行動戰略的觀點<br>中華戰略前瞻學會研究員 王信力 | 評論人：譚傳毅 研究員<br>台灣國際戰略學會 |
| | 中國對拜登政府中國政策的對應與評估<br>台北醫學大學通識中心教授 張國城 | 評論人：郭秋慶 教授<br>淡江大學歐洲研究所 |

| 時 間 | 議　　　　　　　程 | |
|---|---|---|
| 15：00 | 休　　　　息 | |
| | 觀察台灣主持人：中國文化大學社會科學院院長　趙建民 | |
| 15：10 ～ 16：40 | **拜登政府的兩岸政策──台灣觀點及對台灣的影響**<br>聯合大學通識教育中心兼任助理教授　蕭衡鍾 | 評論人：滕昕雲　研究員<br>台灣國際戰略學會 |
| | **拜登上台後美中關係的變遷與展望**<br>健行科技大學企管學系教授　顏建發 | 評論人：沈明室　所長<br>國防安全研究院國家安全研究所 |

召集人：王崑義、施正鋒

聯絡人：張明睿

# 目錄

# 美中競爭與台灣身分的再建構

**王崑義**
台灣國際戰略學會理事長

**張明睿**
台灣國際戰略學會研究員

## 壹、美國對中國激烈競爭與拜登主義

美國前國防部副部長羅伯特・沃克（Robert Work）曾對「競爭」有過這樣的陳述，「競爭這個詞⋯並沒有表達我們想要做什麼。⋯政府只是說，中國確實是一個競爭對手，我們需要防範未來的不良行為（Friedman, 2019）。競爭有了「防範不良行為」的意義，競爭對手便有了不良行為者的假設。

2017 年美國提出安全戰略報告，國家戰略指導轉向大國競爭，宣示「大國競爭又捲土重來。中國和俄羅斯⋯在爭奪我們的地緣政治優勢，並試圖改變對他們有利的國際秩序」、看出「中國欲在印太地區取代美國，俄羅斯則想恢復大國地位，建立勢力範圍」（Trump, 2017: 27, 25）。但在中俄之間，美國更重視中國的行為，認為「中國是修正主義的大國，⋯正在積極與美國、我們的盟國和合作夥伴在政治、經濟和軍事領域展開競爭，並利用科技和資訊加速這些競爭，以改變有利於他們的地區實力平衡」；競爭具有權力意象，這裡從權力意識指出了國際政

治的史觀，「歷史的中心連續性是對權力的競爭」（Trump, 2017: 25）。權力競爭成為發展過程被突出的重心，大國競爭的意義回到了以物質為基礎的現實主義範疇。2018 年美國國防部頒布《國防戰略報告》指出，「美國首要國家安全不是恐怖主義，而是國家間競爭，中國是一個戰略競爭者」，認為「美國繁榮與安全的核心挑戰是長期的反覆出現。國家安全戰略將其歸類為修正主義大國的戰略競爭」，明確地將「競爭者」指向中國，同時將競爭視為一種戰略競爭（strategic competition）（Mattis, 2018: 2）。戰略競爭接受了大國競爭觀念的指導，美軍的軍事建設，要擺脫反恐指導，轉向全球戰略的軍事設計，恢復常規戰爭的能力。

拜登（Joseph R. Biden）於2021 年2 月4 日上台後，在首次對國會的演說時指出，「外交又回到了我們外交政策的中心…我們將修復我們的聯盟，並再次與世界互動」（Biden, 2021a）。他後來又表示，在政策工具優先順序的選擇上，確立使用武力應該是最後的手段，而不是首先；外交、發展和經濟治理之道應該是美國外交政策的主要工具（Biden, 2021b: 14）。美國國務卿布林肯（Anthony J. Blinken）也認為，「外交而不是軍事行動－將永遠是第一位。…我們已經見到（軍事）太高的成本」；他針對與中國關係提出了「應該是競爭時便競爭，能合作時則合作，必要對抗時則對抗」（Blinken, 2021）。根據布林肯的說法，可以看出美中關係同時具備了競爭、合作、對抗三種關係。

在拜登就職演說之後，美國公布了《國家過渡性戰略指南》（Interim National Security Strategic Guidance），針對中國的競爭，指出了三大要點，「強化持久競爭優勢，（排除）不公平競爭的挑戰，有利於美國的原則上合作」（Biden, 2021b: 14-20）。正如美國國防部發言人馬丁美納

斯（Martin Meiners）特別提到，「與中國的戰略競爭…所有領域－即技術、貿易、軍事領域」，但其後又宣稱「…戰略競爭在符合我們國家利益的情況下，不排除與中國合作」（Lippman, et al., 2021），明顯偏離了川普政府使用的語言，引起國會議員吉姆班克斯的批評，認為這是對中國較弱的立場，將損害美國的國家安全，或者不會認真的對中國再進行追責。

事實上，拜登為了應對「大國競爭」的國家戰略下，將國防戰略中心轉向外交政策中心的批評，就職不久接受訪問，強調「將與盟友更緊密地合作，以便對中國進行反擊，但美國不需要與中國「衝突」，但要進行「極為激烈的競爭」（Fallert, 2021）。從沃克到拜登、布林肯五年的時間，「競爭概念」內含與外延的拓展，由防範不良行為的指涉，擴大到「權力競爭、大國競爭、戰略競爭、極激烈競爭」複合性意義的擴張，透露出美國希望能在適應當前時代，找到一條「成本－效益」最大化的路徑，在避免衝突的原則下與其他大國進行有效競爭。

## 一、國際政治理論的競爭文化

2021 年 10 月 6 日美國白宮國家安全顧問蘇利文（Jake Sullivan）與中央外事工作委員會辦公室主任楊潔篪代表，在瑞士蘇黎世舉行了會晤，楊潔篪表示，「中美合作，兩國和世界都會受益。中美對抗，兩國和世界都會遭受嚴重損害。中方反對以競爭來定義中美關係」（張文馨，2021）。從楊潔篪的說法可以理解到，「競爭概念與合作共贏」是不相同，甚至映照出競爭在本質上帶有對抗的意義。楊潔篪對於競爭的詮釋，是否就是競爭的本質呢？由於美中在全球領域是處於全方位互動，既包括了全球性安全，如氣候變遷、大流行病、糧食生產、能

源發展，也有跨國領域，如軍備控制、恐怖主義活動，都需要美中合作處理，單是「競爭」概念難以蓋括美中現況關係。

正如沃克所言「競爭」是一個泛泛之詞，並沒有想要做什麼！因此，在內涵上是可以被發展積累，可以基於規則的「合作性競爭」，也可以如拜登所言「極激烈競爭」的非規範性競爭。由於競爭的語意解釋性強，工具選擇多，操作者易於掌握主動，以進行有意識的結構活動，年來美中關係的現實，反映著正被美國所主導的競爭觀念，進行彼此關係的再建構。拜登極激烈競爭形成「內外部政治」共有觀念的內涵，成為建構國際體系的政治文化模式。依據亞歷山大溫特（Alexander Wendt）的國際建構主義理論，國際政治文化的模式，可以從國際體系結構與主體位置，區分為「霍布斯文化主體位置是（對抗）敵人；洛克文化主體位置是（競爭）對手；康德文化主體位置是（合作）朋友」（亞歷山大溫特，2008：254）。競爭成為一種重要的政治文化，並以對手的姿態展現彼此關係。

亞歷山大溫特（2008：275-76）進一步解釋說，競爭在國家的對外政策上有四種意義：「對待相互的主權必須維持現狀的態度；預期效用理論則是討論對競爭對手採取（理性）行為的理論；軍事實力不具有頭等重要的地位；如果爭端真正導致戰爭，競爭對手會限制自己的暴力行為。」從亞歷山大溫特對競爭的說明，對照當前美國主導的激烈競爭，將能更清晰理解所謂「激烈」的意思。拜登將極激烈競爭設定了一個「不要衝突」的限制，除了表示自我克制外，也不希望美中關係由競爭對手走向缺乏限制暴力的敵人關係發展。問題是布林肯（Blinken, 2021）主張對中國關係的三種並存樣態－「合作、競爭、對抗」，理論上卻又分別歸屬於「康德、洛克、霍布斯文化」，文化之間的矛盾又要

如何調和呢？

在美國副國務卿雪蔓（Wendy Sherman）於2021 年 7 月訪問中國前夕，美國國務院高級官員表示「華府歡迎競爭，但需要有一個公平競爭的環境和「護欄」（guardrails），以確保雙方關係不會轉向變成衝突」（黃啓霖，2021）。2021 年 11 月 16 日蘇利文表示，拜登與習近平視訊會談，同意就「戰略穩定展開對話…涵蓋安全、科技與外交，…以確保這項競爭有護欄機制，不致演變爲衝突」（張筠，2021）。美國法學學者羅伯特‧威廉姆斯（Robert D. Williams）從法學視角建議「美中兩國建立護欄和交通規則，以管理兩大國之間的競爭，並且降低軍事衝突的風險」（林森，2022）。很明顯地，美國想透過「公平競爭－護欄機制－避免衝突」的方式，能讓與中國的競爭關係，在極激烈卻又能避免衝突的空間下運行。

根據亞歷山大溫特（2008：254）「合作、競爭、對抗」三種方式建構美中關係，從理論上觀察這三種方式又各自隸屬於不同位置角色，其邊界給出的定位是，「敵人是相互威脅，使用暴力無限制；對手是相互競爭，不會相互殺戮；朋友是相互結盟協力抗擊安全威脅。」。「敵人－對抗；競爭－對手；合作－朋友」理論上的演繹分立，但在現實世界的美中關係卻是整體唯一的，三者文化關係構成內在邏輯的壁壘與觀念的相互競爭，安全保障是本能反應，存在人的潛意識之中，成敗恐懼情緒導致手段升高，互動中的「競爭－對抗」與「競爭－合作」組合拉鋸，容易偏向「競抗模式」，現實中若導致美中關係惡化，並不足爲奇。

## 二、美對中「全政府」的激烈競爭

　　布林肯就職演說，指出美中三種關係－合作、競爭、對抗－，事實上，這三種關係也是川普執政以來，從政策實踐上所構建的美中新型關係，甚至被簡化爲新冷戰關係，拜登承續政策無法擺脫前朝布局制約。這引起奈伊（Joseph S. Nye, Jr）擔心，他說，「總統的行動表明，他的對中國戰略可能確實受到冷戰思維的影響，…基於一個簡單的二維前提——唯一的戰鬥，只會發生在雙方軍隊之間——雙方的行動都取決於對方是否扣動扳機」，也就是說雙方軍事力量只要能自我克制，美國決策者便能控制，並向有利於美國競爭結果發展。但奈伊認爲「與中國的競爭是一個三維棋局，權力…分布在各個層面，軍事、經濟和社會」（Nye, 2021）。所以，用冷戰形容美中關係並不恰當，而且有失敗的危險。奈伊將美中競爭，一方面視爲權力分配，另一方面指出競爭的多維性、複雜性，只是奈伊在提出三維棋局，主要是從美中相互依賴的視角分析，認爲美中關係應是「競合」關係，以提醒執政當局手段運用的謹愼。顯然，奈伊主張與美國政府操作美中激烈競爭的「競抗」性質是相悖的。

　　美國在『2021財年國防授權法』中，再次提出了全政府條款，以「涵蓋軍事、技術、學術、經貿等各個領域，…要求總統制定一項「全政府戰略」（whole-of-government strategy），以反制中國的挑戰（弗林，2020）。全政府是一種方法的概念，當「一個聯邦機構甚至整個聯邦政府，都無法以任何有意義的方式解決我們國家最大的挑戰，…它們都需要各級政府之間的協調努力，這種方法稱爲全政府」（Worzala, 2017: 15）。全政府機制的運用，是應對國家安全威脅的重要機制。歐巴馬

（Barack Obama）時期將小布希政府國務院設立的「重建和穩定協調員辦公室」，提升爲「衝突和穩定行動司」（State Department Bureau of Conflict and Stabilization Operations, CSO）；川普政府爲強化印太戰略，2018 年 5 月成立「印度－太平洋司令部」（United States Indo-Pacific Command, USINDOPACOM），爲美國駐印太地區各國家安全性群體組織和聯邦政府其他組織的集結點或匯集地（張帆，2019）。

　　全政府戰略不但是指行政部門功能展現，如「外交、軍事、經濟、科技」等，甚至還包括立法、司法功能及地方政府的協調運用。如司法部門可以透過引渡法案，與情報、安全與境管部門合作，透過司法引渡跨境拘留、逮捕、起訴所認定的對象。除此之外，還可以與商務、貿易機制合作，起訴對美國企業具有威脅的外國企業，執行美國的長臂管轄政策。立法部門則透過人事任命審議、授權法案、外交委員會、國防委員會、議會外交、NGO 海外設置等方式，影響行政部門的對外政策，甚至直接影響他國內政。行政、立法、司法構建對外的競爭體系，全政府戰略是一種總體戰略及傳統綜合國力使用的表述。

## 三、競爭中的美國目標－戰勝中國與領導世界

　　2018 年美國國防戰略規劃首席官之一的柯爾比（Elbridge A. Colby），他從地緣政治的角度審查美中競爭的實力與空間需求，設計出「否定戰略」（denial strategy）（Colby, 2021）。他解釋「否定戰略」爲通過否定既成事實的一種戰略觀點，是適用於地緣政治總體戰略目標，但主要的焦點在「否定某個國家在一個地區的統治」，否定戰略的三項任務目標，「否定中國在西太平洋建立從屬的盟友或台灣；維持威懾多個對手的核威懾力量，包括俄羅斯與中國；低成本的執行反恐任

務」（Colby & Gallagher, 2021）。顯然，否定戰略主要聚焦在西太地區的中國。他直言美中競爭目的，「我們現在生活在一個利益和目標不同的大國世界中，…（競爭）獲勝將意謂著實現有利的地區力量平衡，…防止中國在這些地區（亞洲）佔據主導地位」（Friedman, 2019）。

美國印太事務協調官坎貝爾（Kurt Campbell），在亞洲協會（Asia Society）說明拜登亞洲政策時指出，「我相信中美能夠和平共處嗎？是的，我願意。但我確實認爲這一挑戰對於這一代和下一代來說，將非常困難」（Campbell, 2021）。坎貝爾的眞正意思，美中將長期處於困難，處於激烈競爭狀態。2022 年 1 月 10 日坎貝爾在戰略與國際研究中心（CSIS）進一步指出，「印太地區很可能是世界上最有可能看到一場戰略意外（strategic surprise）的地方。」他認爲「中國可能有在太平洋島嶼建立基地的野心」（林森，2022）。除此之外，坎貝爾並讚揚「AUKUS 協議與印太（四方 QUAT）高峰會，證明美國的夥伴關係正導致中國胃灼熱」；坎貝爾並警告說，美中關係已經進入「不確定時期」（Brunnstrom & Needham, 2022）。

從柯爾比與坎貝爾的說明，美中想透過「和平共處」方式相互融合，終將是一種理想狀態。主要原因在於美中之間的各自利益、目標的不同，埋下美中競抗的隱患，爲了區域主導權的競爭，在彼此實力的相互作用下，規則化的規範將被打破，這也是坎貝爾的斷言，美中已經進入「不確定時期」。坎貝爾從印太的區競爭，提出美中關係越來越處於不穩定的狀態；柯爾比則從西太平洋島鏈的「聯盟與反霸聯盟」的競爭，通過「否定既成事實」（denying the fait accompli）方式，否定中國成立的盟友及與台灣的關係，形塑堅實反霸（中）聯盟。對中國的激烈競爭已經不言而喻。

除了透過競爭，取得區域權力平衡的目地之外，美國還希望「美國治下和平的世界」仍能永續。2022 年 1 月 24 日美國眾議院通過了眾多法案匯集成的『2022美國競爭法案』，通過之後，美國眾議員麥考爾（Michael McCaul）和眾議院議長佩洛西（Nancy Pelosi）都異口同聲說是，該法案「將確保美國在全球的競爭力和領導地位。或強化美國國家、經濟和家庭的財務安全，並提高我們在世界上的領導地位」（莉雅，2022）。美國總統拜登更直言：「該立法將使我們的供應鏈更強大，…使我們在未來幾十年，在競爭中戰勝中國和世界其他地區」，「我們一起有機會向中國和世界其他地區表明，21 世紀將是美國的世紀──一個由我們的創新者、工人和企業的聰明才智和辛勤工作者的美國世紀」（莉雅，2022）。

## 四、拜登主義－植根國內實力與領導聯盟

前面談了「競爭」的意義、手段、目標、與美中矛盾性質的敘述，不禁要問的是，拜登執政一年來，拜登執政的思維是什麼？途徑在哪裡？是否已經形成，在執政一周年之際，有了幾份較明確的文本提供我們分辨。什麼是「拜登主義」（Biden Doctrine）？在 2021 年 8 月阿富汗撤軍時，紐約時報記者米契爾克勞雷伊（Michael Crowley）等人便提出了拜登主義的觀察，他們指出一種「拜登主義」正在浮現：這種外交政策避免無休止戰爭與國家建設的侵略性策略，同時聯合盟友反對新興大國的威權主義。…認為中國是美國至關重要的競爭對手，俄羅斯是破壞者，伊朗和北韓是核擴散國，網路威脅是不斷演變的威脅，而恐怖主義則遠遠超出阿富汗的範疇」（Crowley, et al., 2021）。

克勞雷伊僅從阿富汗撤軍事件推理出拜登思維，蘇利文則在 1 月

18日接受美國《外交政策》麥克金農（Amy Mackinnon）訪談，且以「定義拜登主義」為題，說明對蘇、中、伊朗和拜登一年的政事。蘇利文詮釋「拜登主義」的內涵主要有兩條，「深度投資盟友與合作夥伴，以便使我們能利用朋友及我們自己的力量應對挑戰；其次，美國在世界的實力，植根於美國的國內實力」（Mackinnon, 2022）。基於這樣的路線圖，以應對地緣政治競爭與跨國挑戰，包括了氣候、新冠疫情（COVID-19）、核擴散、經濟平等議題。在與麥克金農訪談裡，涉及中國的議題，包括了兩岸關係、貿易、經濟、技術規則的設置，民主與威權管理、民主與專制制度的競爭、及提升獨立媒體和獨立聲音等。蘇利文的陳述，確實與紐約時報克勞雷伊對拜登主義的判斷相去不遠。

　　無獨有偶，美國國務卿布林肯在1月24日參加了「艾森施塔特年度系列講座」（Eizenstat Lecture Series）訪談，討論到俄烏局勢、中國議題、中亞阿富汗、中東伊朗、以巴等問題，布林肯將這些問題敘述深入，針對中國議題說明可以歸納以下七點（Blinken, 2022）：

1. 中國是我們外交政策的核心。是我們關注的焦點，是我們的思維以及我們的行動的核心。所有（與中國）關係的塑造，將在未來幾十年間產生影響。

2. 美中之間有競爭（保證公平競爭是好事），有合作，但也越來越多地看到對抗性方面，中國都更加自信，更具侵略性。

3. 我們在每個領域（教育、基礎建設、研究、開發）都大幅下滑，與此同時，中國在每個領域都在崛起。如果我們沒有對自己進行投資以儘可能地具有競爭力，那麼我們就會削弱有效應對中國所構成的挑戰能力。

4. 兩黨的大力支援，以提高我們的競爭力（指的是 2022 美國競爭法案）。

5. 超越中國，發揮我們的領導作用。進行規範、規則和標準化工作，這方法直接適用於我們如何有效地與中國打交道，也涉及加強聯盟、夥伴關係，這就是為何我們要對聯盟、夥伴關係和國際組織進行投資的根本原因。

6. 我認為在商貿上與中國完全脫鉤的想法是一個錯誤的概念，以正確的方式貿易，投資，包括與中國的貿易和投資，可能是一件好事。但具有戰略意義的行業和敏感技術上進行對外投資是有實際的危險。

7. 我們真的必須繼續關注並從國內開始，對我們自己的人民，我們的人力資源進行必要的投資。

　　從布林肯回應艾森斯塔特大使對中國問題的說明，可以理解到美國已經聚焦中國挑戰，尤其在第二點所表述的「中國自信與具威脅性」。布林肯所以會如此回應問題，主要的原因，是艾森斯塔特大使對中國描述的幾個現象，包括：「中國崛起會爆發新冷戰嗎？美中經濟互賴、氣候變化的合作、支持限制伊朗核能力、但同時更加激進的外交政策，更加具有壓制性的國內政策，如新疆維吾爾族問題、南海軍事化、一帶一路倡議、對台灣飛越威脅、區域貿易倡議」（Blinken, 2022）。言下之意，中國內部與外部政策的積極行為，都構成美國權力與利益的擠壓與威脅。正如馬扎爾（Michael J. Mazarr）等人所說，「國際領域的競爭涉及試圖獲得優勢，通常相對於他人，通過自私地追求有爭議的商品，例如權力、安全、財富、影響和地位，被認為構成挑戰或威

脅」（Mazarr, et al., 2018: 5）。中國的發展幾乎動則得咎，衝突已在其中了。布林肯在應對中國崛起的說明，意識到美國目前自身力量不足，所以，一方面必須通過聯盟作用共同塑造國際經濟、政治秩序，保證中國能遵行西方所建立的規範、規則與技術準則，另一方面，還需要對自身發展進行（包括人力資本）投資，這與蘇利文總結出「聯盟作用與自身實力」構建的拜登主義方向是一致的。

## 五、灰色地帶與連續性戰略操作

2021 年 8 月 31 日美軍在阿富汗撤離之時，拜登在演說中隱含著兩個重要訊息：一是宣示結束以軍事行動改造其他國家的時代；二是挑戰事項的描述，「我們正在與中國進行激烈的競爭；與俄羅斯一起應對多條戰線的挑戰；面臨網路攻擊和核擴散；必須加強美國的競爭力，以應對 21 世紀競爭中的這些新挑戰」（Biden, 2021）。這兩個訊息的意義在表示，軍事行動將回歸常規功能，以面對中國、俄羅斯的挑戰。也就是說，美國軍事能力建設，將繼續朝著大國競爭戰略方向發展。大國競爭構成國防建設規劃的總指導，馬扎爾等人（Mazarr, et al., 2018: 4）除了對國際競爭指出的優勢競爭外，還被理解為「在國際關係背景下，競爭可以理解為敵對狀態沒有直接武裝衝突的關係演員」。總體來說，競爭成為國家對權力、安全、財富、影響和地位等方面，在武裝衝突的門檻（threshold）下，試圖獲得優勢的行動。

軍事能力使用因時代背景的不同，可區分為和平使用與戰爭使用。但對於當前國際競爭的環境，軍事運用陷入一種悖論情境，因為要求軍事運用既在武裝衝突之下，又要能發揮敵對狀態競爭優勢，換句話說，時代的特徵是一種「非和、非戰」情境，戰略學者將此特徵

賦予了「灰色地帶」概念，並「將灰色地帶競爭視為機會而非風險，通過尋求脅迫、內部獲得影響、破壞關鍵國家和地區的穩定」（Morris, et al., 2019: 4-5），以達到灰色地帶競爭的目的。

在灰色地帶的時代，混合戰與威懾戰略成為軍事能力運用的主要型態。這也就是一年來美中競爭為何呈現－政治、軍事、貿易、商務、資訊、技術－全面性交手樣態的思維根源。在軍事行動上，美國在國防授權法案中，《太平洋威懾計畫》成為西太平洋大國競爭的指導，這也導致了以美英澳 AUKUS 聯盟為內核，外層則以印太戰略聯盟疊加上去，以構建可控的西太平洋戰略體系。為了表現美國的意圖與決心，2019 年以來，在南海、台海、東海區域逐漸加大軍事威懾行動，同時期望達到驅動西太平洋地區聯盟共同觀念與行動的形成。威懾行動來自於軍事能力的信度，美國國防建設必須優於威懾戰略需求，須要提高至戰爭戰略需求的考量。正當在「美國 2022 國防戰略報告」發布前夕，大西洋理事會發布了新的軍事願景報告，其目的是「支持美國與盟國和伙伴一起重振領導作用，重振基於規則的國際秩序」，強調在競爭的時代，應將「合作－灰色地帶競爭－武裝衝突」應視為一個連續體，並且「國防部需要對中國與俄羅斯競爭，且一開始就包含盟友和伙伴角色與能力，參與進攻性混合戰爭行動」（Starling, et al., 2021: 29, 21）。

美國國防部長奧斯丁（Lloyd Austin）曾言「展望未來，威懾必須與過去有所不同，將新方法描述為綜合威懾（integrated deterrence）」（Lopez, 2021）。依據美國國防部政策次長卡爾（Colin Kahl）的說明，2022 年美國國防戰略重點，將基於當前最大的中國威脅，以及綜合威懾的指導。威懾是要跨領域、整個政府、聯合所有盟邦。是「必須涵

蓋所有領域，跨越從高端到灰色地帶的各種衝突，我們的國家力量工具——不僅僅是軍事，還有情報、經濟、金融、技術，以及至關重要的是與我們的盟友和合作夥伴一起」(Garamone, 2021)。在軍事戰略的規劃上，綜合威攝是透過「常規武力、核武、網路、太空、資訊領域的美軍戰力整合；從高強度戰爭到灰色地帶的不同程度衝突應對能力的整合；以及美軍與其盟友及夥伴之間的整合」(李忠謙，2022)。美國國防戰略方針，是針對中國目標進行籌畫，奧斯丁國防戰略綜合威懾的指導，既有灰色地帶的應對，亦有戰爭衝突的規劃，具有「合作－灰色地帶競爭－戰爭衝突」準備的連續性，這已經成為大國競爭的國防戰略主要的指導。

## 小結

從美國的視角討論美中競爭關係，可以發現美國所謂大國競爭，主要的對象為中國與俄羅斯，但兩者的策略有所不同，俄羅斯的挑戰是在傳統安全領域，被美國視為破壞者；中國對美的挑戰雖在經貿領域，但其綜合國力已達美國的 77.3%，被美國視為競爭對手。「破壞與競爭」的差別在於戰爭手段與避免衝突下激烈（或混合）手段的差異，這正反映出美國無法同時面對兩場大國的軍事衝突。

美國當前的國家發展路線，發展自身實力與建構新的聯盟體系，以便實現地緣政治的控制（外部）與中產階級的復甦（內部），這也是拜登主義的精神。面對中國，美國採行激烈競爭的途徑，激活了「全體制」，動用了全政府資源與手段，從安全、外交、國防、科技等。諸多主政官員陳述其目的，不外乎求得先制攻勢，掌握議程主導，形成聯盟共識，取得行動的合法性，欲主導新的國際體系出現。其短期目

的或在抑制中國發展，維繫美國持久優勢，長期目標則是鞏固美國創設的國際政治秩序，保持美國在國際事務上的主導權力，保障美國治下和平時代的永續發展。美國為了國家利益，在無政府狀態的國際社會展現高度自助，但這個理論背景卻在一種每個人對每個人戰爭的邏輯上演繹，現實的國際社會是一種互動狀態，帶有衝突與對抗的激烈競爭，被美國政策所框定的競爭對象－中、俄，同樣也會處於一種辯證互動的反應，展現美國所謂的規則性、非規則性與破壞性競爭行動。

## 貳、中國對美競爭的姿態與回應

美中之間競爭關係的驅動，源於「大國競爭」者的恐懼。對偏好以歷史與政策分析的學者而言，「權力競爭」的碰撞是一種常態。然而，中美之間競爭的觀念，在本質上是有差別，中國強調的是「發展戰略」，以經濟為軸心，技術為基礎的發展。受限於「人慾無窮，資源稀缺」的經濟條件，及商品先佔優勢的市場規律，具有潛力的新興科技，容易形成市場優勢與技術壟斷效應，5G 現象便是很好的說明，這也成為中美競爭重點因素之一。2021 年中美總體經濟的 GDP 比較來看，「中國17.7 兆美元，美國 22.9 兆美元，占比約為 77.3%」（吳泓勳，2022）。兩者差距又被進一步拉近，美國作為一個霸權國家，面臨未曾有過的追趕現象，中國發展速度轉化成對美國威脅的心理認知，激烈競爭也由此而發。

布林肯在回答艾森施塔特大使說：「競爭若在公平競爭的條件下進行，是一件好事。」言下之意，中國經濟的追趕現象，是得力於不公平競爭的結果。但日本經濟專家行天豐雄比較了 1980 年美日經濟競爭，

認為「現在中國和美國的分歧，融合了系統性、結構性矛盾和經濟政策方面的分歧」(川江，2019)。美中問題更加分歧更加複雜，而非限於經濟政策。

## 一、拜登政府對中競爭的手段

行天豐雄分析美日、美中競爭的差別指出，除了經濟政策外，美中之間還存在系統性－如制度系統、結構性－如高新技術結構的矛盾，這些問題是可以從拜登政府對中國競爭推動的手段中獲得檢視。譬如透過美國國家安全委員會(National Safety Council)整合美國商務部、國防部、國務院、能源部甚至財政部，裁定制裁對象與措施(郭曉鵬，2021)。綜合而言，美國對中國的競爭是全面遏制，包括了人權、經濟、科技、軍事、台灣等議題。以遏制中國發展速度，以鞏固西方治下的政經秩序。

2021 年 8 月 30 日拜登在阿富汗撤軍之後的演講指出，結束以軍事力量去協助建設國家的同時，強調人權是外交的核心。拜登政府集結民主聯盟的共有觀念，在政治上對中國施以人權外交，包括了「防疫封城對自由人權的傷害、疫情清零政策危害的外溢、冬奧運動會的抵制、新疆反人權治理的經濟制裁、西藏文化、宗教迫害的揭露、香港民主運動的聲援、台灣民主制度典範的宣揚等」，並在各相關機構成立中國小組或是特定事務的協調官，如設置西藏事務協調官，施以全面性政治壓力。

在經濟領域的競爭，「貿易關稅調整、排除中資在美國及友邦國家的 5G 工程建設、干擾 WTO 規則的履行、公佈企業制裁實體清單、負面宣傳一帶一路政策、科技術產業鏈脫鉤、斷絕先進晶片製造代工、

嚴審陸資收購高科技公司，以及侷限留美的理工學生等。」透過這些手段，遏制中國經濟增速以及高新技術的發展。除此之外，還在印太戰略中準備推出「印太經濟架構」，與中國在區域經濟一體化過程中進行競爭。

在軍事領域上，美國除了調整全球戰略部署，將軍事重心移轉西太平洋之外，並透過軍事威懾行動，強化區域內軍事力量的存在，並在東海、台海、南海、以航行自由，飛航自由否定中國在這些區域的主權主張，在空中、海上不斷升高大陸延邊多機種的抵近偵查、海上公域集結船艦的演習、以及聯盟國家的聯合演訓，製造水域、空域的緊張情勢，以貫徹西太平洋威懾計畫，增長軍事衝突致勝的能力。

在兩岸關係領域，蘇利文表述說，「兩岸關係的根本政策，…是使用我們掌握的所有工具來確保對台灣採取軍事行動（大陸入侵），或單方面改變台海現狀（台灣獨立），事實上不會發生。」；所謂的工具是指，「通過威懾與外交結合的方式，通過維護美國對台政策、一個中國政策、台灣關係法、三個聯合公報、六項保證的兩黨傳統」（Mackinnon, 2022）。

那麼如果中國採取軍事行動，美國的立場又如何？布林肯在回答CNN 記者 Dana Bash 給出了三個答案，「根據『台灣關係法』確保台灣有能力自衛的長期承諾」、「確保沒有人採取任何會破壞台灣現狀的單方面行動」、「堅定地致力於履行『台灣關係法』規定的責任，包括確保台灣有能力保護自己免受任何侵略」（U.S. Department of State, 2021）。從布林肯的談話中便能解析出，所謂的「確保現狀」，並無提出如何確保的方式，目前至多是軍事威懾；所謂對台灣履行責任，指的是確保台灣具有自衛的能力。由布林肯、蘇利文說明兩岸關係政策，可以獲

知美國當前的一中國政策，是指主權底線思考，透過公共外交與提供防衛能力給台灣，確保沒有人採取任何會破壞台灣現狀的單方面行動（武統、獨立），主張兩岸和平穩定。換句話說，美國將掌握兩岸關係主導權力，過程中運用台灣的戰略地位、政治需求、經濟能力，以有利於美國在西太平洋激發盟友與權力平衡。針對美國將戰略重心移轉西太平洋，中國必須直面美國的極激烈（尤其是戰略）競爭。

## 二、中國對應美國的姿態

2012 年中共總書記習近平接掌政權之後，提出「中華民族偉大復興」的「中國夢」，欲實現「國家富強、民族復興、人民幸福」的目標（中共中央文獻研究室，2013），發展政策重心，也由大國策向強國策方向調整。美國則在川普執政時期，所提的「美國再次偉大」的理想，美國優先成為政策的核心思維。美中在國家目標上，都有成為「偉大國家」的夢想。習近平透過中長期三步走戰略規畫，主張「大國向強國」方向轉變，政策上必然由大國含蓄政策轉變為強國的積極政策施作。2012 年以來，其重要的政策有「科技強國的政策偏好」、「國防體制與科技植入改革」、「一帶一路的全球倡議」、「亞洲經濟一體化實現」、「循環經濟政策再調整」、「經濟外交以拓展國際依賴」、「積極南太島國關係發展」及「南海、台海維權維和行動」。習近平的積極政策，威脅了美國的利益，被美國視為國際政經秩序的修正主義者，及行動自由空間的擴張主義者，與川普的美國優先形成矛盾，競爭碰撞再所難免。

依據埃文・梅代羅斯（Evan Medeiros）觀察，中國對川普敵對的戰略（貿易、商務、科技），「反映要謹慎得多，有時甚至是和解的，而

不是對抗」；直到 2020 年 1 月新冠疫情蔓延之後，美國內部受到經濟損失與人道困擾，轉將疫情歸咎中國，指責中國隱瞞疫情，發起對中國究責，中國的態度逐漸轉為以牙還牙對等方式抗衡（Medeiros, 2019）。2021 年拜登執政以後，中國原本對美國新政府抱有期待，期望能夠改善中美關係，卻發現拜登新團隊承續著美國優先理念，更加的運用國際組織與聯盟力量和中國展開激烈競爭，導致了「阿拉斯加」會面火爆場景。

　　2021 年 3 月 19 日在阿拉斯加「美中國防與外交 2＋2 戰略對話」中，中國國務委員楊潔篪闡明立場說：「你們（美國）沒有資格在中國面前說，你們從實力地位出發，同中國談話。」（王路、王佐亞，2021）。美國國務卿布林肯則認為，「毫不意外的是，我們明確和直接地提出這些問題（人權），得到了防禦性的反應」，「僅僅是了解到拜登總統和中國國家主席習近平在追求各自的優先事項上的差異，就很有價值」（Jakes & Myers, 2021）。布林肯對這場會談摸底的評論，相當精準的揭露了，美國處在攻勢一端，而中國則處於防禦的另一端。這場會晤也表明了雙方的立場，以及日後互動攻防，將更明確的從各自利益出發，中國則持續走自主性戰略的道路。

## 三、中國對美拋出的底線與清單

　　2018 年美中以貿易戰開端，卻隨著 2020 新冠疫情發展與被川普稱呼「中國病毒」，導致中國重新評估美中關係，以及拋掉不搞對抗及美中關係總體穩定的判斷，這種現象延續到拜登政府更加的激烈，正如同「美國自由之音」評論，美中安克拉治會晤與天津會談後，「美中關係並沒有因為這些互動而有任何改善」（美國之音，2021）。主要原

因是美中各自行動的基點不同，美方在激烈競爭下，管控美中競爭不向衝突關係轉化；中方則強調互利共贏，穩定美中關係，反對以「競爭」定義中美關係。事實上，在這個時候美國對中國的判斷已經定性，中國具有「恢復其在亞洲的核心角色和世界舞台上的主導力量、制定自己喜好的規則、規範和制度的國家」的企圖心（Hass, 2021）。如前面引述柯爾比的觀點，美國不可能讓渡地緣政治的權力與中國分享，美國的激烈競爭勢必要針對中國企圖進行制約。既然彼此難有交集，中國趁 2021 年 7 月 26 日薛爾曼（Wendy Sherman）天津會談機會，拋出了三個底線及糾錯與關切兩份清單，基本上是回應美方所提「護欄」的中國版本（趙立堅，2021a）。

從宏觀戰略競爭視角，三個底線具有根本性質，內容是指美國應尊重「中國的社會主義道路與制度、發展進程與主權、領土完整」（趙立堅，2021b）。然而美國對中國的競爭，如新冠疫情之爭被引導成制度、治理競爭；對一帶一路倡議的批判與半導體技術斷供，則是發展進程的干擾；介入香港與台灣議題，則涉及到侵犯主權與領土的完整。美國不會為這些議題設計護欄，所謂衝突的避免是指軍事衝突，為戰爭設計護欄，這也是激烈競爭的天花板。從 2021 年 3 月美中在阿拉斯加安克拉治 2＋2 會談，7 月份的王－薛天津訪談，再到 10 月的蘇黎世楊－蘇高階會談，基本上美中各自態度保持了一貫，所不同的是中國已將面子外交轉換成底線外交、事件外交。

## 四、掌握經濟與科技發展的主動權

布魯金斯學會高級研究員瑞恩哈斯觀察，中國對應美國不斷升級的戰略競爭，歸納出三種反應策略：「保持非敵對的外部環境、減少

對美國的依賴，增加世界對中國的依賴、擴大中國在海外的影響力」（Hass, 2021）。瑞恩哈斯論述中國應對的策略，是基於美國全球利益視野，從外部政治角度，通過中國官方與學界的話語歸納而成，缺乏美國對中國極激烈競爭對應的政策反饋。中國應對於美國全政府戰略的政策反饋，經濟與科技發展主動權的掌握，是整體戰略行動的重心。

中國在《第十四個五年計畫》中提出了「加快構建以國內大循環為主體、國內國際雙循環相互促進的新發展格局」（王靜、呂騰龍，2020）。劉鶴（2020）在解釋構建內外循環新格局指出了三點原因，即「在適應經濟發展階段變化、應對國際環境變化、體量優勢的內在要求。」。通俗的說，便是為解決供需卡脖子效應問題，適應貿易保護主義上升趨勢，以及擴大內需的成長動能。2020 年 9 月習近平在東北視導，指出「國際先進技術、關鍵技術愈來愈難以獲得，單邊主義、貿易保護主義上升，逼著我們走自力更生的道路，這不是壞事，中國最終還是要靠自己」（魏艾，2020：5）。林毅夫（2020）在解釋經濟新格局的決定，除了短期因素外，主要的原因還是經濟規律所導致。他也指出中國經濟優勢在於「傳統產業有後來者的優勢；新產業革命上－互聯網、人工智慧、雲計算、5G、萬物互聯－也看到優勢；中國按照購買力評價計算有全世界最大的市場」。其次，在一帶一路的發展上，2021 年前 11 個月經貿統計「中國與一帶一路共建國家進出口累計 10.43 萬億元，同比增長 23.5%，在一帶一路共建國家非金融類直接投資 179.9 億美元，同比增長 12.7%」（宋岩，2022），並且依託一帶一路的機制，延展出健康絲綢之路、綠色絲綢之路、數位絲綢之路，創新絲綢之路，擴張性極強。這也是美國要針對「絲綢之路」進行打擊的原因。

至於區域經濟發展，2022 年的 1 月全球貿易佔比最大的 RCEP（區

域全面經濟伙伴協定）生效，葛來儀（Bonnie Glaser）表示，「中國因此將獲益，尤其中國、日本和韓國可能會因為三國間建立的新的經濟聯繫而獲得最大利益」（呂嘉鴻，2022）。美國針對亞太經濟整合趨勢，欲在印太戰略體系下，提出區域經濟架構計畫，與中國進行區域經濟的競爭。林毅夫在評估中國經濟體的優勢，提出新興產業革命所具有的優勢，這一點是西方先進科技國家 GDP 的核心來源，隨而產生了劉鶴所擔憂的國際貿易壁壘，供應鏈不暢，技術障礙卡脖子的問題。

中國對此提出解決的方案，主要還是匯集內部資源，鼓勵內部半導體的投資，策定中長期科技政策。除此之外，還進一步修訂《科學技術進步法》，強調「從技術為本轉變為以人為本的體制規範，保障基礎研究的力度，合理知識產權分配」，以保障科研環境的公平性與激勵科究人員的創造稟賦（劉垠，2022）。除此之外，還公布《第十四個五年規劃和 2035 年遠景目標綱要》，確立國家戰略科技發展渠道，攻關戰略前沿科技，如「人工智慧、量子資訊、積體電路、生命健康、腦科學、生物育種、空天科技、深地深海等前沿領域」將《中國製造 2025》、《中國標準 2035》納入了綱要範疇（中共發改委，2021：12-13）。

從經濟政策與科技政策可以看出來，雙循環將是依託中國自身的市場規模，強調自立更生的發展精神，併舉國內與國際市場的運行，成為因應貿易壁壘與高技術封鎖的新途徑。

## 五、灰色地帶的安全化競爭

在整體戰略行動中，安全化競爭是對應灰色地帶行動的保障手段。美國的「西太平洋威懾計畫」其手段包括了軍事、外交、情報、經濟、一中政策等五種型態，除了區域經濟戰略尚在規畫之外，其餘手段已

經呈現，這種混合型態手段，是灰色地帶競爭的特點。

1. 中國在面對美國的軍事威懾，呈現三條特色戰略途徑：面對傳統安全的壓力，解放軍加快了軍事能力的強化工作，基於「科技與戰略」的整合，解放軍的軍事力量，將向滿足遠程戰略任務需求調整。面對美國在西太平洋軍事威懾，則借美行動順其形勢，以改變區域軍事活動的歷史定義，尤其是台海中線消失，第一島鏈的突破。其次，2月4日在多奧開幕當天，中俄簽署了一份「聯合聲明」，指出「中俄反對外部勢力破壞兩國共同周邊地區安全和穩定，（雙方）反對…藉口干涉主權國家內政，反對顏色革命，…反對北約繼續擴張…反對在亞太地區構建封閉的結盟體系、…高度警惕美國推行的印太戰略…」（胡永秋、楊光宇，2022），形成以中俄為核心的安全敘事，由此，可以理解到，未來歐亞區域在中俄共有觀念下，具有軍事連動的可能，歐洲的烏克蘭、中東的伊朗、敘利亞、亞洲的台灣，以及南太平洋島國的軍事存在，形成整體思考行動，以牽制美軍在兩洋的行動自由。第三是突破南太平洋島國的軍事存在。如索羅門群島首都發生騷亂事件後，2021年12月23日中國發佈「應索羅門群島政府請求，中方將緊急提供一批警用防暴物資並派遣臨時警務顧問組」（聶振宇，2021）。2022年1月19日，解放軍聯合參謀部參謀長李作成應約與紐西蘭國防部秘書長布里奇曼舉行視訊通話（李慶桐，2022），2022年1月27-29日兩架Y-20運送救災物質到湯（東）加（丁增義，2022），中國做法很清晰，除了經濟、外交之外，安全活動也在醞釀，這是中國超越第一島鏈的行動，也就是坎貝爾所憂心的地方。這部分也是中美地緣

戰略競爭，最有可能改變地區安全形勢的關鍵。

2. 政治手段的對應競爭。安全化競爭的樣態，除了軍事之外，還有外交、情報，外交與情報的整合，成為政治作用，表現在人權外交事務的衝擊，這部分中國則以安全化手段進行防禦，這也是美國過去 5 年來對中國進行安全化作法的啟示，讓中國見識到西方藉由安全問題轉為政治操作合法化的行徑，政治安全化、合法化模式，讓中國的手段有機會合理化。

3. 一中政策的競爭。美國在兩岸關係介入態度，一中政策施作是一項重要評估工具，美國對該項政策的選擇，是隨著美中關係的親疏而有所不同，尼克森到歐巴馬時期，強調「交往、接觸」的政策，一中政策便傾向三項公報的標準行事，2017 年川普調整國家安全戰略轉向大國競爭，一中政策便開始傾向台灣關係法方向的實踐，其中尤以軍售是最為直觀的要素。拜登執政之後，不但延續這項政策，且更深度、擴張的加以實施，主要的策略，有提高武器質量的銷售、加大台海軍事威懾量能、提升美台官方層級接觸，協助參與國際組織活動等，其強度向主權臨界點抵近。在灰色地帶的空間領域，美國將轉以第三方視域操作兩岸關係。

2021 年 12 月 30 日王毅在接受新華社、央廣聯合採訪時，談到一個中國原則時指出：「美國違背建交承諾，…試圖歪曲和掏空一中原則，如此不僅將把台灣帶入危險境地，美國自己也會面臨不可承受的代價」（王毅，2021）。對於美國的操作，中國以維繫主權、領土完整的基礎思維，對應美國不同以往的一中政策操作。例如為了因應美國

助台的「國際化、軍事威懾」行動，中國也付出了代價，如制約立陶宛操作「台灣更名」的活動，承受了明顯的耗能損失。針對美國不斷深化台灣議題，中國也不可能任由美國掌控兩岸發展的主動權，勢必在近期對台政策上將有所調整，汪洋在 2022 對台工作會議中提到，「新時代黨解決台灣問題的總體方略和對台工作決策部署。穩中求進、守正創新，堅決粉碎台獨分裂圖謀，堅決遏制外部勢力干涉，扎實推動兩岸關係和平發展、融合發展，牢牢把握兩岸關係主導權、主動權…」（汪洋，2022）。從汪洋的說明中可以區分三部分，即「促統、反獨、反干預」。中國促統具體政策較多－福建融合發展模式、兩岸一家親、惠台政策等；反干預則表現在底線思維，包括主權領土完整、對沖式軍事威懾；反獨上除了公布第一波的台獨份子清單外，尚未具體出台政策，當記者問到國台辦發言人朱鳳蓮是否有進一步反獨措施時，她僅回答「露頭就打」（朱鳳蓮，2022）。這與秦剛所說，「和平不打仗是中美公約數，…台灣問題可能使中美陷入衝突的主要潛在因素」（陳言喬，2021）。中國在反獨、反干預的話語中，已經不避諱「軍事衝突」的說詞。

台灣學者趙建民分析 2022 年兩岸情勢發展，傾向於中國對台統一規劃，由長程變為短程，且具三個趨勢「統一目標進程化」、「武力威懾常態化」、「反對台獨國際化」（陳怡君，2022）。前陸委會主委蘇起認為，中共 20 大後可能提出的「新時代黨解決台灣問題的總體方略」，預計將涵蓋軍事、經濟、文化、政治、法律，會有全面且細膩的布局」（陳怡君，2022）。換句話說，2022 年中國對台政策，將趨向較積極對台政策走勢。

## 參、台灣身分與利益決定

2018 年以來，在大國間的「戰略競爭」與「安全化」手段對沖的背景下，原有的體系結構正在被游離與再塑型，灰色地帶競爭成為新結構穩定前期的特徵，也成為行為體「身分」轉化的可能契機。台灣在這一場解構與再建構的過程中，讓「台灣」的身分由理念得以轉化成現實可能，也成為目前政府視為最大利益所在，但是這種利益卻需要國際行為體對「身分」的認同。因此，台灣目前的政策，為獲取國際認同，將台灣身分問題，視為一種重要利益，並附加在區域共同利益之內。

然行為體的「身分」形成與確立，依據亞歷山大溫特（2008：220）觀點認為，身分是植根於行為者的自我領悟。但是，「這種自我領悟的內容常常依賴於其他行為體對一個行為體再現，以及這個行為體自我領悟這兩者間的一致性；身分便由自我與他者兩個部分所組合而成，也就是「一種是自我持有的觀念，一種是他者持有的觀念，身分是由內在和外在結構建構而成的」。亞歷山大溫特理論道出了身分的兩重性，一是內部政治上對自我身分認同與內化的完成，以及這種內化的身分，同時還需要能得到外部政治領域的他者所認識與接受。身分的認知必須內化成為行為者的一部分，才能產生再現的效果。

台灣在 2016 年以來，新塑身分的認同行動，透過「安全、歷史、文化」三個途徑著手，在政治安全的途徑，由中國的主體性轉換為台灣的主體性，從而在地緣政治拓展身分空間，現實中則由美中台關係向美日台關係調整聯繫；在歷史上，由中國中心史觀轉換為台灣中心史觀塑造；在文化上，以多元文化弱化單一文化的傳承。這三條新要

素操作認同，以構建台灣新的身分。新身分認同的推展，對台灣新生代影響深遠，也影響了國內政治的發展。蔡英文總統在 2021 年的國慶講話中表示，「過去這些公共議題的討論，很容易因為政黨的立場不同，或是政治認同的分歧，讓原本只是路徑手段的不同，被無限上綱成意識形態的爭執。這些爭執無助於國家發展，…」（蔡英文，2021a）。這也表明了馬英九執政時期，雖然不搞爭辯，但是爭辯在台灣卻沒有停止過，如今台灣主體性的政治意識趨勢形成，也就轉為希望政黨間不要再有意識形態的爭辯。蔡英文在接受 CNN 訪談說到未來工作時指出了三點，「第一，加速國防改革，這樣我們才能更有能力保護我們的國家。第二，我們想要強化台灣與世界的連結，基於共享價值結交朋友。第三，我想要讓人民凝聚更大的共識」（蔡英文，2021b），這也表示蔡英文已經自信能掌握價值觀與台灣認同的共識，並持續深化意識形態的工作。

現在的問題是，台灣如何在國際政治環境中，再現新「身分」的同時，如何能讓台灣與國際行為者的他者，得以與台灣認知一致。台灣新的身分是如何展現在國際體系促進認同？這要從政府對自己的描述去理解。以下依據蔡英文在「2021 年國慶講話」與 2021 年 10 月 28 日接受「美國有線電視新聞網」（CNN）專訪，歸納其對「台灣新身分與台灣利益」具有代表性的表述（蔡英文，2021a、2021b）：

### 1. 民主價值與夥伴

「台灣並不孤單，因為我們是民主國家，我們尊重自由，愛好和平，與區域內大多數國家有共同的價值。」「當威權政權（中國）展現擴張的企圖，民主國家應該合作，捍衛共同的價值，而台灣就站在全

球民主社群的最前線。」「台日關係持續深化，歐盟跟我們的關係也越來越密切，台美 TIFA 復談了、…在華府、在東京、在坎培拉，或者在布魯塞爾，台灣議題不再邊緣，有越來越多的民主好朋友，…。」

### 2. 地理與利益

「我們在地理上也具有戰略重要性。所以，我認為確保台灣安全是區域內國家的共同利益。」「在我們開始致力維護共同利益、捍衛共同價值之際，台灣就處在關鍵的位置上。」「印太區域變化中的局勢，也讓台灣在區域中的關鍵地位，再次受到矚目。」「民主國家之間，則正努力強化各領域的合作基礎，以因應區域和全球的變局。G7、北約、歐盟，以及美日印澳的「四方安全對話」，不約而同關注台海的和平與安全，同時也關心印太區域和平穩定的現狀，是否會遭受到中國片面的破壞。」

### 3. 全球經濟地位

「全球半導體晶片的短缺，更凸顯了台灣在供應鏈上的重要性。」「台灣也是全球供應鏈安全、可靠的合作夥伴，是值得信賴的國際貿易夥伴。」「世界認定台灣半導體產業是他們必須協助且保護的產業。」「我們走出一條不再依賴單一市場的新經濟路線，這是台灣經濟能夠立足世界、扮演更重要角色的關鍵。」

### 4. 美台日關係的信心

「美國是台灣產品的最大市場，且幾乎是我們採購防衛武器的唯一來源，美國還提供台灣各種支援，讓我們能夠成為區域或國際的行

為者，不那麼孤立。」「他們（美國、日本）會以各自的方式（馳援台灣）。」

### 5.兩岸關係溝通

「美國有自己的「一中政策」，而中國有「一中原則」，但在香港體現的「一國兩制」卻毫無意義。」「中國對區域…更為擴張主義，因此，過去他們能接受的事情，現在可能無法接受。（這是兩岸溝通為何停擺原因）」。「在兩岸關係的立場上…，維持現狀就是我們的主張，我們也會全力阻止現狀被片面改變。」面對兩岸關係，「永遠要堅持自由民主的憲政體制，堅持中華民國與中華人民共和國互不隸屬，堅持主權不容侵犯併吞，堅持中華民國台灣的前途，必須要遵循全體台灣人民的意志。」

## 小結

經以上五個面向的整理，便可以很清晰的得到當前台灣政府對「身分與利益」的主張，簡單的說，「民主台灣、主權獨立、地緣政治經濟的焦點台灣、區域利益便是台灣利益、美日會支援民主台灣。」台灣將以如此內涵的身分，出現在印太地緣政治舞台，並且台灣的利益攸關區域穩定，因而區域利益與台灣利益具有一致性。

理解台灣的身分與利益觀之後，見到台灣隨著美中競爭，不斷被拉進競爭的環境，台灣也選擇了加入美國的競爭戰略體系，並與美國保持戰略同步，美國反饋的行動也是很迅速，2022 年 2 月 5 日美國眾議院通過『2022 年美國競爭法』，在該法案中，置入了台灣議題，主要是「強化美台關係、協助參與國際組織、協助提升不對稱防衛能力、

推動改名台灣駐美代表處」（自由時報，2022）。台灣在區域角色確實受到美國重視，並在政策選擇上趨近「台灣身分」的價值！支持台灣，同時透過結構化印太體系，讓台灣在新的國際政經秩序，以新的身分出現在國際政治社會。

　　然而，美國新古典現實主義學者羅斯（Gideon Ross）也告知了一個可能，「對宏觀結構…是如何被中間層面的制度放大或緩解，這樣的關注有助於我們尋求宏觀結構對政策產出結果的影響，但避免了結構決定論的特性化」（Ross, 1998: 147）。其意，也就是大國競爭過程，大國得以透過菁英操作自身制度性的安排，較自由去影響國際結構的變遷。對於同盟中的小國，不論採取跟隨戰略，或是極端的融入戰略，在「其制度性放大、緩解」的彈性與不確定的決策選擇中，將形成對小國穩定性的影響，這也必須被迫行為者必須思考自身的「成本－效益」，也就是在「共有利益」的視野外，是否還要有「台灣自身利益」的特殊性，才能考察大國彈性決策所帶來的風險，台灣主體性也方能完整得到保障，更何況「競爭」在國際政治意義上對於「主權與領土」的尊重，成為美國要求美中之間不衝突、設護欄要求的重要行為臨界，此臨界條件仍是對台新身分的一種制約，台灣若忽視了這些重要變數，忽略台灣利益並非完全等同於區域共同利益的現實，硬要把台灣角色化成區域利益的中心，可能將會為區域共同利益需要所反蝕，發生被大國區域利益所宰制的一枚棋子。

# 參考文獻

蔡英文，2021a。〈總統出席中華民國中樞暨各界慶祝 110 年國慶大會〉《總統府網》10 月 10 日（https://www.president.gov.tw/News/26253）（2022/1/30）。

蔡英文，2021b。〈總統接受「美國有線電視新聞網」（CNN）專訪〉《總統府網》10 月 28 日（https://www.president.gov.tw/NEWS/26294）（2022/1/30）。

陳言喬，2021。〈中國駐美大使接受美國主要媒體採訪事後卻一字未見〉《聯合報》12 月 27 日（https://udn.com/news/story/7331/5992060）（2022/1/31）。

陳怡君，2022。〈展望兩岸關係 學者：陸將提對台方略作為更積極〉《中央社》1 月 20 日（https://www.rti.org.tw/news/view/id/2122625）（2022/2/1）。

川江，2019。〈中美貿易戰：日美《廣場協議》見證者行天豐雄反思前車之鑒〉《BBCNEWS》7 月 22 日（https://www.bbc.com/zhongwen/trad/world-49056173）（2022/1/30）。

丁增義，2022。〈中國空軍兩架運－20 飛機完成赴湯加運送救災物資任務後返部歸建〉《中國國防部網》1 月 29 日（www.mod.gov.cn/big5/action/2022-01/29/content_4904017.htm）（2022/2/3）。

弗林，2020。〈美國會通過國防授權法案，涵蓋針對中港台問題數十項條款〉《法廣網》12 月 12 日（https://www.rfi.fr/tw/政治/20201212-美國會通過國防授權法案，涵蓋針對中港台問題數十項條）（2022/1/29）。

郭曉鵬，2021。〈美國擬擴大對中芯國際的出口禁令，業內人士：市占率恐進一步喪失，轉單效應有利台廠〉《關鍵評論網》12 月 16 日（https://www.thenewslens.com/article/160355）（2022/1/31）。

胡永秋、楊光宇，2022。〈中華人民共和國和俄羅斯聯邦關於新時代國際關係和全球可持續發展的聯合聲明〉《人民日報》2 月 4 日（Politics.people.com.cn/n1/2022/0204/c1001-32345502.html）（022/2/10）。

黃啓霖，2021。〈美副國務卿訪中，將強調美中競爭需有護欄〉《中央廣播電台》7 月 25 日（https://www.rti.org.tw/news/view/id/2106461）（2022/1/28）。

李慶桐，2022。〈推動中國新西蘭兩軍關系不斷發展〉《中國國防部網》1 月 27 日（www.mod.gov.cn/big5/topnews/2022-01/27/content_4903673.htm）（2022/2/1）。

李忠謙，2022。〈「中國對付美國的戰略是圍棋思維！」美國智庫敦促五角大廈：全力應對中俄「新型競爭」，在灰色地帶更要「轉守為攻」〉《風傳媒網》1 月 8 日（https://new7.storm.mg/article/4140865）（2022/1/30）。

莉雅，2022。〈抗衡中國：美國眾議院推出 2022 年美國競爭法〉《美國自由之音》1 月 25 日（https://www.voacantonese.com/a/US-house-competes-act-china-20220125/6412920.html）（2022/1/30）。

林森，2022。〈美中印太角逐日甚 雙方須設立什麼樣的「護欄」？〉《美國自由之音》1 月 13 日（https://www.voacantonese.com/a/us-china-road-rule/6393461.html）（2022/1/29）。

林毅夫，2020。〈中央提出以國內大循環為主，不是要改變發展道路〉《觀察者》10 月 23 日（https://www.guancha.cn/LinYiFu/2020_10_28_569508.shtml）（2022/1/31）。

劉鶴，2020。〈加快構建以國內大循環為主體、國內國際雙循環相互促進的新發展格局（學習貫徹黨的十九屆五中全會精神）〉《人民日報》11 月 25 日（Politics.people.com.cn/BIG5/n1/2020/1125/c1001-31943814.html）（2022/1/31）。

劉垠，2022。〈新修訂科技進步法迎來哪些重大變化〉《科技日報》1 月 5 日（finance.people.com.cn/BIG5/n1/2022/0105/c1004-32324427.html）（2022/1/31）。

呂嘉鴻，2022。〈RCEP 正式生效：中國主導亞太區域經濟的機會與台灣的挑戰〉《BBC 中文網》1 月 13 日（https://www.bbc.com/zhongwen/trad/business-59964200）（2022/2/1）。

美國之音，2021。〈白宮國安顧問沙利文在蘇黎世會晤中共外事辦主任楊潔篪〉10 月 6 日（https://www.voacantonese.com/a/US-security-adviser-Sullivan-and-China-s-Yang-hold-talks-in-Zurich-20211006/6259619.html）（2022/1/27）。

聶振宇，2021。〈中國外交部應索羅門政府請求將派遣景物顧問組及提供警譽物資〉《香港 01 網》12 月 23 日（https://www.hk01.com/即時國際/715908/中國外交部－應所羅門政府請求－將派遣警務顧問組及提供警用物資）（2022/2/10）。

宋岩，2022。〈高品質共建一帶一路成績斐然 —— 二○二一年共建一帶一路進展綜述〉《人民日報》1 月 25 日（www.gov.cn/xinwen/2022-01-25/content_5670280.htm）（2022/2/2）。

汪洋，2022。〈汪洋出席 2022 年對台工作會議並講話〉《新華社網》1 月 25 日（www.gov.cn/xinwen/2022-01-25/content_5670374.htm）（2022/2/3）。

王靜、呂騰龍，2020。〈中共十九屆五中全會在京舉行（2020/10/26-29）〉《人民日報》10 月 30 日（cpc.people.com.cn/BIG5/n1/2020/1030/c64094-31911721.html）（2022/1/31）。

王路、王佐亞，2021。〈楊潔篪：你們沒有資格在中國面前這樣說話〉《央視網》3 月 19 日（https://v.cctv.com/2021/03/19/VIDEG0fIOQxWS0SPXxAaK1Jw210319.shtml）（2022/1/31）。

王毅，2021。〈王毅國務委員兼外長就 2021 年國際形勢和外交工作接受新華社和中央廣播電視總台聯合採訪〉《中國外交部網》12 月 30 日（https://www.mfa.gov.cn/web/wjbz_673089/zyjh_673099/202112/t20211230_10477288.shtml）（2022/1/31）。

魏艾，2020。〈中共「十四五規劃」及「2035 遠景目標建議」內容簡析〉（https://ws.mac.gov.tw/Download.ashx?u=LzAwMS9VcGxvYWQvMjk1L2NrZmlsZS8wODZkMjg5Ny01YzI3LTRjZmItOGM2OS01YzE4ZWQyYThhZjAucGRRm&n=MjAyMC4xMeWFqOaWHy5wZw）（2022/2/28）。

吳泓勳，2022。〈大陸 GDP 追趕美國 占比升至 77%〉《旺報》1 月 19 日（https://www.chinatimes.com/newspapers/20220119000052-260303?chdtv）（2022/1/30）。

亞歷山大溫特（秦亞青），2008。《國際政治的社會理論》。中國上海人民出版社。

張帆，2019。《一加一大於二？試析「全政府」在美國國家安全體制中的應用》
《世界經濟與政治》8 期，頁 62-95。

張筠，2021。〈設護欄 美中將進行戰略穩定對話〉《聯合報》11 月 18 日（https://
udn.com/news/story/122559/5898626）（2022/01/29）。

張文馨，2021。〈蘇利文會楊潔篪：中方反對以競爭來定義中美關係〉《聯合
報》10 月 7 日（https://udn.com/news/story/6809/5798632）（2022/1/28）。

趙立堅，2021。〈2021 年 7 月 26 日外交部發言人趙立堅主持例行記者會〉
《中共外交部》7 月 26 日（https://www.mfa.gov.cn/web/wjdt_674879/fyrbt_
74889/202107/t20210726_9177407.shtml）（2022/1/31）。

趙立堅，2021。〈2021 年 7 月 27 日外交部發言人趙立堅主持例行記者會〉
《中共外交部》7 月 27 日（https://www.mfa.gov.cn/web/wjdt_674879/
fyrbt_674889/202107/t20210726_9177408.shtml）（2022/1/31）。

中共發改委，2021。〈中華人民共和國國民經濟和社會發展，第十四個五年規
劃和 2035 年遠景目標綱要〉（https://www.ndrc.gov.cn/xxgk/zcfb/ghwb/202
103/P020210323538797779059.pdf）（2022/2/28）。

中共中央文獻研究室，2013。〈為實現中華民族近代以來最偉大的夢想而奮
鬥，學習《習近平關於實現中華民族偉大復興的中國夢論述摘編》〉《人
民日報》12 月 3 日（cpc.people.com.cn/n/2013/1203/c64387-23722539.html）
（2022/1/31）。

朱鳳蓮，2022。〈國台辦新聞發佈會輯錄（2022-01-26）〉《中共中央台辦、國
務院台辦網》1 月 26 日（www.gwytb.gov.cn/xwdt/xwfb/xwfbh/202201/
t20220126_12403701.htm）（2022/2/3）。

自由時報，2022。〈美眾院通過抗衡中國法案 包含台灣代表處正名〉《自由時
報》2 月 5 日（https://news.ltn.com.tw/news/politics/breakingnews/3820461）
（2022/2/7）。

Biden, Joe. 2021. "Remarks by President Biden on the End of the War in
Afghanistan." August 31 (https://www.whitehouse.gov/briefing-room/

speeches-remarks/2021/08/31/remarks-by-president-biden-on-the-end-of-the-war-in-afghanistan/) (2022/1/30)

Biden, Joseph R. 2021a. "Remarks by President Biden on America's Place in the World." February 4 (https://www.whitehouse.gov/briefing-room/speeches-remarks/2021/02/04/remarks-by-president-biden-on-americas-place-in-the-world/) (2022/1/28)

Biden, Joseph R. 2021b. "Interim National Security Strategy Guidance." March 3 (https://www.whitehouse.gov/wp-content/uploads/2021/03/NSC-1v2.pdf) (2022/1/28)

Blinken, Anthony J. 2021. "A Foreign Policy for the American People." March 3 (https://www.state.gov/a-foreign-policy-for-the-american-people/) (2022/1/30)

Blinken, Antony J. 2022. "Secretary Antony J. Blinken at the Fran Eizenstat and Eizenstat Family Memorial Lecture Series." January 24 (https://www.state.gov/secretary-antony-j-blinken-at-the-fran-eizenstat-and-eizenstat-family-memorial-lecture-series/) (2022/02/02)

Brunnstrom, David, and Kirsty Needham. 2022. "Pacific May Be Most Likely to See 'Strategic Surprise': U.S. Policymaker Campbell." Reuters, January 11 (https://www.reuters.com/world/asia-pacific/us-most-likely-see-strategic-surprise-pacific-official-2022-01-10/) (2022/01/30)

Campbell, Kurt. 2021. "U.S. and China Can Co-Exist Peacefully." Asia Society Policy Institute, July 6 (https://asiasociety.org/policy-institute/kurt-campbell-us-and-china-can-co-exist-peacefully) (2022/01/30)

Colby, Elbridge A. 2021. *The Strategy of Denial: American Defense in an Age of Great Power Conflict.* New Haven, Conn: Yale University Press.

Colby, Elbridge A., and Mike Gallagher. 2021. "The Strategy of Denial: American Defense in an Age of Great Power Conflict Book Discussion." Reagan Institute, September 30 (https://www.youtube.com/watch?v=Kb3Yol56RUw&t=493s) (2022/01/31)

Crowley, Michael, Helene Cooper, Michael D. Shear, and Lara Jakes. 2021. "In Afghan Withdrawal, A Biden Doctrine Surfaces." New York Times, September 4 (https://www.nytimes.com/2021/09/04/us/politics/biden-doctrine-afghanistan-foreign-policy.html?_ga=2.128734539.619187301.1643177060-1958751321. 1636008002) (2022/01/30)

Fallert, Nicole. 2021. "Biden Hints at 'Extreme Competition' with China, Says There's No Need for Conflict." Newsweek, February 7 (https://www.newsweek. com/biden-hints-extreme-competition-china-says-theres-no-need-conflict-1567408) (2022/2/28)

Friedman, Uri. 2019. "The New Concept Everyone in Washington Is Talking About." *The Atlantic*, August 6 (https://www.theatlantic.com/politics/archive/ 2019/08/what-genesis-great-power-competition/595405/) (2022/01/18)

Garamone, Jim. 2021. "DOD Policy Chief Kahl Discusses Strategic Competition With Baltic Allies." *DoD News*, September 17 (https://www.defense.gov/ NEWS/NEWS-STORIES/ARTICLE/ARTICLE/2780661/DOD-POLICY-CH IEF-KAHL-DISCUSSES-STRATEGIC-COMPETITION-WITH-BALTIC-ALLIES/) (2022/01/31)

Hass, Ryan. 2021. "How China Is Responding to Escalating Strategic Competition with the US." Brookings, March 1 (https://www.brookings.edu/articles/how-china-is-responding-to-escalating-strategic-competition-with-the-us/) (2022/ 02/02)

Jakes, Lara, and Steven Lee Myers. 2021. "Tense Talks With China Left U.S. 'Cleareyed' About Beijing's Intentions, Officials Say." *New York Times*, March 22 (https://cn.nytimes.com/world/20210322/china-us-alaska/zh-hant/) (2022/2/5)

Lippman, Daniel, Lara Seligman, Alexander Ward, and Quint Forgey. 2021. "Biden's Era of 'Strategic Competition.'" *Politico*, October 5 (https://www. politico.com/newsletters/national-security-daily/2021/10/05/bidens-era-of-strategic-competition-494588) (2022/01/31)

Lopez, C. Todd. 2021. "Defense Secretary Says 'Integrated Deterrence' Is Cornerstone of U.S. Defense." *DoD News*, April 30 (https://www.defense.gov/News/News-Stories/Article/Article/2592149/defense-secretary-says-integrated-deterrence-is-cornerstone-of-us-defense/) (2022/01/29)

Mackinnon, Amy. 2022. "Defining the Biden Doctrine." *Foreign Policy*, January 18 (https://foreignpolicy.com/2022/01/18/national-security-advisor-jake-sullivan-interview-qa-biden-doctrine-foreign-policy/) (2022/01/30)

Mattis, Jim. 2018. "Summary of the National Defense Strategy: Sharpening the American Military's Competitive Edge." (https://dod.defense.gov/Portals/1/Documents/pubs/2018-National-Defense-Strategy-Summary.pdf) (2022/2/28)

Mazarr, Michael J., Jonathan S. Blake, Abigail Casey, Tim McDonald, Stephanie Pezard, Michael Spirtas. 2018. "Understanding the Emerging Era of International Competition: Theoretical and Historical Perspectives." (https://www.rand.org/pubs/research_reports/RR2726.html) (2022/2/28)

Medeiros, Evan. 2019. "China Reacts: Assessing Beijing's Response to Trump's New China Strategy." *China Leadership Monitor*, No. 59 (https://www.prcleader.org/medeiros) (2022/1/28)

Morris, Lyle J., Michael J. Mazarr, Jeffrey W. Hornung, Stephanie Pezard, Anika Binnendijk, and Marta Kepe. 2019. *Gaining Competitive Advantage in the Gray Zone: Response Options for Coercive Aggression below the Threshold of Major War*. Santa Monica, Calif.: RAND Corporation (https://www.rand.org/pubs/research_reports/RR2942.html) (2022/2/28)

Nye, Joseph S., Jr. 2021. "When It Comes to China, Don't Call It a Cold War." *New York Times*, November 3 (https://www.nytimes.com/2021/11/02/opinion/biden-china-cold-war.html?_ga=2.10985190) (2022/1/28)

Ross, Gideon. 1998. "Neoclassical Realism and Theories of Foreign Policy." *World Politics*, Vol. 51, No. 1, pp. 144-72.

Starling, Clementine G., Tyson K. Wetzel, and Christian S. Trotti. 2022. "Seizing the Advantage: A Vision for the Next US National Defense Strategy." Atlantic Council, December 22 (https://www.atlanticcouncil.org/content-series/atlantic-council-strategy-paper-series/seizing-the-advantage-a-vision-for-the-next-us-national-defense-strategy/) (2022/01/30)

Trump, Donald J. 2017. "National Security Strategy of the United States of America." (https://trumpwhitehouse.archives.gov/wp-content/uploads/2017/12/NSS-Final-12-18-2017-0905.pdf) (2022/2/28)

U.S. Department of State. 2021. "Secretary Antony J. Blinken with Dana Bash of CNN State of the Union." October 31 (https://www.state.gov/secretary-antony-j-blinken-with-dana-bash-of-cnn-state-of-the-union/) (2022/02/01)

Worzala, Mary, Craig Van Develde, and Jessica Kuntz. 2017. "Deploying the Whole of Government: How to Structure Successful Multi-Agency International Programs." (https://www2.deloitte.com/content/dam/Deloitte/us/Documents/public-sector/us-public-sector-deploying-the-whole.pdf) (2022/2/28)

# 拜登上台一年的台中美關係[*]

施正鋒
東華大學民族事務暨發展學系教授

　　戰後以來，美國兩大黨的外交大戰略依違現實主義（realism）、及自由主義（liberalism）之間：大體而言，共和黨強調安全，採取現實主義的世界觀，傾向於圍堵（containment）、制衡（balancing）、甚至對抗（confrontation）；相對之下，民主黨重視利益、高唱自由主義，揭櫫交往[1]（engagement）、合作、甚至投其所好（appeasement）。現實主義的圍堵策略由威嚇（coercion）、延伸嚇阻[2]（extended deterrence）、到限制性圍堵[3]（finite containment），而自由主義的交往策略也可以由

---

[*]　發表於台灣國際戰略學會、台灣國際研究學會合辦「拜登上台一週年的台美中關係學術研討會」，台北，淡江大學台北校區 D310 會議室，2022/2/19。

[1]　即自由式國際主義（liberal internationalism），高舉理想主義式世界秩序（idealist world order）、強調合作式安全（cooperative security）。

[2]　又稱全球圍堵（global containment）、或冷戰式國際主義（cold war internationalism），近似 Posen 與 Ross（1996-97）所謂美國主導／優勢（primacy）、支配（dominance）、或霸權（hegemony）。

[3]　又稱有限圍堵（limited containment）、有限脫離（limited disengagement）、約束（constrainment）。

深入交往（deep engagement）、選擇性交往[4]（selective engagement）、到脅迫式交往（coercive engagement），因此，由現實主義出發的預防性防衛（preventive defense）與由自由主義出發的鷹式交往（hawk engagement）難免重疊，而競爭則是兩黨的交集（Kaufman, et al., 1991; Posen & Ross, 1996-97; Brooks, et al., 2012-13, 2013；施正鋒，2019a：16-17）。

冷戰（Cold War, 1947-91）結束，美國儼然國際體系的獨霸、沾沾自喜享有單極的時刻（unipolar moment），老布希總統（George H. W. Bush, 1989-93）心猿意馬，派兵打了一場波斯灣戰爭（Gulf War, 1991），逼迫伊拉克由科威特撤軍。柯林頓（Bill Clinton, 1993-2001）州長出身，對於外交心不在焉，主要的貢獻在於促成北愛爾蘭的和解。小布希（George W. Bush, 2001-2009）一上台就碰上九一一恐攻，憤而出兵阿富汗拉下塔利班（Taliban）政權，他人心不足、好大喜功，又打了一場伊拉克戰爭（Iraq War, 2003-11）。歐巴馬（Barack Obama, 2009-2017）力不從心，雖然結束在伊拉克的戰事，卻又介入利比亞、及敘利亞的內戰（2011），更是半暝反症增兵（surge）阿富汗。

川普（Donald Trump, 2017-21）誓言「美國優先」（America First）上台（Trump, 2017），不再以濟弱扶傾的大哥自居，毫不靦腆擺出在商言商的態度，要求盟邦對於安全保障使用者付費，在本質上，看來比較像是在冷戰末期、一心一意要把日本壓落底的雷根（Ronald Reagan, 1981-89）；他錙銖必較，開始著手阿富汗撤軍。拜登（Joe Biden, 2021-)

---

[4] 或條件式交往（conditional engagement），近似於 Posen（2014）的自我克制（restraint），選擇地區做軍事部署。

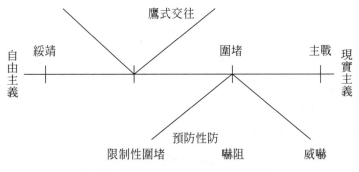

圖1：美國在後冷戰的大戰略選擇

昭告天下「美國回來了！」（America is Back!）（Biden, 2021a），上台一年，看來還在思索美國自身的能力、及定位；他對於中東毫無懸念，亟欲從阿富汗抽腿[5]，當下又面對烏克蘭一觸即發的考驗，然而，最大的挑戰應該是崛起而躍躍欲試的中國。接下來，我將分別說明台中美、中美、美台、以及台中關係的最新發展。

---

[5] 事實上，拜登在擔任副總統的時候就堅持撤軍阿富汗。被歐巴馬總統任命為美國阿富汗暨巴基斯坦特使（Special Representative for Afghanistan and Pakistan, 2009-10）的前助理國務卿（1994-96）郝爾布魯克（Richard Holbrooke）回憶，拜登在 2010 年曾經失控咆哮：「我不會為了保護女權而派子弟前往冒險患難，那是行不通的，而且他們也不是為了保護女權而上戰場」（I am not sending my boy back there to risk his life on behalf of women's rights, it just won't work, that's not what they're there for.）（UnHerd, 2021）。拜登同年接受國家廣播公司（NBC）訪問，還是談美國出兵阿富汗的目標是盤據巴基斯坦邊界山區的蓋達組織（Al-Qaeda），不是為了進行重建、或是推動美式民主（Pleming, 2010）。同樣地，拜登在 2011 年反對美國轟炸利比亞、主張由北約出手就好，理由是對於美國在中東的戰略利益不大（peripheral），看法十年如一日，基本上是美國的國家利益至上，尚難說是機會主義者（Shifrinson & Wertheim, 2021）。

# 壹、台中美關係

戰後以來，台灣與美國的扈從關係決定於美國與中國的競逐，而在蘇聯解體之前，美國與中國的關係則又決定於中國與蘇聯的敵友；換句話說，直到冷戰結束，台美中小三角關係大致上決定於美中蘇大三角。在 1950-60 年代，美國與蘇聯因為意識形態對立，國際體系呈穩定的兩極狀態，中國小弟唯蘇聯大哥馬首是瞻，台灣對美國亦步亦趨；中國與蘇聯在 1970 年代翻臉，國際體系變成不穩的多極，也就是美中蘇彼此相互排斥，而台美關係維持表面的和諧，卻是暴風雨前的寧靜；從中美建交（1979）、到天安門事件（1989），國際體系因為中國的轉向而趨於穩定，美國狠心與台灣斷交、維繫曖昧的關係迄今；在 1990 年代，美國因為蘇聯解體儼然獨霸，中國全力發展經濟，台灣致力民主化；進入二十一世紀，美國展開全球性反恐戰爭，中國趁勢悄然崛起，不再溫良恭儉讓自我調適，台灣也不再自足於妾身未明的國際地位。

## 一、拜登主義的醞釀

拜登在 30 歲就當上參議員（1973-2009），長期蹲點參議院外交委員會、甚至於擔任主席（2001-2003、2007-2009），他自詡對外交事務相當嫻熟，幕僚只是必要之際的耳目；其實，歐巴馬總統當年找他擔任副手（2009-17），就是要補自己在這方面的不足，包括『跨太平洋戰略夥伴關係協定』（*Trans-Pacific Partnership*, TPP）的擘劃。拜登初試啼聲撤軍阿富汗，褒貶不一，「拜登主義」（*Biden Doctrine*）呼之欲

出[6]（Brands, 2021; Kristol, 2021; Politi, 2021）。若要通盤瞭解拜登的國際大戰略觀點，爲了避免管窺蠡測，除了競選過程的政見、及當選後的官方發言，應該還可以往前考察擔任副總統、甚至於參議員的言行（Bâli & Rana, 2021; Clemons, 2016; Contorno, 2014; Traub, 2012；施正鋒，2021）。

　　Tierney（2020）在總統大選前將拜登的外交心路歷程分爲三個階段，由越戰（1955-75）到冷戰的溫和派、由冷戰結束到波斯灣戰爭的鷹派、及伊拉克戰爭以來的鴿派，深受戰爭影響而有不同的反思：（一）拜登一開頭是以反越戰的姿態選上參議員，在民主黨內走中庸路線；他雖然支持雷根出兵格瑞那達（1983）、及巴拿馬（1989），卻反對支持尼加拉瓜康特拉叛軍（Contras）、及發動波斯灣戰爭，大致上迎合黨意、及民意。（二）冷戰結束底定、越南徵候群（Vietnam Syndrome）消逝，後知後覺的拜登似乎有點反悔，大肆抨擊老布希爲德不卒、未能順勢拉下伊拉克的海珊（Saddam Hussein, 1979-2003）；由於美國意氣風發，拜登支持美國用兵巴爾幹半島、還當面指責塞爾維亞的頭子米洛塞維奇（Slobodan Milošević, 1989-2000）是戰犯、又批評柯林頓政府的巴爾幹政策懦弱而瀰漫絕望，在這樣的氛圍下，他支持科索沃戰爭（Kosovo War, 1998-99）、出兵阿富汗（2001）及伊拉克（2003）。（三）伊拉克開打，拜登大失所望，認爲主事的副總統錢尼（Dick Cheney）、及國防部長倫斯斐（Donald Rumsfeld）等新保守主義人士

---

6　Tierney（2020）將『小布希主義』（George W. Bush Doctrine）化約爲獵殺恐怖份子、及擴散民主制度，『歐巴馬主義』（Obama Doctrine）是避免重蹈伊拉克戰爭的覆轍，而『川普主義』（Trump Doctrine）則是希望盟邦不要搭美國的便車。

（Neoconservative）過於無能，然而，他此後開始反對動武或增兵，包括伊拉克（2006）、阿富汗（2009）、利比亞（2011）、及敘利亞（2014），或許感染社會上瀰漫的伊拉克徵候群（Iraq Syndrome）。

Shifrinson 與 Wertheim（2021）也有類似的觀察，也就是拜登的立場會隨著國內外情勢變動而有所調整，有時候會看來有現實主義的色彩：（一）在 1970-80 年代，美國內部厭倦越戰，拜登不免隨俗採取溫和姿態，譬如北越在 1975 年發動最後攻勢，他反對增援南越；雷根總統大規模軍事擴張壓制蘇聯，拜登大致投票反對；同樣地，他也反對老布希發動的波斯灣戰爭，理由相當簡單，美國在阿拉伯世界沒有重大利益（vital interest），沒有必要讓美國子弟魂斷沙漠。（二）冷戰結束、進入 1990 年代，美國取得國際體系的單極的支配，也就是所謂自由式霸權（liberal hegemony），拜登除了推動北約成員的擴充、相信可以因此確保歐洲未來 50 年的和平，而且還贊成出兵波士尼亞、及科索沃來對抗塞爾維亞；在九一一恐攻以後，他也支持出兵阿富汗、及伊拉克。（三）由於在阿富汗、及伊拉克的反顛覆行動不順，拜登質疑協助重建的必要性，甚至於為了撤軍鋪路，主張伊拉克依據宗教族群採取聯邦式的分治；擔任副總統，拜登反對擴大戰事的態度更加明顯，儼然是歐巴馬政府唯一強力反對增兵阿富汗者，理由是美國扶植的政權無力消弭塔利班的顛覆，不如實事求是集中火力清剿蓋達組織、及其他恐怖組織。

## 二、當下拜登的戰略觀

拜登在民主黨內光譜上屬於溫和的「中間偏左」（Center-Left），立場與歐巴馬、希拉蕊（Hillary Clinton）、及佩洛西（Nancy Pelosi）相近；

他在總統初選出線是「進步派」(Progressive) 與「中間派」(Centralist) 的妥協[7]，雖然崇尚人權、及民主，基本態度是不要出事就好，相當務實。Tierney (2020)，拜登是時勢造英雄的產物，戲棚下站久了就是你的，既然相當務實，思路不會背離民主黨主流、更不會跟輿論民意相左；如果說他在外交政策上有何特殊的地方，就是強調外交手段，重視調解、談判、及結盟，特別是跟外國領袖的關係，透過閒聊扯淡拉近彼此的距離，又有幾分自戀。

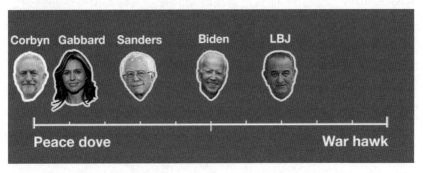

說明：由戰爭鷹派到和平鴿派，分別是 LBJ 是詹森總統，Biden 是拜登，Sanders 是桑德斯，Gabbard 是加巴德，Jeremy Corbyn 柯賓是對照的英國工黨前黨魁。
來源：Zurcher (2020)。

圖 2：民主黨內的外交傾向

根據拜登在 2021 年 3 月公布的『國家安全戰略暫行指南』(*Interim National Security Strategic Guidance, 2021*)，美國的國家利益大致上可以劃分為安全、利益、及民主三個場域，端賴議題決定要合作、或競

---

[7] 進步派的代表人物是桑德斯 (Bernie Sanders)、中間派則是柯林頓 (Bill Clinton)。2020 的民主黨總統初選，大體是延續 2016 年桑德斯與希拉蕊的競爭。

爭，兩面手法，近似歐巴馬的「選擇性交往[8]」。只不過，實際運作未必可以順心進行市場切割，要是三場競局無法如意聚合的情況下，勢必決定優先順序、及割捨；當然，民主或許只是門面，難說軍事安全與經濟利益孰重，至於中產階級外交擺明內政勝於外交，面對衝突透過結盟呼群保義，未必意味著要硬幹對抗。初步來看，拜登並沒有呈現鮮明的願景，尚未看不出他的作法與川普所謂「務實的現實主義」（pragmatic realism）有多大的差別（Shifrinson & Wertheim, 2021; Kissel, 2017）；或許，他只是過渡時期的妥協人物，頂多是回到過去的歐巴馬的 2.0[9]。

不管如何，拜登畢竟必須面對美國實力大不如前的事實，所以，當下的要務是擺在投資內部的體質強化，尤其是研發、及教育；至於

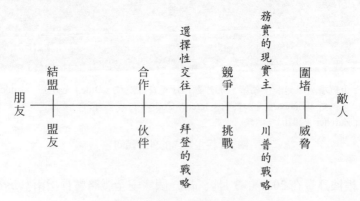

圖 3：拜登與川普的大戰略

---

[8] 或是 Khalilzad（1999）、及 Friedberg（2011）所謂的「圍交」（congagement）。

[9] 拜登外交班底多是歐巴馬的人馬，包括國務卿布林肯（Antony Blinken）、及國家安全顧問蘇利文（Jake Sullivan）（施正鋒，2021）。這些人算是黨內外交鷹派（Junes, 2021）。

外交，他誓言回到正軌常態、強調對傳統外交的重視，特別是由美國領導的多邊主義，聽起來似乎有點懷舊的樣子。國家安全顧問蘇利文近日接受專訪（Mackinnon, 2022），似乎嘗試為『拜登主義』下定義，也不過就是美國及盟邦必須深化投資以面對嚴峻的挑戰、以及外交必須結合內政兩項大原則。那麼，究竟他是蕭規曹隨（restorationist 復原主義者）、改弦更張（transformationalist 修正論者）、還是執兩用中、甚至於自我矛盾，值得觀察[10]（Herszenhorn, 2020）。

## 貳、中美關係

美國在南北戰爭（1861-65）後展開二次工業革命，由於生產過剩、必須開拓海外市場，亞洲成為覬覦的對象。由於是後進者，美國要求遠東國家開放通商口岸，也就是「門戶開放」，不太願意取得殖民地，相較於其他帝國主義國家的恣意領土擴張，看起來是慈眉善目的慈霸（benevolent hegemon）、或良霸（benign hegemon）[11]。一開頭，美國擔心日本與中國交好，鼓勵擴張朝鮮、及滿洲，同時也可以遏止俄羅斯的東擴；然而，當日本日益坐大之際，美國伺機挹注中國，也就是以夷制夷。戰後，美國調停國共內戰失敗，原本放棄退守台灣的中華民國政府，直到韓戰爆發，才又納入勢力範圍；此後，美國視中華人民共和國為蘇聯的小老弟，直到陷入越戰的泥淖，盤算如何拉攏熊貓過來一起對抗北極熊。

---

[10] 譬如 Zhu 與 Chen（2021）認為，拜登政府仍然徬徨於新交往（neo-engagement）、與後交往（post-engagement）之間。

[11] 分別見 Brooks（2011）、及 Mearsheimer（2016）。

## 一、美國對於中國的看法

　　自從中美建交聯手對抗蘇聯以來，美國內部對於如何面對崛起的中國，兩黨的看法南轅北轍。民主黨傾向於採取交往的策略，也就是循循善誘、軟索牽豬，寄望中國能接受國際制度（international regime）的約束，因此，只要中國的經濟持續發展，自然有一天會朝民主化走向，也就是和平轉換（peaceful transformation），沒有必要操之過急。相對地，共和黨一向對中國抱持戒慎小心的態度，甚至於有終需一戰的心理準備；更近年來，有不少人援引國際關係「權力轉移」（power transition）理論[12]，主張中國要是不甘屈居老二，勢必挑戰美國的大哥地位，特別是所謂的修昔底德陷阱（Thucydides Trap）（Allison, 2016, 2017）。

　　拜登擔任歐巴馬總統的副手 8 年，相當程度幫忙外交生的老闆手分憂解勞，尤其是習近平擔任國家副主席（2007-12）之際，兩人來往互訪頻繁，促膝長談、甚至於投籃競技，不敢說惺惺相惜，至少認為對方並非冥頑不靈；因此，拜登早先似乎相信中國共產黨是有轉型的可能，以為彼此既可以競爭、也可以合作，未必要你死我活。因此，我們可以看到他當年支持讓中國加入世界貿易組織（World Trade Organization, WTO），不管是否對美國有利，回首看來，即使後見之明，還是利弊互見。不過，在初選的過程，由於川普厲聲指控他是中國的傀儡，拜登被迫由原本對習近平的緩頰「不是壞人」，轉而厲聲撻伐為

---

[12] 權力轉移理論最早是由 Organski 與 Kugler（1980）所提出，在 1980 年代的國際關係教科書都會提到，近日二十一世紀，其門生溫故知新（Tammen, et al., 2000）。

「身上沒有一根民主的骨頭」、甚至於惡言相向說「這個傢伙是惡棍」（thug）。當然，選舉語言聽聽就好，畢竟那些是轉口作為大內宣用的。

自從武漢肺炎肆虐以來，美國人對於中國的負面評價空前攀升，根據美國皮尤研究中心（Pew Research Center）在 2021 年 3 月初所公布的民調，高達 67% 美國人對中國冷感（cold feelings），比起 2018 年平添 21%（Silver, et al.: 2021）；同樣地，蓋洛普在 2021 年 2 月初所公布的民調，也顯示美國人對中國的負面（unfavorable）印象由 45% 陡升為 79%（Gallup, 2021）；面對這樣的民意，拜登短期內恐難對中國表達太友善的姿態。然而，由民主黨傳統的傾向來判斷，拜登至少不會把中國當作必須對抗的威脅、而是彼此相互競爭的挑戰。話又說回來，儘管拜登的中國政策或許會比較舒緩，百廢待舉，他耿耿於懷的智慧財產強制轉讓、高科技的竊取、以及外銷補貼國營事業等不公平貿易等等課題，看來應該仍然不會對中國有所讓步。

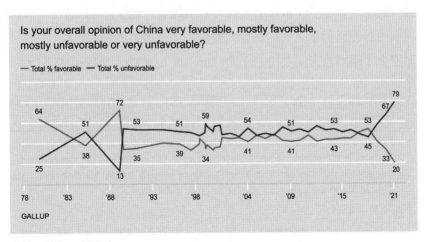

來源：Gallup（2021）。

圖 4：美國人對於中國的整體印象

　　拜登（Biden, 2021b）就職總統兩個月後在記者會揭示，儘管美國與中國之間容或有激烈的競爭（steep competition），卻未必想要尋求對抗，而是要求中國根據國際規則從事公平而有效率的競爭；他說自己跟習近平談了整整兩個小時，直言不諱，美國首將著手國內的投資，然後會想辦法找回民主盟邦、攜手要求中國遵守規則，同時又不忘強調美國對於自由、及人權的珍惜；他不否認中國想要躍為世界上最富強的國家，然而，只要他擔任總統的一天，美國會繼續成長而擴張，中國就不會如願，聽來軟中帶硬[13]。

　　國安會印太政策協調員(Coordinator for Indo-Pacific Affairs)坎貝爾（Kurt M. Campbell）表示，美國與中國進行交往的時代已經是過去了，目前主導的典範是競爭（Ronkin, 2021）；他隨後又改口，相信可以跟中國和平共存，儘管將會相當困難（n.a., 2021）。國務卿布林肯（Blinken, 2021）指出，中國是美國在二十一世紀最大的地緣政治試煉（biggest geopolitical test），有時必須競爭、有時又可以合作、有時候則應該視為對手，共同點則是美國必須依據實力進行交往[14]。白宮國安會中國事務資深主任（Senior Director for China）羅森伯格（Laura

---

[13] 原文是（Biden, 2021b）：

So I see stiff competition with China. China has an overall goal, and I don't criticize them for the goal, but they have an overall goal to become the leading country in the world, the wealthiest country in the world, and the most powerful country in the world. That's not going to happen on my watch because the United States are going to continue to grow and expand.

[14] 原文是（Blinken, 2021）：

Our relationship with China will be competitive when it should be, collaborative when it can be, and adversarial when it must be. The common denominator is the need to engage China from a position of strength.

Rosenberger）闡述拜登中國政策的三大支柱：結合盟邦及伙伴推動民主，投資國內及自強，及必要的時候反擊（counter）中國、對美國有利則攜手合作，也就是想辦法管理競爭、避免走向衝突（Ronkin, 2021）。總之，檢視坎貝爾與蘇利文選前的觀點，美國的大戰略是如何跟中國競爭、又能合作，既非盲目地交往、也非爲競爭而競爭，更不會圍堵中國、也不會聯手共同管治（condominium），而是追求「管理式的共存」（managed coexistence）（Campbell & Sullivan, 2019）。

## 二、中國的大戰略

有關於中國大戰略的分析，中規中矩的作法是層級般的剖析，譬如 Akimoto（2021）分爲大戰略（一帶一路）、區域（珍珠鏈）、作戰（反介入／區域拒止）、戰術（切香腸軍演）、及技術（軍事科技革新）等五個層級；又如蘭德公司（RAND Corporation）所出版的《中國大戰略》（*China's Grand Strategy*）（Scobell, et al., 2020），列在大戰略下面是國家戰略（national strategy），包含各式各樣的政策，譬如政治、社會、外交、經濟、科技、及軍事政策。另一種則是採取分期的方式，探究中共建國以來大戰略的發展，譬如 Goldstein（2020）以冷戰結束前後大略分爲生存、及復興兩大期，以下再各細分爲三期；同樣地，Scobell 等人（2020）分爲革命（1949-77）、復甦（1978-89）、建設（1990-2003）、及復興（2004）等四個階段。

我們如果以中共五代領導人來分期，由毛澤東（1949-76）、鄧小平（1978-89）、江澤民（1989-2002）、胡錦濤（2002-12）、到習近平（2012-），相對的關鍵事件分別是珍寶島事件（1969）、中美建交（1979）、天安門事件（1989）與蘇聯解體（1991）、九一一事件（2001）、及環球金融危

機（2008）。中共戰後原本與蘇聯同盟（alliance）來對抗來自美國的威脅，一旦雙方反目成仇，北京轉向與華府結盟（alignment）來制衡莫斯科，基本上是採取「結合次要敵人打擊主要敵人」的統一戰線策略；鄧小平展開「改革開放」、致力「四大現代化」、耳提面命「韜光養晦[15]」，而江、胡技術官僚治國低調聚焦綜合國力（comprehensive national power, CNP）的發展。借用 Scobell 等人（2020：17）的用字，大略可以化約爲臥薪嘗膽（reconstruction）、生聚教訓（recovery）、及發奮圖強（building）。

習近平自從在 2012 年底十八大接任中國領導者以來，主張「奮發有爲」，並進一步將「中華民族偉大復興」提升爲「中國夢」，卻深信安內才能攘外，一再強調經濟發展需要有穩定的外部環境。儘管十九大取消憲法對於國家主席兩任的限制，「全票通過」的模式倒也可以看出內部的權力鞏固未必順遂。面對美國的軟圍堵，中國的「一帶一路」究竟是出於防衛、還是攻擊，尚難拿來作爲挑戰美國獨霸的指標；只不過，當戰線延伸過長，習近平當不成漢武帝，必須提防重蹈羅馬帝國過度擴張（imperial overstretch）的覆轍。當下，中國應該還沒有跟美國一比高下的能力，然而，解放軍近年來擦拳磨掌，不管對台灣繞島軍演、或南海擴張，劍拔弩張。由鄧小平的「和平發展」走過江、胡的「和平崛起」，習近平是否依然服膺鄧小平的韜光養晦，還是自認爲中國已經不是吳下阿蒙、沒有必要繼續低聲下氣，因此要求至少能跟美國平起平坐，甚至於有取而代之的雄心？

---

[15] 鄧小平完整的對外戰略方針是「冷靜觀察、穩住陣腳、沉著應付、韜光養晦、善於守拙、決不當頭、有所作爲」（百度百科，n.d.：24 字戰略）。

　　根據 Scobell 等人（2020：11-14, 18-21）的觀察，習近平上台以來所捍衛的中國核心利益包括安全（國家安全、政權穩定）、主權（領土完整、國家統一）、及發展（穩定的國際環境），當下中國的戰略目標包含維持領土完整、防止亞太被支配、確保有利經濟發展的外部環境、及針對全球秩序的發展發聲，優先事項包括維持政治控制及確保社會穩定、促進經濟持續成長、推動科技進步、及加強國防的現代化，具體的作為包含區域再平衡、及黨政軍的重組。他們認為習近平所擘劃中國未來 30 年的願景看來野心勃勃，然而，大致上還是嘗試在周邊亞太地區維持勢力範圍，特別是東海、南海、及台灣，閒人莫入。

　　Goldstein（2020, 2003）認為，中國自從冷戰結束以來的大戰略並沒有太大的改變，基本上是反映中國的經濟及軍事實力、維持有利的國際環境、及採取回應式外交政策，目標是由生存走向復興，也就是確保國家的安全與政的穩定、及恢復大國的地位，而習近平只不過梳理得更有條理，具體的作法包括：（一）再三向他國保證（reassurance），中國的「新型大國關係」是良性崛起、無意挑戰美國；（二）選擇性接受現有的國際秩序、推動有利中國崛起的國際體系改造（reform）；及（三）抗拒對中國核心利益的任何挑釁、採取強硬手段處理主權及捍衛海權（resistance）。當然，就不知道這些究竟是為了內銷、還是外銷。

　　只不過，根據美國國安會（NSC）中國事務主任杜如松（Rush Doshi）在入閣前出版的《長期博弈：中國取代美國的大戰略》（*The Long Game: China's Grand Strategy to Displace American Order*），中國在冷戰結束後養精蓄銳、扮豬吃老虎、蠶食鯨吞，仿效美國，從政治（曉以大義）、經濟（利誘）、及軍事（威脅）三層面下手，處心積慮就是要取代美國的領導位置。他把 40 年來中國的大戰略分為三期（1989-2008、2008-16、

2016-），由「韜光養晦」、「積極有所作爲」、到「百年未有之大變局」，
先後著手削弱美國操控的實力（blunt）、從事自身作爲區域霸主軟硬兼
施所必備的基礎建設（build）、以及在世界各地的肆意擴張（expand）；
換句話說，在杜如松的眼中，江澤民、胡錦濤、習近平一脈相承，惦
惦呷三碗公，要在 2049 年達到民族復興。整體看來，杜如松認知的其
實就是權力轉移理論所描繪的情境，也就是中國作爲一個崛起的強權
（rising power），立意要取代美國成就的霸主（established hegemon）地
位，儼然就是一個試圖變更現狀的國家[16]（revisionist state）。

## 三、澳英美聯盟

拜登沿用川普的印太戰略[17]，在當選後打電話給澳洲總理莫里森
（Scott Morrison, 2018-）、韓國總統文在寅、及印度總理莫迪（Narendra
Modi, 2014-），稍加調整用字爲「牢靠而繁榮」（secure and prosperous），
或許不希望給中國有針對性的感覺。所謂的「四方會談」（Quadrilateral
Security Dialogue, Quad），原是前日本首相安倍晉三（2006-2007、2012-20）
在 2007 年所倡議海上合作串連，成員包括美國、日本、澳洲、及印度，
拜登上台鹹魚翻身，有所謂「印太戰略」（*Indo-Pacific Strategy*）（White
House, 2021, 2022）。去年，澳英美三國簽署『核子推動資訊交換協定』

---

[16] 有關於中國究竟是試圖變更現狀的國家、還是維持現狀的國家（status quo state），
見 Kastner 與 Saunders（2012）、及 Taylor（2007）。
[17] 面對崛起的中國，川普採取兩手策略：在軍事上援引日本前首相安倍所提出的
「自由開放的印太」（Free and Open Indo-Pacific, FOIP）策略，以澳洲爲軸心，
扇形分別延伸至印度、及日本，中間則有越南、台灣、及韓國三叉；在經濟上
以戰逼和，要求中國改善貿易措施、尊重智慧財產。

（*Agreement for the Exchange of Naval Nuclear Propulsion Information, 2021*）建立軍事同盟聯盟（AUKUS），日本日前與澳洲簽訂『互惠准入協定』（*Japan-Australia Reciprocal Access Agreement*, RAA）合作國防軍事。

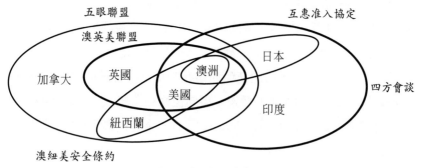

圖 5：美國的印太結盟

綜觀美國在印太區域的結盟，澳洲雖然在地理上偏南，卻是諸多安排的核心，可見中國的擴張帶來相當大的國家安全壓力，因此透過英國的牽線，引入美國動力核子潛艇的建造（Kelly, 2021; Brooke-Holland, et al., 2021）。儘管緩不濟急，由傳統柴油潛艇的守勢、到核子潛艇的攻勢，在戰略上當然對中國有嚇阻作用，特別是萬一中國嘗試控制咽喉點之際，譬如麻六甲海峽、或南海，總部設在夏威夷的美國印太司令部[18]（United States Indo-Pacific Command, USINDOPACOM）可能鞭長莫及，澳洲或許可以就近代勞（*Economist*, 2021; Orbán, 2021; Chang, 2021）。以台灣海峽為例，澳洲柴電潛艇即使千里迢迢趕到馳援，已經

---

[18] 前身是美國太平洋司令部（United States Pacific Command, USPACOM），在 2018 年改為印太司令部。

無力繼續在水下作戰，相對地，核子潛艇可以還有 73 天的戰力（Orbán, 2021: 5-7）。

　　根據 Cha（2010）的觀察，美國戰後未在東北亞、東南亞形成類似北約的軍事同盟，主要是希望個別節制不太聽話的「無賴盟邦」（rogue allies），包括台灣的蔣介石（1950-75）、及韓國的李承晚（1948-60），甚至於擔心日本恢復區域強權的地位，因此，四方會談是否能進一步深化為同盟、甚於廣化為多邊的亞洲的北大西洋公約組織」（Asian NATO），有待觀察。換句話說，美國在亞洲偏好的軍事同盟是車軸輻射（hub-and-spoke）安排，由多重的雙邊軍事同盟條約[19] 組成，並非諸如北約的多邊集體防衛[20]（collective defense），更不會提供聯合國的集體安全（collective security）機制。

---

[19] 除了三邊的『澳紐美安全條約』（Australia, New Zealand, United States Security Treaty, 1951），包括『美日安全保障條約』（Security Treaty between the United States and Japan, 1951）、『美菲聯防條約』（Mutual Defense Treaty between the Republic of the Philippines and the United States of America, 1951）、『韓美相互防衛條約』（Mutual Defense Treaty between the United States and the Republic of Korea, 1953）、及新版的『美日安全保障條約』（Treaty of Mutual Cooperation and Security between the United States and Japan, 1960）（Tow, 1999）。另外，美國與泰國、及新加坡也有軍事合作（U.S. Department of State, 2021a, 2021b）。至於在 1954 年成立的東南亞條約組織（Southeast Asia Treaty Organization, SEATO），早在 1977 年廢除。

[20] 在 1954 年成立的東南亞條約組織（Southeast Asia Treaty Organization, SEATO），在越戰結束後於 1977 年廢除。

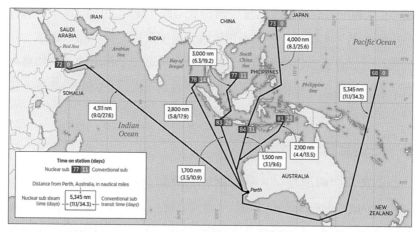

來源：Sadler（2021: 3）。

說明：左邊數字是指核子動力潛艇抵達咽喉點之後，扣掉回航時間，可以不用浮出水面換氣充電、持續作戰的天數，右邊則是傳統柴電潛艇的天數。

圖 6：核子及傳統潛艇的持續作戰的天數

## 參、美台關係

美國在戰後調停國共內戰失敗，杜魯門總統（Harry S. Truman, 1945-53）宣布放手不管，其實是棄守台灣；等到韓戰爆發，他無法承擔先後丟掉中國、及台灣的責任，只好又把台灣納為美國的保護傘。艾森豪（Dwight D. Eisenhower, 1953-61）接任，雙方如膠似漆，簽訂『中美共同防禦條約』（*Mutual Defense Treaty between the United States of America and the Republic of China, 1954*）成為軍事盟邦。終究，美國在越戰灰頭土臉，為了結合中國對抗蘇聯，移情別戀、狠心跟台灣斷交。回首冷戰結束以來，老布希在下台前賣了 150 架 F-16 戰機給台灣，柯林頓在 1996 年台灣首度總統直選被迫派了兩個航空母艦到台灣海

峽[21]，自顧不暇的小布希希望台灣稍安勿躁，歐巴馬李伯大夢，川普則不似人君。大體而言，民主黨執政，美中交好，美台相敬如冰，我們擔心可能會被當作伴手禮，不知何時會被賣掉？相對地，共和黨上台，美中交鋒，美台則如膠似漆，台灣淪爲軍火買不完的提款機，甘爲人家的簽字筆！政權轉移，撲朔迷離。

## 一、走向戰略清晰？

美國與中國建交後，雙方對於台灣的立場框架於『上海公報』（*Shanghai Communiqué, 1972*）、『建交公報』（*Joint Communiqué on the Establishment of Diplomatic Relations, 1979*）、及『八一七公報』（*August 17th Communiqué, 1982*）：中國堅持「一個中國原則」（One-China Principle），也就是「世界上只有一個中國，中華人民共和國政府是代表全中國的唯一合法政府，台灣是中國領土不可分割的一部分」，而美國則有「一個中國政策」（One-China Policy），對於中國的主張表示「知道了」（acknowledge），也就是各自表述（agree to disagree）。另外，美國透過『台灣關係法』（*Taiwan Relations Act, 1979*）跟台灣維持非官方關係[22]，承諾提供台灣防衛性武器，強調以和平方式（peaceful means）決定

---

[21] 不過，柯林頓在 1998 年訪問中國，畫蛇添足所謂的「三不政策」也就是不支持台灣獨立、不支持一中一台或兩個中國、以及不支持台灣加入聯合國或其他以國家爲會員的國際性組織（We certainly made clear that we have a one-China policy; that we don't support a one-China, one-Taiwan policy. We don't support a two-China policy. We don't support Taiwan independence, and we don't support Taiwanese membership in organizations that require you to be a member state. We certainly made that very clear to the Chinese.）（Kan, 2014: 63）。

[22] 也就是說經貿官員除外，高階外交官（Senior Foreign Service, O-7 以上）不可以訪台。

台灣的未來；稍後，雷根政府提供所謂的『六項保證[23]』（*Six Assurances, 1982*）亡羊補牢，卻是初一十五、陰晴不定。

　　川普四年，美國國會通過各式各樣友台法案[24]，彷彿要由「戰略模糊」（strategic ambiguity）走向「戰略清晰」（strategic clarity）。在 2020 年美國總統大選前後，也有林林總總的提議，主張為了嚇阻中國對台灣用兵，美國應該走向戰略清晰，讓美國總統可以放手防衛台灣，尤其是 Haas 與 Sacks（2020, 2021）。在柯林頓政府後期，美國國會提出『台灣安全加強法』（*Taiwan Security Enhancement Act*, TSEA），希望能補『台灣關係法』之不足，未能獲得參議院的支持；拜登（Biden, 1999）引用了一句 1970 年代末期流行的用語，「沒有壞就不要修」（If it ain't broke, don't fix it），意思是說『台灣關係法』已經夠用了，沒有必要多此一舉。

---

[23] 美國：未同意設定終止對台軍售的日期，未同意就對台軍售議題向中華人民共和國徵詢意見，不會在台北與北京之間擔任斡旋角色，未同意修訂『台灣關係法』，未改變關於台灣主權的立場，不會對台施壓，要求台灣與中華人民共和國進行談判（The United States: Has not agreed to set a date for ending arms sales to Taiwan, Has not agreed to consult with the PRC on arms sales to Taiwan, Will not play a mediation role between Taipei and Beijing, Has not agreed to revise the Taiwan Relations Act, Has not altered its position regarding sovereignty over Taiwan, Will not exert pressure on Taiwan to enter into negotiations with the PRC.）（美國在台協會，n.d.；American Institute in Taiwan, n.d.）。

[24] 包括『台灣旅行法』（Taiwan Travel Act, 2018）、『台灣國際參與法』（Taiwan International Participation Act, 2018）、『亞洲再保證倡議法』（Asia Reassurance Initiative Act, 2018）、『2019 年度美國國防授權法』（National Defense Authorization Act for Fiscal Year 2019）、『台北法案』（Taiwan Allies International Protection and Enhancement Initiative (TAIPEI) Act, 2019）、『台灣防衛法』（Taiwan Defense Act, 2020）、及『台灣保證法』（Taiwan Assurance Act, 2020）。拜登上台，提案中的有『武裝台灣法案』（Arm Taiwan Act）、及『台灣嚇阻法案』（Taiwan Deterrence Act）。

來源：Ching（2021）。
圖 7：美國對台政策的「立場清楚」

或許是因為中國對台灣軍事騷擾益加頻繁，美國人對於台灣的支持成長，包括承認台灣是獨立國家（69%）、加入諸如聯合國等國際組織（65%）、與台灣簽訂自由貿易協定（57%）、正式簽訂盟約（53）、及承諾防衛中國的入侵（46%），特別是被問到在中國入侵台灣之際是否

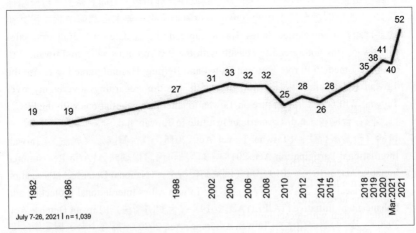

來源：Smeltz 與 Kafura（2021: 6）
圖 8：美國人對於出兵台灣對抗中國侵略的態度

會派遣美軍，陡升而首度過半支持（52%）（Smeltz & Kafura, 2021: 4, 6）。在這樣的脈絡下，拜登雖然胸有成竹、談笑風生，卻是大而化之，而虎視眈眈的中國勢必放大鏡來看，判研究竟美國的對台政策是否有巨幅調整，因此，幕僚往往必須事後出面說明美國的一中政策不變。

譬如在 2021 年 3 月 25 日的記者會上，拜登（Biden, 2021b）提到中國必須信守「對台灣的協議」[25]（the agreement made on Taiwan），令人擔心美國跟中國是否有密約、還是他跟習近平有新的暗盤；同樣地，拜登在 10 月 5 日表示，他跟習近平談過，雙方同意遵守「台灣協議」（Taiwan agreement），也是讓人有類似的狐疑（*Reuters*, 2021）；在 10 月 22 日，他在 *CNN* 舉辦的論壇被問到，萬一中國攻擊台灣、美國是否會出兵保護，拜登毫不猶豫回說「當然，我們有承諾」（Yes. We have a commitment.），世人議論紛紛，不知道他是否又說錯了、還是脫口洩漏天機，以為美國終於要不再說腹語、立意採取戰略清晰了（Taylor, 2021）。

拜登與習近平在 2021 年 11 月 15 日進行視訊峰會，兩人足足談了三個半小時，重點在台灣，然而進展不多；次日，拜登跟記者說，我們明言奉行「台灣 [關係] 法」（Taiwan [Relations] Act），聽來行禮如儀，引起軒然大波的則是下一句「它是獨立的，自己做決定」（It's

---

[25] 原文是（Biden, 2021b）：

Before too long, I'm going to have — I'm going to invite an alliance of democracies to come here to discuss the future. And so we're going to make it clear that in order to deal with these things, we are going to hold China accountable to follow the rules — to follow the rules — whether it relates to the South China Sea or the North China Sea, or their agreement made on Taiwan, or a whole range of other things.

independence. It makes its own decisions）；一個小時後，他此地無銀三百兩趕緊澄清，「他們台灣必須自己決定，我們並不鼓勵獨立，讓他們自己下決心」（I said that they have to decide — they — Taiwan. Not us. And we are not encouraging independence. We're encouraging that they do exactly what the Taiwan Act requires. That's what we're doing. Let them make up their mind.），越描越黑（Chalfant, 2021）。

　　或許，拜登只是不拘小節。只不過，當年小布希在上台不久被問到，美國是否會全力出兵保衛台灣，他回答「會竭盡所能幫助台灣防衛自己」（Whatever it took to help Taiwan defend herself.），拜登在一個禮拜後投書《華盛頓郵報》，開宗明義說「在外交跟法律，用字遣詞很重要」（Words matter, in diplomacy and in law），接著跟菜鳥總統教訓了一頓，認爲粗枝大葉會破壞美國的信用、製造恐慌，還說明什麼叫做戰略模糊[26]：美國保留使用武力防衛台灣的權利，然而，刻意不明講在什麼樣的情況下會介入台灣海峽的戰爭（Biden, 2001）。拜登倚老賣老、喋喋不休，大體是在老生常談他對『台灣關係法』的觀點：美國認爲中國與台灣應該根據相互尊重的基礎、透過對話和平解決（peaceful resolution）彼此的差異（Biden, 1999）。

　　拜登在 2001 年擔任參議院外交委員會主席，訪問台灣後受邀到國家新聞俱樂部(National Press Club)，大放厥詞『台灣關係法』裡頭「經

---

[26] 原文是（Biden, 2001）：

　　Where once the United States had a policy of "strategic ambiguity" -- under which we reserved the right to use force to defend Taiwan but kept mum about the circumstances in which we might, or might not, intervene in a war across the Taiwan Strait -- we now appear to have a policy of ambiguous strategic ambiguity. It is not an improvement.

過思考的含糊」（studies ambiguity）如何幫助台灣避免中國的入侵；他還得意洋洋如何跟陳水扁總統直言，「你們已經不是一個獨立的國家，我們已經同意你們將會是中國的一部份，你們自己去解決」（You are no longer an independent country. You are no longer an independent nation-state. We've agreed that you are going to be part of China and that you will work it out.），可以說極盡侮辱之能事（Snyder, 2001）。最新公布的「印太戰略」（*Indo-Pacific Strategy*）（White House, 2022）將台灣列為印太區域的條約盟邦[27]（ally）以外的主要伙伴[28]（leading partner），內容四平八穩，強調台灣海峽的穩定、及三報一法下的一個中國政策：

> We will also work with partners inside and outside of the region to maintain peace and stability in the Taiwan Strait, including by supporting Taiwan's self-defense capabilities, to ensure an environment in which Taiwan's future is determined peacefully in accordance with the wishes and best interests of Taiwan's people.　As we do so, our approach remains consistent with our One China policy and our longstanding commitments under the Taiwan Relations Act, the Three Joint Communiqués, and the Six Assurances.

坎貝爾與蘇利文（Campbell & Sullivan, 2019）在大選前勾勒美國在後川普時代的大戰略，認爲當下美國內部對於如何跟中國互動大體已有共識，也就是揚棄自來樂觀的交往戰略，卻又不能爲了競爭而競爭，同時不要妄想改變對方，更要學習如何跟中國競爭、而又能共存；兩

---

[27] 包括澳洲、日本、韓國、菲律賓、及泰國。

[28] 還包含印度、印尼、馬來西亞、蒙古、紐西蘭、新加坡、越南、及太平洋諸島。

人闡釋戰略耐心（strategic patience）、戰略模糊（strategic ambiguity）、及戰略競爭（strategic competition）的不同：戰略耐心是指不確定要做什麼、以及何時要做，而戰略模糊則反映出不確定要發出什麼訊息，至於〔川普的〕戰略競爭則連到底是為了什麼而競爭、及要採取什麼手段才可以獲勝的都搞不清楚。蘇利文（Sullivan, 2021）重談「一個中國」舊調子、強調不可片面或是使用武力改變現狀，倒是「萬一中國採取行動破壞台海的和平穩定，我們會加以挑戰」（we will call them out），令人印象深刻。

## 二、美國撤軍阿富汗對台灣的啟示

對於美國總統拜登來說，阿富汗自來就沒有團結一致的國家，而他自己只不過是依樣葫蘆，頗有罪不在己的弦外之音，彷彿又怪罪川普先前跟塔利班所達成的協議（*Agreement for Bringing Peace to Afghanistan between the Islamic Emirate of Afghanistan and the United States of America, 2020*），能做的不是撤軍、就是增兵，並沒有多大選擇的餘地。令人回想當年共和黨的尼克森（Richard Nixon, 1969-74）與中國和談，繼任的民主黨總統卡特（Jimmy Carter, 1977-81）執行跟中華民國的斷交。只不過，美國當年（1968-73）主導簽訂『巴黎和平協約』（*Paris Peace Accords, 1973*），美國代表季辛吉（Henry Kissinger）、及北越代表黎德壽獲得當年的諾貝爾和平獎，兩年後越南淪陷；當下，美國直昇機在大使館緊急撤離再度重演，難免讓人質疑美國的信用。

拜登在 8 月 19 日與美國廣播公司的史蒂芬諾伯羅斯（George Stephanopoulos）對談（*ABC News*, 2021），被問到美國的對手中國、及俄羅斯是不是會見縫插針，譬如中國一定會跟台灣曉以大義，「看到沒

有，美國是靠不住的？」拜登忙不迭地回答，阿富汗不能拿來跟台灣、南韓、或是北約國家相提並論，畢竟，不管是那個島嶼（台灣）、或南韓，並未身陷內戰，而且，我們是跟一致對外的政府協定[29]防止外犯；此外，根據『北大西洋公約』（North Atlantic Treaty, 1949）第 5 條，要是盟邦遭受外來的侵略，美國會信守承諾出手回應（respond），包括日本、南韓、以及台灣亦然[30]。拜登的說法，就是把台灣列為美國的「主要非北約盟邦」（Major Non-NATO Ally, MNNA）；的確，根據美國國務院（U.S. Department of States, 2021c），美國目前將 17 國家列為主要非北約盟邦、包含阿富汗，再加上「未正式被列為國家的」（without formal designation as such）台灣。

在 2005 年，小布希總統夫婦造訪阿富汗，簽訂『美國與阿富汗戰略伙伴共同宣言』（Joint Declaration of the United States-Afghanistan Strategic Partnership），雙方如膠似漆，所宣示的密切合作項目包含民主、治理、繁榮、及安全，就是幫忙建國。在 2012 年，兩國進一步簽

---

[29] 這裡所依據的「協定」（agreements），就台灣來說應該是『台灣關係法』，那是美國的國內法，拜登的用字遣詞或許沒有那麼精確，瑕不掩瑜。

[30] 原文是（ABC News, 2021）：

Sh-- why wouldn't China say that? Look, George, the idea that w—there's a fundamental difference between-- between Taiwan, South Korea, NATO. We are in a situation where they are in-- entities we've made agreements with based on not a civil war they're having on that island or in South Korea, but on an agreement where they have a unity government that, in fact, is trying to keep bad guys from doin' bad things to them.

We have made-- kept every commitment. We made a sacred commitment to Article Five that if in fact anyone were to invade or take action against our NATO allies, we would respond. Same with Japan, same with South Korea, same with-- Taiwan. It's not even comparable to talk about that.

訂『美國與阿富汗持久戰略伙伴協定』（*Enduring Strategic Partnership Agreement between the Islamic Republic of Afghanistan and the United States of America*, SASPA），美國正式把阿富汗定位爲主要非北約盟友，合作項目包含捍衛民主價值、區域安全合作、社會經濟發展、及強化制度及治理，還是建國；國務卿希拉蕊（Hillary Clinton）前往訪問，她跟連任的卡爾扎伊總統保證，「美國將會是你們的友邦，很難置信會放棄阿富汗」（Please know that the United States will be your friend. We are not even imagining abandoning Afghanistan.）（Mohammed, 2012）。

　　從頭到尾，拜登總統所關注的只是究竟塔利班是否會信守承諾、以及能否讓美軍全身而退。他對於撤軍表示不後悔（I do not regret my decision to end America's warfighting in Afghanistan），撤軍的所有責任我來扛（I am President of the United States of America, and the buck stops with me.），然而，他怪罪阿富汗無良政客逃亡、無能軍隊不戰（White House, 2021/8/16）。但是不要忘了，舉白旗的後面，阿富汗人已經有 70,000 人戰死沙場（Nicholas, 2021）。其實，阿富汗情勢近年來相對穩定，若非拜登決定通盤撤軍，政府軍不會那麼快崩盤；也就是說，既然美國決定將政權拱手交給塔利班，眾人不如離開首都喀布爾、固守各自的地盤。國務卿布林肯（Blinken, 2021a, 2021b）在國會作證說，要是美國不全部撤軍，塔利班威脅要烽火燎原、攻打美軍，意思是說，當下是暴風雨前的寧靜，美國即使增兵也於事無補。那麼，究竟是誰跟塔利班和談、同意無條件把獄中的 5,000 黨羽縱虎歸山？川普！至於『持久戰略伙伴協定』不那麼「持久」，也就不用大驚小怪。

# 肆、台中關係

對於中國來說[31]，「九二共識」（一個中國、各自表述）只有前段半「一個中國」，即跟美國建交以來的共識「世界上只有一個中國、台灣是屬於中國的一部份」，而美國則一向以「認知到」（acknowledge）支應。藍營則強調後半段「各自表述」，也就是互不相屬的中華人民共和國、及中華民國，暗示東德與西德終將統一。陳水扁的「華人國家」、呂秀蓮的「中華民族」，有點日耳曼人、及盎格魯撒克遜人建有多個國家的弦外之音，類似的例子是拉丁美洲諸多從西班牙獨立出來的國家。

關鍵在於，從中國的法統觀來看，中華民國的存在意味著「兩個中國」，挑戰到中華人民共和國的正當性，也是不同形式的「台灣獨立」，欲除之而後快。原本，從「九二共識」到「一國兩制」，或許還有多種含混其詞的解釋可能，然而，當「一國兩制」在香港試用未到期就被退貨，苦戀的想像一掃而空，不要說「九二共識」此路不通，「一中憲法」也是芒刺在背。

## 一、錯愕的「習五條」

習近平在 2019 年元旦的〈在《告台灣同胞書》發表 40 周年紀念會上的講話〉提出所謂「習五條」，包括攜手推動民族復興、實現和平統一目標，探索「兩制」台灣方案、豐富和平統一實踐，堅持一個中國原則、維護和平統一前景，深化兩岸融合發展、夯實和平統一基礎，

---

[31] 根據習近平（2019），這是「在一個中國原則基礎上達成『海峽兩岸同屬一個中國，共同努力謀求國家統一』的『九二共識』」。

及實現同胞心靈契合、增進和平統一認同，基本上是彙整 40 年來的對台方針，也就是沒有經過整合的大雜燴、也看不出由抽象到具體的階層般等級。既然由鄧小平高談闊論的「一國兩制」、到江胡時期各說各話的「九二共識」，可以看出來習近平自己的調子還抓不定，只好什錦麵暫時湊合湊合，講好聽是打安全牌，把光譜上所有的可能都一網打盡，從另一個角度來看，顯示他心頭未定，猶豫自己的歷史定位是普丁（Vladimir Putin, 2000- ）、葉爾欽（Boris Yeltsin, 1991-99）、或戈巴契夫（Mikhail Gorbachev, 1985-91）。

如果就國際關係的三大主義來看，現實主義講武力、自由主義談利益、及建構主義（constructivism）論認同，習近平的基本論述是「兩岸同胞都是中國人」、「台灣同胞是中華民族一分子」，他所謂的「民族認同」不脫「血濃於水」的老調（施正鋒，2019b）。我們知道，民族認同（national identity）是指一群人在認同上希望生活在同一個國度，而這種國家稱為民族國家（nation-state），這表示，習近平的策士不僅不懂孫中山的民族理念，對於列寧的民族觀也相當生疏，更不用說西方國家自從法國大革命以降的現代民族學理。換句話說，除了依據共同血緣文化的原生論（primordialism），民族認同更建立在共同被欺負的經驗，也就是結構論（structuralism），甚至於是這群人集體想要建構一個共同體，稱為建構論（constructuralism）。

由此可見，中國對台灣人的認識還停留在炎黃子孫的階段，更不瞭解在台灣，「同胞」兩個字其實是隔著一層皮的說法，譬如「大陸同胞」、「山地同胞」、「大陳義胞」、或是「海外僑胞」，所以，「台灣同胞」雖然不是輕蔑，卻掩飾不了無法水乳交融的弦外之音。當習近平把「九二共識」歸納為一中原則、同屬一中、及和平統一基本方針，再套入

「一國兩制」的神主牌，立即讓台灣人想到淪為籠中鳥的香港、及澳門，就不能怪蔡英文總統將「九二共識」與「一國兩制」劃為等號，實質上是作球給民進黨坑殺國民黨的「九二共識」。至於所謂「兩岸各政黨、各界別推舉代表性人士，就兩岸關係和民族未來開展廣泛深入的民主協商」云云，雖然沒有規範終局的結果是什麼，聽來就是勾引當年國民黨誤入歧途的伎倆，藍營深痛惡絕，綠營更不用說戒慎恐懼。

## 二、國民黨的「九二共識」苦戀

國民黨在 2000 年失去政權，雖有馬英九在 2008 年少康中興，民進黨則由蔡英文利用太陽花在 2016 年取回政權。儘管韓國瑜異軍突起在 2018 年選上高雄市長，順勢問鼎九五，主將率領禁衛軍衝鋒陷陣，三山結盟卻未能深化、廣化，加上香港送中、及「習五條」的負面效應發酵，終於連高雄市長都丟掉。回顧國民黨雖然上回九合一選舉大有斬獲，縣市首長對於反萊豬、防疫工作兢兢業業，尚難接收民進黨流失的民意，此番四項公投鎩羽而歸，面臨存亡生死關頭。

就國家的定位來看，從蔣中正的「反攻大陸」、蔣經國的「三民主義統一中國」、到李登輝的「立足台灣、胸懷大陸、放眼世界」，可以看出是由「內地化」到「本土化」的努力。馬英九津津樂道「九二共識」，全稱是「一個中國、各自表述」，這是當年與中共事務性協商「權宜妥協」（*modus vivendi*），也就是雙方有默契「同意彼此意見不同」（agree to disagree）。然而，首度總統直選台海危機後，兩岸越走越遠，李登輝臨走秋波丟出「特殊國與國關係」定調，很難再有模糊空間。其實，陳水扁上台，一度還試探「各自表述一個中國」的可能，老共知道詮釋的彈性過大，不可能接受。

　　多年來，國民黨內部紛擾不已，就與選民的聯繫通路而言，無非加盟店與直營店的競合課題。江啓臣去年主席選舉前批評「九二共識」顯得過時、欠缺彈性，引來反彈，終究還是以「九二共識」才過關。卓伯源畢竟比較老到，參透如何將三公請上神桌的道理。問題是，即使能夠掌控股東大會，畢竟，廣大的消費者才是王道，否則，政黨政治的市場要如何打出去？國民黨本土派一向服膺老二哲學，習於接受恩寵庇護，即使入主董事會，尚未看出有整合諸侯割據的雄心大志。

　　國民黨在 2021 年 9 月 25 日舉行黨員投票主席改選，參選者有江啓臣、卓伯源、張亞中、及朱立倫。就國家定位的光譜來看，深藍的張亞中主張「一中同表」，具體的方案是「兩岸統合」，希望能透過歐盟統合（European integration）的想像來淡化統一的色彩，趨近洪秀柱的「一國兩區」。卓伯源則附和馬英九的獨門藥方「九二共識」，也就是「一國兩府」。朱立倫跟有知遇之恩的馬英九有點黏又不會太黏，他精進的「求同尊異」不脫「同屬一中」的基調，可以歸納為強調血緣文化的「一族兩國」。

　　江啓臣顯然以為「九二共識」已經失效，除了擁抱馬英九的「不統、不獨、不武」，不得不重新包裝為「基於中華民國憲法的「九二共識」、簡稱「憲法九二」，似乎嘗試以憲法增修條文來區隔其他候選人。比較特別的是被問到要把台灣帶往何處，江啓臣認為台灣民意多數主張維持現狀，國民黨要符合多數民意、現在要維持現狀，未來則必須透過「兩岸和平交流委員會」來尋求內部共識。我們可以看出來，江啓臣打算不賣「九二共識」的產品，然而，且戰且走，只能附和蔡英文的「維持現狀」，到底要賣什麼、還必須問大家。

　　江啓臣儘管年輕，地方派系出身，只要不被掃地出門、祈求保有

既有的地盤就好，儼然是當年擁兵自重的軍閥，看局勢異幟輸誠；換句話說，江啓臣把國民黨視爲物流公司，隨波逐流，只要能賺點運銷管理的利潤就好，要是能壟斷傳銷管道更好。除了朱立倫有心問鼎九五，其他三人頂多只是造王者，眞正有實力稱王的還有韓國瑜、趙少康、及侯友宜，更不用說蠢蠢欲動的郭台銘；這些人還是要回答：維持現狀，然後接著呢？

## 三、蔡英文國慶談話以來

蔡英文總統在 2021 年的國慶文告宣示「四個堅持」、及「中華民國 72 年論」。不知道是因爲支持度低迷、還是有恃無恐，她在「維持現狀」的底線下，首度提出「堅持中華民國與中華人民共和國互不相屬」，依違李登輝的「兩國論」及馬英九的「九二共識」。儘管都是「中華民國派」，老李含混其詞「兩岸分治」，而小馬的德國模式則暗示三國演義「分久必合」，難道小英的「中華民國台灣」避得開「兩個中國」的弦外之音嗎？

蔡英文總統接著又接受美國有線電視新聞網」（CNN）專訪（中華民國總統府，2021），一再重複「中華民國立足台灣 72 年」，還是回到李登輝以「本土化」調整蔣介石的「內地化」，彷彿又有辜寬敏「華裔移民國家」的影子，也就是美國、澳洲、紐西蘭、及加拿大爲盎格魯撒克遜人所建立的「墾殖國家」（settler state）；這四個國家與英國結合爲「五眼聯盟」，儼然是美國的國安核心。然而，台灣內外又要如何自處？

就美國總統拜登「美國會防衛台灣」的說法是否打破既往的戰術模糊，照說所有的題目都會事先提供，然而蔡總統的回答「必須考量

各種情況、各種因素」，不知所云。被問到是否有信心美國會防衛台灣，她說基於與美國長期友好關係而有所信心，應該是大腦記憶區塊太小。至於被問到日本的飛彈部署、及派兵，答非所問「台灣並不孤單」。

有關於如何看待中國領導者習近平，小英說「治理大國的是制度要看領導者」，或許是在調侃對方雖是大國、卻不是民主國家，當然，也有可能是好意循循善誘；然而，再三斟酌總統提供的中英文字檔，讀來依然語焉不詳。就邏輯上而言，難道小國就可以容許威權統治？不管國家大小，是否採取民主制度，她的回答竟然是要看領導者？

被問到兩岸溝通為何在 2016 年上台以來停擺，蔡英文的解釋是情勢變化很大、對岸的部署更為擴張主義，所以「過去他們能接受的事情，現在可能無法接受」，聽來是怪罪老共不接受「九二共識」。事實應該是小英在總統大選，刻意把「習五條」解釋為「九二共識」就是「一國兩制」，難怪習近平先前在辛亥革命 100 週年講話要將兩者分開談。至於如何重啟溝通管道，她只回道「希望」進行有意義的交流；同樣地，被問到台灣人是否有可能接受某種「一中政策」，她還是顧左右而言他「有各式各樣的一中政策」。

## 伍、結論

當年美國不顧盟邦關係與中華民國斷交，盤算的是結合中華人民共和國共同對抗蘇聯，維持現狀是最便宜的作法，約束台灣人稍安勿躁，一下子就 40 年過去了，基本上就是美中共同保證維持台灣海峽的現狀。當然，老共希望能不費吹灰之力收拾台灣，卻擔心玉石俱焚。共和黨的川普政府聯俄抗中，而民主黨拜登政府則是聯中抗俄，再怎

麼交心表態，美國的「棄台論[32]」（Ditching Taiwan）總是陰魂不散。根據『美日安全保障條約』（1960）而來的『日美防衛合作指針[33]』（*Guidelines for Japan-U.S. Defense Cooperation, 1997*），「日本周邊事態」（situation in area surrounding Japan, SIASJ）涵蓋釣魚台（尖閣諸島）[34]，台灣儼然就是被納為美國的勢力範圍、甚至於是一種準軍事同盟關係。至於川普，台灣是白宮總統橢圓桌上的簽字筆尖（Ewing, 2020）。一年來，儘管中國持續軍機軍艦繞島武嚇，一方面習近平似乎對於文攻敬而遠之，另一方面則揭櫫多邊主義的美國總統拜登上台；既然美國對伊朗、及北韓的綏靖有事相求中國，表面上雙方舌劍唇槍、

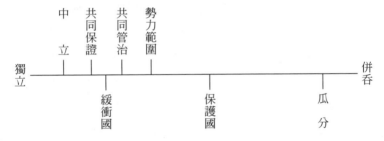

圖 9：兩強之間領土安排的可能

---

[32] 前哈佛大學國際安全研究員 Kane（2011）投書《紐約時報》，建議歐巴馬政府跟中國領導者閉門會議，同意終止對台灣的軍援及軍售、並在 2015 年之前結束與台灣的國防安排，以交換中國一筆勾銷美國所欠的 1.14 兆美元國債。根據危機解密（WikiLeaks），當時擔任國務卿希拉蕊助理的蘇利文呈上這篇投書，她回答說，「我讀了，很聰明，我們來討論看看」（Strong, 2017）。

[33] 『日美防衛合作指針』（Guidelines for Japan-U.S. Defense Cooperation, 1978）原先是在 1978 制訂，規定「日本有事」的分工，又在 2015 年修訂（Guidelines for Japan-U.S. Defense Cooperation, 2015）（田島如生，2015；Takahashi, 2018）。

[34] 上面明文寫著，周邊並非地理概念（The concept, situations in areas surrounding Japan, is not geographic but situational.）。

你來我往，對於台灣（海峽）其實是悄悄拉回共同管治。

　　自從「習五條」被民進黨結合「香港送中」，進而夾殺國民黨的「九二共識」，中國領導者三年來已經避談台灣，以免給民進黨政府在選舉之際進補。習近平先前在辛亥革命 110 週年的談話，也只能小心翼翼脫鉤「一國兩制」及「九二共識」。相對之下，從李登輝的「兩國論」、陳水扁的「一邊一國」、到蔡英文的「中華民國台灣」，基本立場是台灣已經實質獨立、國號是中華民國。中國藉著「九二共識」幹掉台灣獨立，國民黨出口、民進黨出手，運用中華民國體制來羈縻朝野政客。然而，畢竟都是「中華民國派」，本質上就是「兩國中國」，對老共而言都是不同形式的台獨，過多的包裝只會凸顯內容空洞的心虛。

　　由於民進黨在 2018 年九合一選舉重挫，「習五條」無異讓蔡英文總統不小心「撿到槍」，她喜出望外，在 2019 年的元旦談話回以「四個必須」、及「三道防護網」：前者是原則，包括必須正視中華民國台灣存在的事實、必須尊重兩千三百萬人民對自由民主的堅持、必須以和平對等的方式來處理我們之間的歧異、及必須是政府或政府所授權的公權力機構坐下來談；後者則是具體作法，包括民生安全防護網、資訊安全的防護網、及強化兩岸互動中的民主防護網。雖然中規中矩、不脫維持現狀基調，蔡英文總統的支持度平白上升了 10%～15%，「反併吞、顧主權」當然是 2020 年總統大選的主軸，此後「抗中保台」無堅不摧。

　　自從連戰在 2000 年總統大選提出鬆散的「邦聯」鎩羽而歸，沒有人敢冒不韙談其他的政治安排，譬如聯邦。在 2020 年總統大選之際，當時的國民黨主席吳敦義（中國國民黨文化傳播委員會，2019）說「兩岸同為炎黃子孫」、郭台銘（吳琬瑜等人，2019）的「一個中華民族底下，一個中華民國、一個中華人民共和國」，也就是血緣文化上的羈絆，

不脫馬英九（2015）的「兩岸人民同屬中華民族、都是炎黃子孫」。倒是總統候選人韓國瑜（奇摩新聞，2019）的「國防靠美國、科技靠日本、市場靠中國[35]、努力靠自己」，雖然試圖各方討好，聽起來來是安全以美國爲馬首是瞻；郭台銘（2019）針鋒相對，指出「國防靠和平、市場靠競爭、技術靠研發、命運靠自己」，還強調「國防靠美國是靠不住的」（顧荃，2019），聽起來不像傳統藍營留美的政治人物，最特別的是他指出，「中美之間我們中立」，有幾分呂秀蓮「和平中立」的味道（朱蒲青，2014），彷彿藍綠之間的台灣前途立場有某種不可言喻的聚合，未必是涇渭分明。

圖 10：台灣與中國政治定位的光譜

綠營對於和平協議一向避之唯恐不及、視爲統一協議，除了擔憂台灣淪爲香港、或西藏，支應的理由是質疑協議（agreement）並非國際法所承認的條約（treaty）。在 2020 年大選前，當時的陸委會主委陳明通接受訪問表示，兩岸未來政治關係安排的可能性，可包括歐盟模式、獨立國協模式，或建交成爲更緊密的盟邦，外界以爲是政府以「兩國政府相互承認」作爲先決條件，不過，他次日趕緊澄清是引述各種不同建議（鍾麗華，2019；陳燕珩，2019）。其實，從李登輝的「歹厝

---

[35] 奇摩新聞（2019）的標題用「大陸」，內文報導用「中國」。

邊」、呂秀蓮的「遠親近鄰」、到辜寬敏的「兄弟之邦」，大體圍繞在「華人國家」的說法，除了李登輝的「特殊關係」、及陳水扁的「一邊一國」，比較具體的政治安排只有呂秀蓮所倡議的「台灣做為中立國」。

就中國的傳統，政治安排不外納入版圖的內屬（行省化、民族自治、特別行政區、羈縻府州）、及懷柔外冊的外藩（藩屬、朝貢國、附庸），至於國際法所認定的政治關係，除了互不相屬（田無溝、水無流），以結合緊密的程度來看，不外單一國家、聯邦、自由結合、邦聯、區域整合、國協、及特殊關係。那麼，除了類似日耳曼人、安格魯－撒克遜人、阿拉伯人般的中華民族（華人、漢人）血緣文化關係，暫且不談鬆散的一般用字（譬如兄弟之邦）、也不論台灣法理獨立（譬如台灣共和國），大家想像中的政治安排究竟是什麼？換句話說，到底中華民國與中華人民共和國是怎麼樣的關係？

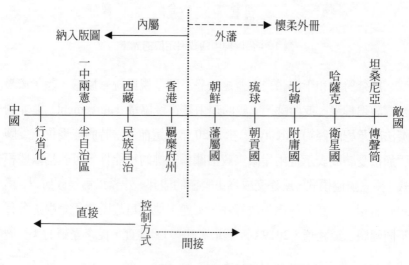

圖 11：中國的天下觀

大體而言，國民黨人士堅持「中國就是中華民國」，就法理而言就是「兩個中國」，與民進黨『台灣前途決議文』（1999）沒有很大的差別，也就是「台灣已經獨立、國名叫中華民國」；如果有什麼差異，在於國民黨把中華民國當長治久安的大屋頂，民進黨視為暫時借殼上市的遮雨棚，對於中國來說，都是如假包換的「台獨」，政治市場的辨識度不高。

民進黨的立場是「親美反中」，國民黨內的主流是「親美和中」，很難區分到底是投懷送抱、或被推上火線，雙方的共識是同意台灣被納為美國的勢力範圍。陳達儒填詞、蘇桐譜曲的《青春悲喜曲》寫著「阮心內為哥無變愛到死、阮一生不知幸福也是悲」，苦戀「東邊只有幾粒星」。台灣位於南海與東海間，頓時獲得關愛的眼神，受寵若驚；然而，戰爭乃不祥之物，莫言紅利[36]。當下中國蠢蠢欲動，美國焦頭爛額，真正的台灣領導者必須像摩西帶領以色列人過紅海。

強權的外交行為，有些出於大戰略的考量，一些可能只是經濟利益的盤算，更多則是官僚體系技術性的例行公事。如果沒有基本的知識，再好的外文能力也沒有用，光是看到剪貼複製就嚇壞了，更不說捍衛國家利益的起碼辯護。同樣地，如果不懂國際政治，把人家的運作拿來當法治看待，言聽計從，被賣掉了都還要謝謝人家。只懂內交外包、業配、網軍，草包治國的悲哀。

---

[36] 有關於台海的戰爭紅利觀點，見張人傑（2021）。

## 附錄 1：搞政治不能不懂國際政治*

尼加拉瓜先前與中華民國斷交，昭告世人「中華人民共和國是唯一合法代表中國的政府，而台灣無疑是中國的領土」，中國大張旗鼓說「一中原則」廣為國際社會支持。邦交國只剩下 14 個，而尼加拉瓜是蔡英文總統上台以來第 8 個斷交的國家，令人憂心是否會有骨牌效應。

尼加拉瓜左派游擊隊桑定民族解放陣線，於 1979 年推翻蘇慕薩（Anastasio Somoza Debayle, 1974-79）獨裁政權，對於幫兇耿耿於懷，奧蒂嘉（Daniel Ortega, 1979-90、2007-）政府終於在 1985 年底跟台灣決裂；直到中間偏右查莫洛夫人（Violeta Chamorro, 1990-97）在 1990 年政權轉移，尼國才跟台灣恢復邦交。奧蒂嘉在 2007 年捲土重來，不管民進黨、還是國民黨執政，都有斷交的心理準備。

尼加拉瓜重施故技，表面上的理由是美國於去年底加以經濟制裁，自然讓中國有施展金元外交的空間。先前立陶宛近日力挺台灣，中國毫不客氣實施經濟制裁；近日美國召開「民主峰會」（Summit for Democracy）、指著禿驢罵和尚，中國是可忍、孰不可忍，必須大張旗鼓。在美中交鋒的氛圍下，儘管有『台北法案』（*Taiwan Allies International Protection and Enhancement Initiative Act, 2019*），台灣不過是借題發揮的對象，儘管保了宏都拉斯的外交關係，卻擋不了尼加拉瓜的流彈，尤其是外交部針對人家的總統大選談三道四[37]。

---

* 《台灣時報》2021/12/13。

[37] 在大選後，外交部不懂裝懂（假□）表示：「已注意到國際社會對尼國的關切，並重申民主是國際社會成員共同遵守的普遍原則」（張加，2021）。

當年桑定革命成功，美國總統雷根因國會禁止軍援反政府叛軍，指使台灣、新加坡、及韓國等挹助，國會調查「伊朗門醜聞」（Iran-Contra Affair, 1985-87），台灣的名字在報告（*Tower Commission Report*）（Tower, et al., 1987）被塗黑，心知肚明。奧蒂嘉重作馮婦，從陳水扁、馬英九、到蔡英文，對於這個老邦交國相當頭痛；若非美國還有影響力，尼國恐怕早就琵琶別抱。

冷戰結束以來，美國躊躇志滿。進入 21 世紀，美國因為九一一恐攻專注中東、疏於照顧後院，中國趁虛而入，連被謔稱為「香蕉共和國」的中美洲國家都被突破，對美國未必言聽計從。台灣外交未脫冷戰思維，若不能有獨立自主思考、唯大哥馬首是瞻，當地百姓沒有好感，更不用說勢利眼的政客。

民進黨政府在 2016 年美國大選押寶希拉蕊，沒有想到豬羊變色，買了不少軍火釋懷。小英在去年底重蹈覆轍看好川普連任，儘管美國已退出 TPP、而且明言無意簽「自由貿易協定」（free trade agreement, FTA），卻在 8 月答應人家進口萊豬。其實，台美貿易因為美中貿易大戰而大增，根本不待彼此的「貿易暨投資架構協定」（trade and investment framework agreement, TIFA）會議重啓，更不用說美國有求於我「護國神山」。

蔡英文自詡為經貿談判專家，不知 WTO 並非世界政府，成員為了捍衛國家利益各顯神通，美國告歐盟補貼空中巴士、歐盟也告美國補貼波音，打打談談。美國違反慣例強迫國際食品法典委員會（Codex Alimentarius Commission, CAC）投票『國際食品法典』（*Codex Alimentarius*, CODEX），69 票對 67 票，談什麼科學？川普以國家安全為由，硬是抬高歐盟加墨韓台鋼鋁的關稅，我們難道不能以戰逼和？

　　小英連任之際遭到賴清德挑戰，一些台派支持前者，理由是她有美國的背書，那是憑空想像。阿扁就職宣示「四不一沒有」，坊間的說法是民主黨出身的卜睿哲（Richard C. Bush）獻策，卻忘了當時是共和黨主政。同樣地，共和黨的薛瑞福（Randall Schriver）夸夸而談萊豬，無視民主黨當家作主。至若把仲介當作貴賓，貽笑大方。再硬的筆尖也會鈍，甚至於斷掉。美國果真認為台灣的戰略地位無可取代，應該無條件提供安全保障。民進黨立院黨團總召柯建銘說，台灣不能站在美國的對立面（黃宣尹，2021），沒錯，然而，我們只是要求起碼的尊嚴，何錯之有？趁人之危，這是哪門子的大哥？孝女賣身、真為葬父？民進黨政府不要忘了，即使自宮、未必成功。

## 附錄 2：兩岸和戰的病理及解藥*

　　台灣與中國兩岸關係和戰的民調，大致上可以歸納為對於現狀的看法、病痾的分析、以及未來的期待與藥方。首先，有六成八的選民認為雙方的關係呈現緊張的狀態，儘管與去年的看法變動不大，除了民間互動、及經貿往來趨緩，其他面向如政治、軍事、或是外交都是緊張競爭狀態。在這樣的認知脈絡下，台灣人對於中共印象不佳的比例攀升為七成。

　　相對之下，六成六的台灣民眾對於中國人民有好的印象，同時也有將近五成看好中國在未來會成為世界第一強國，甚至六成的人並不擔心如此的發展會不利台灣。弔詭的是，儘管台灣人與中國人的經驗已經並不算少，包括曾經前往旅遊工作過、或接觸來台的各類人士，願意前往中國就業、唸書、或定居的比例持續低迷，頗有危邦不入、亂邦不居的傾向。

　　到底是什麼因素導致彼此緊張的關係？相較於去年的強度依序是台灣獨立、民進黨政府、大陸政策、美中角力、及對岸不放棄統一，今年是大陸政策、及美中角力的重要性下降，中國軍事威脅、及統一政策往上竄，而雙方的外交競逐也入榜。令人好奇，難道民進黨執政與其大陸政策是兩回事？答案是，百姓對蔡英文總統處理兩岸的評價回歸否定高於肯定。

　　在這樣的態勢下，台灣人對於未來的走向，維持五成支持維持現狀，贊成獨立的略多於三分之一，主張統一還是一成。基本上，百姓

---

*《聯合報》2021/10/18。

以為台灣當下未具宣佈獨立的實力，甚至民進黨、及台獨支持者都有超過五成有這樣的看法。值得注意的是綠營、或獨派有四成認為台灣已有實力，也就是政府宣布獨立的時機已到，那麼，這是民進黨政府不可忽視的一股民意。

民調很清楚，台灣百姓對於中國的規避、甚至於嫌惡，當然要歸咎於共軍共艦密集地繞島騷擾，即使遠親也不免會淪為惡鄰。兩年多來，自從「習五條」被民進黨結合「香港送中」，進而夾殺國民黨的「九二共識」，中國領導者已經避談台灣，以免給民進黨政府在選舉之際進補。習近平在辛亥革命 110 週年的談話，也只能小心翼翼脫鉤「一國兩制」及「九二共識」。

相較之下，蔡英文不知道是因為支持度低迷、還是有恃無恐，在「維持現狀」的底線下，首度提出「堅持中華民國與中華人民共和國互不相屬」，依違於李登輝的「兩國論」及馬英九的「九二共識」。儘管都是「中華民國派」，老李含混其詞「兩岸分治」，小馬的德國模式暗示三國演義「分久必合」，小英的「中華民國台灣」避得開「兩個中國」的弦外之音嗎？

## 附錄 3：烏克蘭的啟示*

自從美國去年撤軍阿富汗，國際戰略重心東移印度洋、太平洋，西線原本應該無戰事，沒有想到俄羅斯以演習為名大軍壓境烏克蘭，國際情勢一時緊張不已。美國總統拜登警告俄羅斯入侵烏克蘭將「代價沉重」，而俄國總統普丁則回以美國的指控「荒謬至極、歇斯底里」，雙方舌劍唇槍。美國言之鑿鑿俄國將在 16 日入侵烏克蘭，西方國家紛紛撤僑，戰爭似乎一觸即發。

在蘇聯解體之前，俄羅斯頭子葉爾欽同意尊重烏克蘭的主權及領土完整，聯手架空戈巴契夫，因此，當九成的烏克蘭人在 1991 年底的公投支持獨立，葉爾欽無條件加以承認。只不過，站在俄羅斯民族主義者的立場，烏克蘭人只不過是小俄羅斯人，失去烏克蘭等於剝奪俄羅斯帝國的地位；更何況臥榻之側、豈容他人鼾睡，出於國家安全的考量，至少也要讓烏克蘭成為自己的勢力範圍，當然要扶植親俄傀儡政權不遺餘力。

儘管在美國、及英國的見證下，烏克蘭的主權獨立獲得俄羅斯保證，然而，不少烏克蘭人認為光是口頭承諾還不放心，極力推動與西歐整合，特別是加入北大西洋公約組織，親西方派與親俄派一直相持不下。其實，烏克蘭百姓原本對於加入北約意興闌珊，然而，自從俄羅斯在 2014 年入侵烏克蘭、併吞克里米亞、介入國會大選，反俄政權開始積極準備加入北約，2019 年的修憲還把加入歐盟、及北約列為外交戰略的最高指導原則，俄羅斯不免覺得芒刺在背。

---

*《台灣時報》社論 2022/2/17。

　　現任烏克蘭總統澤倫斯基上台後，更是加緊與北約深化的腳步，而北約國家的立場則是烏克蘭有權決定自己的外交政策、俄羅斯無權加以否決，也就是採取「門戶開放政策」，一待時機成熟，自然水到渠成、順水推舟。只不過，德國、及法國國家利益至上、主張事緩則圓，而美國雖然願意軍事援助烏克蘭，卻因為川普總統施壓烏克蘭政府調查對手拜登父子被眾議院彈劾。拜登過去負責歐巴馬總統的烏克蘭政策、六次造訪，問題在於美國心有旁鶩、甚至力有未逮。

　　癥結在於烏克蘭內部的民族認同分歧，尤其是東南部因為歷史地理因素，俄羅斯化比較深、親俄勢力比較強，特別是俄羅斯解體後留下來的俄裔，當然就有動員要求自治、甚或加入俄羅斯的空間。親俄政權在 2014 年垮台，俄羅斯派坦克佔領烏克蘭東南半壁，迄今打打停停。根據俄羅斯的說法，這是烏克蘭的內戰、事不關己，要是拿來當作烏克蘭不加入北約的籌碼最好，否則，不排除循克里米亞模式，先以住民自決公投獨立、再順勢加入俄羅斯。

　　俄羅斯鄰邦加入北約已有愛沙尼亞、拉脫維亞、及立陶宛三國，只不過俄烏兩國邊界綿延四百公里，戒慎小心不是沒有道理，而且也擔心烏克蘭的政治經濟改革蔓延、危及政權穩定；既然坐擁愁城，也只能漫天要價、就地還價。拜登自詡外交高手、手腕靈活，大師出馬、一手搞定；美國提供防衛武器、訓練軍事人員，迄今頂多是派軍進駐波蘭、及羅馬尼亞，加上出動艦隊，看來是不願意跟俄羅斯翻臉。話又說回來，也難說拜登與普丁在演雙簧，各取所需。

　　烏克蘭不願意接受俄羅斯的支配，俄羅斯則擔心烏克蘭加入對手的陣營，相當為難。

# 附錄 4：條約、協定、法律

*North Atlantic Treaty, 1949*

*Australia, New Zealand, United States Security Treaty, 1951*

*Mutual Defense Treaty between the Republic of the Philippines and the United States of America, 1951*

*Security Treaty between the United States and Japan, 1951*

*Mutual Defense Treaty between the United States and the Republic of Korea, 1953*

*Mutual Defense Treaty between the United States of America and the Republic of China, 1954*

*Treaty of Mutual Cooperation and Security between the United States and Japan, 1960*

*Shanghai Communiqué, 1972*

*Paris Peace Accords, 1973*

*Guidelines for Japan-U.S. Defense Cooperation, 1978*

*Joint Communiqué on the Establishment of Diplomatic Relations, 1979*

*Taiwan Relations Act, 1979*

*August 17ᵗʰ Communiqué, 1982*

*Six Assurances, 1982*

*Guidelines for Japan-U.S. Defense Cooperation, 1997*

*Taiwan Security Enhancement Act, 1999*

*Joint Declaration of the United States-Afghanistan Strategic Partnership, 2005*

*Enduring Strategic Partnership Agreement between the Islamic Republic of Afghanistan and the United States of America, 2012*

*Guidelines for Japan-U.S. Defense Cooperation, 2015*

*Taiwan Travel Act, 2018*

*Taiwan International Participation Act, 2018*

*Asia Reassurance Initiative Act, 2018*

*National Defense Authorization Act for Fiscal Year 2019*

*Taiwan Allies International Protection and Enhancement Initiative (TAIPEI) Act, 2019*

*Taiwan Defense Act, 2020*

*Taiwan Assurance Act, 2020*

*Agreement for Bringing Peace to Afghanistan between the Islamic Emirate of Afghanistan and the United States of America, 2020*

*Agreement for the Exchange of Naval Nuclear Propulsion Information, 2021*

*Interim National Security Strategic Guidance, 2021*

*Japan-Australia Reciprocal Access Agreement, 2022*

# 參考文獻

中國國民黨文化傳播委員會，2019。〈VOA 專訪吳主席：和陸、友日、親美〉（http://www.kmt.org.tw/2019/02/voa.html）（2022/1/25）。

中華民國總統府，2021。〈總統接受「美國有線電視新聞網」（CNN）專訪〉（https://www.president.gov.tw/News/26294）（2022/1/25）。

田島如生，2015。〈日美時隔 18 年修改防衛合作指針〉《日經中文版》4 月 28 日（https://zh.cn.nikkei.com/politicsaeconomy/politicsasociety/14148-20150428.html）（2022/1/24）。

朱蒲青，2014。〈呂秀蓮「東方瑞士美麗島・和平中立保台灣」〉《民報》8 月 13 日（https://www.peoplenews.tw/news/e46218be-52f6-43f2-b7fe-bfe533392955）（2022/1/26）。

百度百科，n.d.。〈24 字戰略〉（https://baike.baidu.hk/item/24 字戰略/10949906）（2022/1/24）。

吳琬瑜、林倖妃、陳良榕、黃亦筠，2019。〈郭台銘談兩岸和民主，首度表態：九二共識、一中各表〉《天下雜誌》5 月 8 日（https://www.cw.com.tw/article/5095104）（2022/1/25）。

奇摩新聞，2019。〈韓國瑜：國防靠美國、科技靠日本、市場靠大陸、努力靠自己〉4 月 12 日（https://tw.news.yahoo.com/韓國瑜－國防靠美國－科技靠日本－市場靠大陸－努力靠自己－023407925.html）（2022/1/26）。

施正鋒，2019a。〈初探川普的大戰略──牧師、掮客、還是惡霸？〉《台灣國際研究季刊》15 卷 2 期，頁 1-34。

施正鋒，2019b。〈中國的民族主義〉《台灣的外交環境》頁 297-335。台北：台灣國際研究學會。

施正鋒，2021。〈拜登政府的外交大戰略初探〉《台灣國際研究季刊》17 卷 3 期，頁 1-35。

美國在台協會，n.d.〈1982 年解密電報：對台軍售＆對台各項保證〉（https://

www.ait.org.tw/zhtw/our-relationship-zh/policy-history-zh/key-u-s-foreign-policy-documents-region-zh/six-assurances-1982-zh/）（2022/1/23）。

馬英九，2015。〈「習馬會」：馬英九講話全文〉《BBC News 中文》11 月 7 日（https://www.bbc.com/zhongwen/trad/china/2015/11/151107_ma_ying-jeou_statement）（2022/1/25）。

張人傑，2021。〈阿富汗大撤退的戰爭紅利〉《台灣時報》9 月 10 日（https://www.taiwantimes.com.tw/app-container/app-content/new/new-content-detail?blogId=blog-a9e9d2ec-426a-4f2c-97f9-27895d76dd17&currentCategory=101）（2022/1/19）。

張加，2021。〈尼加拉瓜大選，外交部：將推動與尼國新政府的合作〉《聯合報》11 月 7 日（https://udn.com/news/story/6656/5873462）（2022/1/11）。

習近平，2019。〈在《告台灣同胞書》發表 40 周年紀念會上的講話〉（http://cpc.people.com.cn/BIG5/n1/2019/0102/c64094-30499664.html）（2022/1/12）。

郭台銘，2019。〈郭董說：中華民國的外來，國防靠和平、市場靠競爭、技術靠研發、命運靠自己〉4 月 13 日（https://www.facebook.com/TerryGou1018/photos/剛剛看到了韓市長在哈佛20字對於台灣未來的命運我個人對這20字有些建議我同意韓市長的20字框架但有不同的看法國防靠和平市場靠競爭技術靠研發命運靠自己－舊時有成語/613981915741751/）（2022/1/26）。

陳燕珩，2019。〈專訪提「兩岸可當兄弟之邦」，陳明通澄清：沒這種想法也沒政策〉《上報》4 月 22 日（https://www.upmedia.mg/news_info.php?SerialNo=61761）（2022/1/11）。

黃宣尹，2021。〈質疑朱立倫站在美國對立面，柯建銘：不選總統了嗎？〉《NOWnews》12 月 9 日（https://www.nownews.com/news/5469451）（2022/1/6）。

蔡英文，2021。〈共識化分歧，團結守台灣〉（https://www.president.gov.tw/News/26253）（2022/1/23）。

鍾麗華，2019。〈政府出招？陳明通：兩岸關係可考慮建交或歐盟模式〉《自由時報》4 月 22 日（https://news.ltn.com.tw/news/politics/breakingnews/

2766400）（2022/1/11）。

顧荃，2019。〈郭台銘：國防靠美國靠不住，不該跟美買武器〉《中央通訊社》4 月 15 日（https://www.cna.com.tw/news/firstnews/201904150061.aspx）（2022/1/22）。

*ABC News*. 2001. "Bush Vows Taiwan Support." April 25 (https://abcnews.go.com/US/story?id=93471&page=1) (2022/1/24)

*ABC News*. 2021. "Full Transcript of ABC News' George Stephanopoulos' Interview with President Joe Biden." August 19 (https://abcnews.go.com/Politics/full-transcript-abc-news-george-stephanopoulos-interview-president/story?id=79535643) (2021/9/15)

Akimoto, Daisuke. 2021. "China's Grand Strategy and the Emergence of Indo-Pacific Alignments." (https://isdp.eu/chinas-grand-strategy-and-the-emergence-of-indo-pacific-alignments/) (2022/124)

Allison, Graham. 2016. "The Thucydides Trap: Are the U.S. and China Headed for War." *The Atlantic*, September 24 (https://www.theatlantic.com/ international/archive/2015/09/united-states-china-war-thucydides-trap/406756/) (2022/1/24)

Allison, Graham. 2017. *Destined for War: Can America and China Escape Thucydides's Trap?* Melbourne: Scribe Publications.

American Institute in Taiwan. n.d. "Declassified Cables: Taiwan Arms Sales and Six Assurances (1982)." (https://www.ait.org.tw/our-relationship/policy-history/key-u-s-foreign-policy-documents-region/six-assurances-1982/) (2022/1/23)

Bâli, Aslı, and Aziz Rana. 2021. "Biden's Foreign Policy Doctrine Is Stuck in the Twentieth Century." *The New Republic*, June 4 (https://newrepublic.com/article/162597/biden-foreign-policy-doctrine-israel-china-russia) (2021/9/13)

Barndollar, Gil. 2021. "Global Posture Review 2021: An Opportunity for Realism and Realignmen." (https://www.defensepriorities.org/explainers/global-posture-review-2021) (2021/12/22)

Biden, Joseph R., Jr. 1999. "S. 693: The Taiwan Security Enhancement Act." U.S. Congress. Senate. Committee on Foreign Relations: Hearings before the Committee on Foreign Relations. 106th Cong., 1st sess., August 4 (https://www.govinfo.gov/content/pkg/CHRG-106shrg60900/html/CHRG-106shrg60900.htm) (2022/1/24)

Biden, Joseph R., Jr. 2001. "Not So Deft on Taiwan." *Washington Post*, May 2 (https://www.washingtonpost.com/archive/opinions/2001/05/02/not-so-deft-on-taiwan/2adf3075-ee98-4e70-9be0-5459ce1edd5d/) (2021/5/10).

Biden, Joe. 2021a. "Remarks by President Biden on America's Place in the World." February 4 (https://www.whitehouse.gov/briefing-room/speeches-remarks/2021/02/04/remarks-by-president-biden-on-americas-place-in-the-world/) (2022/1/12)

Biden, Joe. 2021b. "Remarks by President Biden in Press Conference." March 25 (https://www.whitehouse.gov/briefing-room/speeches-remarks/2021/03/25/remarks-by-president-biden-in-press-conference/) (2022/1/12)

Blinken, Antony J. 2021. "A Foreign Policy for the American People." March 3 (https://www.state.gov/a-foreign-policy-for-the-american-people/) (2021/4/18)

Brands, Hal. 2021. "The Emerging Biden Doctrine: Democracy, Autocracy, and the Defining Clash of Our Time." *Foreign Affairs*, June 29 (https://www.foreignaffairs.com/articles/united-states/2021-06-29/emerging-biden-doctrine) (2021/9/10)

Brooke-Holland, Louisa, John Curtis, and Claire Mills. 2021. "The AUKUS Agreement." (https://researchbriefings.files.parliament.uk/documents/CBP-9335/CBP-9335.pdf (2022/1/19)

Brooks, Stephen G. 2011. "Can We Identify a Benevolent Hegemon?" *Cambridge Review of International Affairs*, Vol. 25, No. 1, pp. 27-38.

Brooks, Stephen G., G. John Ikenberry, and William C. Wohlforth. 2012-13. "Don't Come Home, America: The Case against Retrenchment." *International*

*Security*, Vol. 37, No. 3, pp. 7-51

Brooks, Stephen G., G. John Ikenberry, and William C. Wohlforth. 2013. "Lean Forward: In Defense of American Engagement." *Foreign Affairs*, Vol. 92, No. 1, pp. 130-42

Campbell, Kurt M., and Jake Sullivan. 2019. "Competition without Catastrophe How America Can Both Challenge and Coexist With China." *Foreign Affairs*, September/October.

Cha, Victor. 2010. "Powerplay: Origins of the U.S. Alliance System in Asia." *International Security*, Vol. 34, No. 3, pp. 158-96.

Chalfant, Morgan. 2021. "Biden Seeks to Clarify Remarks on Taiwan, 'one China' Policy." *The Hill*, November 16 (https://thehill.com/homenews/administration/581863-biden-seeks-to-clarify-remarks-on-taiwan-one-china-policy) (2022/1/24)

Chang, Felux K. 2021. "Strategic Choice: Australia's Nuclear-Powered Submarines." (https://www.fpri.org/article/2021/10/strategic-choice-australias-nuclear-powered-submarines/) (2022/1/19)

Ching, Frank. 2021. "In Defense of Taiwan, Biden Makes a 'Slip of the Tongue.'" *Japan Times*, November 3 (https://www.japantimes.co.jp/opinion/2021/11/03/commentary/world-commentary/defense-taiwan-biden-makes-slip-tongue/) (2022/1/20)

Clemons, Steve. 2016. "The Biden Doctrine: Has the Vice President Made a Lasting Contribution in Foreign Policy?" *The Atlantic*, August 23 (https://www.theatlantic.com/international/archive/2016/08/biden-doctrine/496841/) (2021/9/13)

Contorno, Steve. 2014. "Checking Robert Gates' Criticism of Vice President Joe Biden's Foreign Policy Record." *PolitiFact*, January 16 (https://www.politifact.com/factchecks/2014/jan/16/robert-gates/robert-gates-criticism-vice-president-joe-biden/) (2021/9/13)

Doshi, Rush. 2021. *The Long Game: China's Grand Strategy to Displace American Order*. New York: Oxford University Press.

*Economist*. 2021. "AUKUS Reshapes the Strategic Landscape of the Indo-Pacific." September 25 (https://www.economist.com/briefing/2021/09/25/aukus-reshapes-the-strategic-landscape-of-the-indo-pacific) (2022/1/11)

Ewing, Philip. 2020. "Trump Told China To 'Go Ahead' With Prison Camps, Bolton Alleges in New Book." *NPR*, June 17 (https://www.npr.org/2020/06/17/875876905/trump-told-china-to-go-ahead-with-concentration-camps-bolton-alleges-in-new-book) (2022/2/21)

Friedberg, Aaron L. 2011. *A Contest for Supremacy: China, America and the Struggle for Mastery in Asia*. New York: W. W. Norton.

Gallup. 2021. "China." February (https://news.gallup.com/poll/1627/china.aspx) (2021/12/22)

Goldstein, Avery. 2003. "An Emerging China's Emerging Grand Strategy," in G. John Ikenberry, and Michael Mastanduno, eds. *International Relations Theory and the Asia-Pacific*, pp. 57-106. New York: Columbia University Press.

Goldstein, Avery. 2020. *Rising to the Challenge: China's Grand Strategy and International Security*. Stanford: Stanford University Press.

Haas, Richard, and David Sacks. 2020. "American Support for Taiwan Must Be Unambiguous." *Foreign Affairs*, September 2 (https://www.foreignaffairs.com/articles/united-states/american-support-taiwan-must-be-unambiguous) (2022/124)

Haas, Richard, and David Sacks. 2021. "The Growing Danger of U.S. Ambiguity on Taiwan: Biden Must Make America's Commitment Clear to China—and the World." *Foreign Affairs*, December 13 (https://www.foreignaffairs.com/articles/china/2021-12-13/growing-danger-us-ambiguity-taiwan) (2022/1/24)

Haass, Richard, and Jake Sullivan. 2021. "A Conversation with Jake Sullivan."

Council on Foreign Relations, December 17 (https://www.cfr.org/event/conversation-jake-sullivan) (2022/1/19)

Herszenhorn, David M. 2020. "Joe Biden vs. the American Foreign Policy Establishment." (https://www.politico.eu/article/joe-bidens-us-foreign-policy/) (2022/1/10)

Junes, Stephen. 2021. "One of the Democrats' Biggest Hawks Is Now Senate Foreign Relations Chair." Truthout, January 26 (https://truthout.org/articles/one-of-the-democrats-biggest-hawks-is-now-senate-foreign-relations-chair/) (2022/1/28)

Kane, Paul V. 2011. "To Save Our Economy, Ditch Taiwan." *New York Times*, November 10 (https://www.nytimes.com/2011/11/11/opinion/to-save-our-economy-ditch-taiwan.html) (2022/1/13)

Kang, Shirley. 2014. "China/Taiwan: Evolution of the 'One Chin' Policy: Key Statements from Washington, Beijing, and Taipei." (https://sgp.fas.org/crs/row/RL30341.pdf) (2022/1/23)

Kastner, Scott L., and Phillip C. Saunders. 2012. "Is China a Status Quo or Revisionist State? Leadership Travel as an Empirical Indicator of Foreign Policy Priorities." *International Studies Quarterly*, Vol. 56, No. 1, pp. 163-77.

Kaufman, Daniel J., David S. Clark, and Kevin P. Scheehan. 1991. "Introduction," in Daniel J. Kaufman, David S. Clark, and Kevin P. Scheehan, eds. *U.S. National Security Strategy for the 1990s*, pp. 1-7. Baltimore: John Hopkins University Press.

Kelly, Paul. 2021. "AUKUS Pact Is the Biggest Strategy Shift of Our Lifetime." *The Australian*, September 18 (heaustralian.com.au/inquirer/aukus-alliance-the-biggest-strategy-shift-of-our-lifetime/news-story/8fb7b7fb05389f42257ef9c3c3e9d2a8) (2022/1/19)

Khalilzad, Zalmay. 1999. "Congage China." (https://www.rand.org/pubs/issue_papers/IP187.html) (2022/1/19)

Kissel, Mary. 2017. "From 'America first' to 'pragmatic realism': Life in the Oval Office Has Forced the President to Rethink His Isolationist Stance." *The Spectator*, August 26 (https://www.spectator.co.uk/article/from-america-first-to-pragmatic-realism-) (2022/1/24)

Kristol, William. 2021. "The Birth of the Biden Doctrine?" *The Bulwark*, September 1 (https://www.thebulwark.com/the-birth-of-the-biden-doctrine/) (2021/9/10)

Mackinnon, Amy. 2022. "Defining the Biden Doctrine: U.S. National Security Advisor Jake Sullivan Sat down with FP to Talk about Russia, China, Relations with Europe, and Year One of the Biden Presidency." *Foreign Policy*, January 18 (oreignpolicy.com/2022/01/18/national-security-advisor-jake-sullivan-interview-qa-biden-doctrine-foreign-policy/) (20222/1/19)

Mackinnon, Amy, and Anna Weber. 2021. "Biden Struggles to Stick to the Script on Taiwan." *Foreign Policy*, November 17 (https://foreignpolicy.com/2021/11/17/biden-taiwan-china-misspoke-policy-mistake/) (20222/1/19)

Mearsheimer, John J. 2016. "Benign Hegemony." *International Studies Review*, Vol. 18, No. 1, pp. 147-49.

Mohammed, Arshad. 2012. "Donors Expected to Pledge $16 Billion in Afghan Aid." *Reuters*, July 7 (https://www.reuters.com/article/us-afghanistan-clinton-idUSBRE86601120120707) (2021/9/13)

n.a. 2021. "Kurt Campbell: U.S. and China Can Co-Exist Peacefully." (https://asiasociety.org/policy-institute/kurt-campbell-us-and-china-can-co-exist-peacefully) (2022/1/18)

Nerkar, Santul. 2021. "When It Comes to China, Biden Sounds a Lot Like Trump." (https://fivethirtyeight.com/features/when-it-comes-to-china-biden-sounds-a-lot-like-trump/) (2021/12/22)

Nicholas, Peter. 2021. "Who Takes the Blame?" *The Atlantic*, August 27 (https://www.theatlantic.com/politics/archive/2021/08/kabul-bombing-white-houseblame/619901/) (2021/8/27)

Orbán, Tamás. 2021. "AUKUS and the Indo-Pacific." (https://danubeinstitute. hu/en/geopolitics/aukus-and-the-indo-pacific) (2021/1/19)

Organski, A. F. K., and Jacek Kugler. 1980. *The War Ledger.* Chicago: University of Chicago Press.

Pleming, Sue. 2010. "Biden Says No Plans to Nation-build in Afghanistan." *Reuters*, July 30 (https://www.reuters.com/article/idINIndia-50501120100729) (2021/9/13)

Politi, James. 2021. "The Biden Doctrine: The US Hunts for a New Place in the World." *Financial Times*, September 4 (https://www.ft.com/content/2a88ac0b-d3d7-4159-b7f5-41f602737288) (2021/9/10)

Posen, Barry R. 2014. *Restraint: A New Foundation for U.S. Grand Strategy.* Ithaca: Cornell University Press.

Posen, Barry R. 2018. "The Rise of Illiberal Hegemony: Trump's Surprising Grand Strategy." *Foreign Affairs*, Vol. 97, No. 2, pp. 20-27.

Posen, Barry R., and Andrew L. Ross. 1996-97. "Competing Visions for U.S. Grand Strategy." *International Security*, Vol. 21, No. 3, pp. 5-53.

*Reuters.* 2021. "Biden Says He and China's Xi Agree to Abide by Taiwan Agreement." October 10 (https://www.reuters.com/world/asia-pacific/biden-says-he-chinas-xi-have-agreed-abide-by-taiwan-agreement-2021-10-05/) (2022/1/24)

Ronkin, Noa. 2021. "White House Top Asia Policy Officials Discuss U.S. China Strategy at APARC's Oksenberg Conference." *All Shorenstein APARC News*, May 27 (https://aparc.fsi.stanford.edu/news/white-house-top-asia-policy-officials-discuss-us-china-strategy-aparc%E2%80%99s-oksenberg-conference) (2022/1/18)

Sadler, Brent D. 2021. "AUKUS: U.S. Navy Nuclear-Powered Forward Presence

Key to Australian Nuclear Submarine and China Deterrence." (https://www. heritage.org/sites/default/files/2021-10/BG3662.pdf) (2022/1/19)

Scobell, Andrew, Edmund J. Burke, Cortez A. Cooper III, Sale Lilly, Chad J. R. Ohlandt, Eric Warner, and J. D. Williams. 2020. *China's Grand Strategy: Trends, Trajectories, and Long-Term Competition.* Santa Monica, Calif.: RAND Corporation.

Shifrinson, Joshua, and Stephen Wertheim. 2021. "Biden the Realist: The President's Foreign Policy Doctrine Has Been Hiding in Plain Sight." *Foreign Affairs*, September 9 (https://www.foreignaffairs.com/articles/united-states/ 2021-09-09/biden-realist) (2021/9/10)

Silver, Laura, Kat Devlin, and Christine Huang. 2021. "Most Americans Support Tough Stance toward China on Human Rights, Economic Issues." Pew Research Center, March 4 (https://www.pewresearch.org/global/2021/03/04/most-americans-support-tough-stance-toward-china-on-human-rights-economic-issues/) (2021/12/22)

Smeltz, Dina, and Craig Kafura. 2021. "For First Time, Half of Americans Favor Defending Taiwan If China Invades." Chicago Council on Global Affairs, August (https://www.thechicagocouncil.org/sites/default/files/2021-08/2021%20Taiwan %20Brief.pdf) (2021/12/22)

Snyder, Charles. 2001. "Biden Cool to Talk on Independence." *Taipei Times*, September 12 (http://www.taipeitimes.com/News/front/archives/2001/09/12/ 102583?fbclid=IwAR3DKi8VXlTA317KUYxZD1vRYVZTkQj-rjIdEhqm1q XKvmoWJkCno0DBPLI) (2022/1/12)

Strong, Matthew. 2017. "Hillary Clinton Wanted to Discuss Ditching Taiwan: WikiLeaks." *Taiwan News*, January 21 (https://www.taiwannews.com.tw/en/ news/3069884) (2022/1/12)

Sullivan, Jake. 2021. "A Conversation with Jake Sullivan." Council on Foreign Relations, December 17 (https://www.cfr.org/event/conversation-jake-sullivan) (2022/1/24)

Takahashi, Sugio. 2018. "Upgrading the Japan-U.S. Defense Guidelines: Toward a New Phase of Operational Coordination." (https://project2049.net/wp-content/uploads/2018/06/japan_us_defense_guidelines_takahashi.pdf) (2022/12/5)

Tammen, Ronald L., JacekKugler, Douglas Lemke, Alan C. Stam III, Mark Abdollahian, Carole Alsharabati, Brian Efird, and A. F. K. Organski. 2000. *Power Transitions: Strategies for the 21ˢᵗ Century*. New York: Chatham House.

Taylor, Adam. 2021. "Biden Delivered Straight Talk on Taiwan — Contradicting a Deliberately Ambiguous U.S. Policy. Did He Misspeak?" (https://www.washingtonpost.com/world/2021/10/22/biden-taiwan-defense-strategic-ambiguity/) (2022/1/24)

Taylor, Nicholas. 2007. "China as a Status Quo or Revisionist Power? Implications for Australia." *Security Challenges*, Vol. 3, No. 1, pp. 29-45.

Thomas, Jim, Zack Cooper, and Iskander Rehman. 2013. "Gateway to the Indo-Pacific: Australian Defense Strategy and the Future of the Australia-U.S. Alliance." (https://csbaonline.org/uploads/documents/Gateway_to_IndoPacific1.pdf) (2022/1/19)

Tierney, Dominic. 2020. "In Search of Biden Doctrine." *National Security Program*, November 9 (https://www.fpri.org/article/2020/11/in-search-of-the-biden-doctrine/) (2021/9/13)

Tow, William T. 1999. "Assessing U.S. Bilateral Security Alliances in the Asia Pacific's 'Southern Rim': Why the San Francisco System Endures." (https://fsi-live.s3.us-west-1.amazonaws.com/s3fs-public/Tow_Final.pdf) (2022/1/18)

Tower, John, Edmund Muskie, and Brent Scowcroft. 1987. *Tower Commission Report*. New York: Bantam Books.

Traub, James. 2012. "The Biden Doctrine: How the Vice President Is Shaping President Obama's Foreign Policy." *Foreign Policy*, October 10 (https://foreignpolicy.com/2012/10/10/the-biden-doctrine/) (2021/9/13)

Trump, Donald. 2017. "The Inaugural Address." January 20 (https://www.

presidency.ucsb.edu/documents/inaugural-address-14) (2022/1/12)

UnHerd. 2021. "Joe Biden on Afghanistan, in His Own Words." *The Post*, August 17 (https://unherd.com/thepost/joe-biden-on-afghanistan-in-his-own-words/) (2021/9/13)

U.S. Department of State. 2021a. "U.S. Security Cooperation with Thailand." (https://www.state.gov/u-s-security-cooperation-with-thailand/) (2022/1/18)

U.S. Department of State. 2021b. "U.S. Security Cooperation with Singapore." (https://www.state.gov/u-s-security-cooperation-with-singapore/) (2022/1/18)

U.S. Department of States. 2021c. "Major Non-NATO Ally Status." (https://www.state.gov/major-non-nato-ally-status/) (2021/9/15)

White House. 2021. "Remarks by President Biden, Prime Minister Morrison, Prime Minister Modi, and Prime Minister Suga at Quad Leaders Summit." (https://www.whitehouse.gov/briefing-room/speeches-remarks/2021/09/24/remarks-by-president-biden-prime-minister-morrison-prime-minister-modi-and-prime-minister-suga-at-quad-leaders-summit/) (2022/2/20)

White House. 2022. "Indo-Pacific Strategy of the United States." (https://www.whitehouse.gov/wp-content/uploads/2022/02/U.S.-Indo-Pacific-Strategy.pdf) (2022/2/20) Zhu, Xinrong, and Dingding Chen. 2021. "The US Needs a New China Strategy." *The Diplomat*, July 16 (https://thediplomat.com/2021/07/the-us-needs-a-new-china-strategy/) (2022/1/18)

Zurcher, Anthony. 2020. "US Election: How Left-Wing Is the Democratic Field?" *BBC*, February 24 (https://www.bbc.com/news/world-us-canada-51470131) (2022/1/11)

# 強本圍中
## 美國面對灰色衝突之
## 美軍軍事轉型與聯盟體系

### 蔡裕明
實踐大學會計暨稅務學系副教授

### 黃惠華
國立中山大學政治所博士生

## 壹、前言

2018 年美國《國家軍事戰略》（National Military Strategy）闡述美軍如何保衛國土並保持其競爭優勢，以威懾競爭對手並擊敗對手，包括中國、俄羅斯等大國競爭及其他安全挑戰等（Department of Defense, 2018）。該份文件與 2001 年九一一事件之後的其他版本國家軍事戰略有著根本不同，後者側重於反叛亂、擊潰暴力極端主義組織。究其本質，美國 2018 年國家軍事戰略已將武裝部隊的重心從打擊反叛亂、暴力極端組織與恐怖組織，轉向打擊、對抗並擊敗俄羅斯或中國軍隊。

2018 年《國家軍事戰略》代表著美國軍事戰略從基於能力（capability-based strategy）的戰略，轉向基於威脅的戰略（threat-based strategy）。在基於能力戰略方面，美國要透過「優勢」戰略預防單一威脅。但在美國前總統川普（Donald Trump）時期的國防部部長馬蒂斯（James

Mattis）的規劃下，美國預擬「4+1 情境」，即美國面對來自俄羅斯、中國、伊朗與北韓及恐怖主義之威脅。此一架構後來演變成為「2+3 情境」，即俄羅斯的復興主義與中國崛起的優先威脅，其次是伊朗、北韓與恐怖主義，轉型成為「與中國或俄羅斯競爭、嚇阻戰爭並在嚇阻失敗時擊敗中國或俄羅斯」（Cohen, 2021）。

　　拜登政府已在多場演講以及於 2021 年 3 月拜登政府公佈「暫時性國家安全指南」（Interim National Security Guidance）當中，提出戰略願景（White House, 2021）。該份文件指出，「外交、發展與經濟應是美國外交政策的主要工具」，而「強大軍隊是不得已而為之的工具」。此外，美國政府對於國家安全採取更廣泛的觀點，其中國內政策與外交政策密不可分。換句話說，「美國將首先以外交為主導，重振與盟友和合作夥伴網絡，並就國防和負責任地使用軍隊做出明智和有紀律的選擇」。隨著拜登就任美國總統，美國國防部長奧斯汀（Lloyd Austin）於 2021 年夏季首次使用「整合嚇阻」（integrated deterrence）一詞來描述拜登政府提出避免軍事侵略之新概念。

　　近年來中國在具有爭議的水域與領土上獲得更大的實際控制，同時經由灰色區域（grey zone）挑戰「基於規則的規範與原則」。而美國卻尚未能訂定強制性戰略或訂定一致性灰區衝突之戰略，遂引起印太國家質疑美國維護國際秩序、將中國融入國際秩序以及維護安全聯盟之能力與意願。因此，美國戰略規劃者戮力擘劃新方式對應來自灰區區域衝突之強制作為。鑑於美國自由主義式霸權的衰退，本文認為華府尋求維護現有的基於規則之規範與原則，然而，華府的作法仍相當傳統，包括美國本身的軍事轉型與強化基礎建設，國際層面上涉及提升軍力與強化與建立聯盟之均勢（balance of power）作為，以及與包括

中國在內的各種政府（無論爲民主亦或者極權國家）達成協議的傳統外
交途徑。

## 貳、灰區衝突的挑戰

學界與媒體現多將當代的國際事務的局勢描述爲新冷戰（new cold war）、或大國競爭（great competition）（*Asia News Monitor*, 2020）。競爭是一個可被觀察到的現象，並以灰色地帶的衝突來描繪低於武裝衝突門檻之競爭（Stashwick, 2019）。

隨著 2014 年俄羅斯侵入烏克蘭的克里米亞半島（Crimea）與 2022 年入侵烏克蘭本土，以及混合戰爭（hybrid warfare）與混合威脅（hybrid threats）一詞的出現，人們越來越注意到在灰色區域之戰爭水平以下的準戰爭或類戰爭型態。在美國的官方文件中，灰色區域的概念首次出現在 2010 年的《四年期國防評估報告》（Quadrennial Defense Review Report）當中。該份報告指出，戰爭與和平狀態造成之歧義或模糊性將挑戰戰略安全環境，並在灰色區域光譜當中，指涉國家或非國家組織，使用有限武裝力量並低於宣戰門檻之侵略行爲。

### 一、灰色區域與衝突的特質

在許多文獻中，灰色地帶並未有實際的定義或界定，而只概述其主要特徵。其原因在於這些文獻多探究實際的案例，主要集中於中國與俄羅斯之作爲與政策（蔡裕明，2020），而非將灰色區域本身進行理論化。

灰色區域既非和平關係也非實際的武裝衝突。在灰色區域的衝突

當中，兩個或多個國家間之戰略競爭發生於低於戰爭門檻之下。衝突基本上非暴力性質，除非涉及使用有限暴力衝突，或是特定一方有意爲之的衝突。而且灰區衝突主要避免跨過可能引起軍事升級紅線，進而造成不可預見之結果。此外，刻意將衝突侷限在戰爭門檻之下，行爲者可以根據穩定－不穩定悖論（stability-instability paradox），有計畫或刻意挑戰另一個擁有更大軍事力量之行爲（Jordan, 2020; James, 2019）。1965 年學者史耐德（Glenn Synder）在〈權力的平衡與恐怖的平衡〉（Balance of Power and Balance of Terror）一文提到穩定－不穩定悖論的概念，「可以說，在戰略層面上沒有發生戰爭與對抗，但卻對於較低層次的暴力行動提供空間」（Steabury, 1965）。但李德哈特（Basil Liddel Hart）認爲，隨著核子武器之使用，傳統武器的有限戰爭與游擊戰將成爲較爲可行之政策選擇（Karim, et al., 2017）。

這些工具之有效性取決於世界經濟與政治領域的相互關連性與依賴性，以及國家利用此種環境來創造對自身有利之機會（Belo, 2020），進而挑戰基礎的自由國際秩序（rules-based liberal international order, RBLIO）。在國際關係理論學者的論述當中，將中國與俄羅斯描繪成破壞或規避基於規則爲基礎的自由國際秩序，並且從 2008 年美國金融風暴過後美國的相對衰退與中國所啓動的「戰狼外交」及俄羅斯佔領克里米亞半島與悍然入侵烏克蘭（Kim, 2020），更爲加遽此種戰略焦慮。

## 二、灰色區域戰略與嚇阻

灰區戰略（grey zone strategy）更指超越嚇阻的努力或一系列努力，試圖在不訴諸直接使用武力的情況下實現自身的安全目標。而在參與灰色地帶的衝突時，行爲者會試圖避免跨越戰爭的門檻。

　　有關於灰色區域之界定更需結合意圖與工具進行判斷。更值得予以關注的是，灰色區域戰略可以採行多種手段來接近「直接或大規模」軍事行動門檻，包括代理人戰爭、秘密軍事行動、或準軍事活動，此類活動可以發生在任何衝突領域－從陸地、空中、海上、網絡和太空到經濟、法律、演習和相關活動，部分學者亦將灰色地帶戰略稱為混合策略（hybrid strategy）。學者們將兩者區分為相關詞彙但非同義詞。混合戰略為結合核子、傳統和/或非傳統之軍事戰術。由於灰色區域戰略不訴諸直接和大規模使用武力，因此這種灰色區域戰略通常會採用混合戰術的一部分，並不涵蓋使用核武或重要的直接傳統手段。這些定義都顯見，一個可識別的門檻進而區隔戰爭與和平。然而，克勞塞維茨（Carl von Clausewitz）卻提醒著，「戰爭只是政策通過其他方式的延續」；因此，克勞塞維茨認為，「絕對戰爭」（absolute war）僅是一種理想類型，因為戰爭為「規避使用極端武力的嚴格理論要求，戰爭可從各種程度的重要性和強度，從滅絕戰爭到一般的武裝衝突進行觀察」（von Clausewitz, 1989）。

　　為限制衝突的提高，至少有一方行為者必須選擇不升級，因此，這通常包括努力避免跨越升級門檻。這種避免門檻之做法利用「謝林點」（Schelling point），即「戰爭擴大或參與變化的有限步驟」。格林等學者（Green, et al., 2017）則認為，在以下的條件下，國家可能採行灰色區域戰略：挑戰者擁有改變現狀的某些條件，並且，這個挑戰者認為其對手在更高層次領域具有優勢。前者確認利益與衝突挑戰者改變現狀之期望，後者確認挑戰者避免情勢升級門檻。其結果是，在較高衝突領域之穩定會激勵挑戰者在較低衝突領域挑戰，此種狀況被稱之為「穩定－不穩定悖論」。挑戰者或者透過非傳統戰爭、低強度衝突、

不對稱戰爭、非戰爭軍事行動和小規模戰爭挑戰既存強權。

## 三、在「基於規則國際體系」的灰區衝突

以規則為基礎的國際體系肇始於第二次世界大戰結束，由民主國家所建構與認同，並隨著時間推移進行深化與擴展。這套體系以一系列與全球安全、經濟和治理有關規範與原則為基礎，包括，鼓勵國家間和平、可預測與合作行為規則，這些行為規則符合自由價值觀原則；並結合正式機構，例如聯合國、北約，讓這些規則合法化並維護這些規則，以及提供討論與解決爭端的論壇；進而發揮民主國家在協助維護與捍衛制度方面之作用。在安全領域方面，該體系之特點是在歐洲、亞洲建立正式聯盟，此外還具有保護國家主權和領土完整、限制使用武力及約束大規模殺傷性武器擴散之規則。在經濟領域方面，基於規則的體系有助於促進基於自由市場、開放貿易與金融的互聯互通全球經濟。在治理領域，則以規則為基礎之制度促進民主價值觀與人權（Cimmino & Kroenig, 2020）。

為發揮基於規則的全球安全秩序，有時需要採取實際行動恢復秩序。在聯合國範圍，目前處於重要發展階段的「保護責任」（responsibility to protect）原則認為，各國有責任保護本國公民免受大規模暴行，國際社會應鼓勵和協助各國行使該權力（Lowy Institute, 2022）。基於規則的秩序概念也被用來連接美國區域全球利益：這些戰略利益以地理術語呈現，作為一個層次結構，反映從國防規劃的角度來看行動的相對優先事項，也反映藉由使用軍事力量施加影響的現實能力。

在理論上，進攻性現實主義（offensive realism）較能解釋灰色區域的衝突。如同前所述，灰色區域衝突的文件甚少提及結構性的起源，

只是提及大國間之競爭，這是結果於非原因，因此米爾斯海默（John Mearsheimer）的進攻性現實主義理論可解釋灰色區域的衝突。

結構現實主義（structural realism）認爲兩項因素決定國際體系，分別是國際無政府狀態（anarchy），並且缺乏保障國家安全的超國家權威，以及國家間相對權力的分配。華爾茲（Kenneth Neal Waltz）認爲，國家重視權力平衡以防止霸權的出現，破壞平衡的國家會使得權力較少國家聯合起來恢復平衡。因此，目的在實現霸權的戰略最終會適得其反，因爲它會促使其他行爲者充當制衡者。米爾斯海默將華爾茲稱之爲「防禦性現實主義」（offensive realism）並以「進攻性現實主義」提出另一種解釋。他將重點置於對於國際體系具有較大影響國家。根據米爾斯海默的說法，大國指涉的是擁有足夠軍事實力的國家，可在戰爭當中對抗世界上最強大的國家，擊敗它或嚴重削弱它。在確認分析單位後，米爾斯海默提出五項原則：

1. 國際體系爲無政府狀態，然而，並非混亂或無序的同義詞，而是指沒有位於不同國家之上的中央集權機構；
2. 根據界定，大國擁有進攻性的軍事能力，它們可運用這些能力對其他大國造成嚴重傷害；
3. 各國並不瞭解其他國家的意圖。這些意圖可能並非敵對，但難以避免不確定性。此外，友好意圖可能在一段時間過後改變；
4. 任何大國基本目標皆是求生存，特別是維護其領土完整與政治主權；
5. 大國皆爲理性的行爲者，它們可意識到環境中發生什麼事情，並戰略性進行計算以其在其中生存。

美國的國防戰略和國家安全戰略，已印太地區確定為優先戰區（Stashwick, 2019; White House, 2022）。從美國與亞太國家從冷戰時期建立「樞紐－輻條」（hub-and-spoke）雙邊聯盟體系以來，美國將日本、南韓、泰國、澳洲與紐西蘭等國視為重要合作伙伴，特別是日本、南韓成為亞太地區美國霸權秩序的關鍵推動者，美國並在這兩個國家部署大規模的部隊。

冷戰結束之後，中國挾其政治經濟與軍事之優勢，選擇性的挑戰該地區國際秩序。為維護既有「基於規則的國際體系」，大國傾向擴大霸權體系成員來面對這些挑戰，並藉由整個地區雙邊國防關係範圍之多樣化，以及促進非軍事關係的合作與多邊安全制度達成此目標，讓不同的安全與經濟合作形成網絡化之安全架構。

近年來，中國、俄羅斯的行動重新喚起美國學界與政界關注灰色區域概念。例如，2010 年四年一度的國防審查（Quadrennial Defense Review, QDR）呼籲關注和平與戰爭之間的衝突，指出存在一個「模糊的灰色地帶」（ambiguous gray area），即「既非完全戰爭也非完全和平」（Department of Defense, 2020）。

## 四、美國在灰區衝突之戰略原則

美國在評估與規劃因應灰色區域衝突之際，應訂一項總體戰略，使華府的政策能夠超越針對個案的反應，整合各個行定以實現美國的長期利益。蘭德公司（RAND）研究員莫理斯等人（Morris, et al., 2019）針對灰色區域的突提出美國戰略原則。包括：第一，美國不僅尋求減輕灰色區域的損失，更應著眼於獲得主動的戰略優勢。華府已將中俄視為灰色領域主要的競爭者，美國現在「基於規則的國際體系」擁有

道德與物質優勢，更需以實際性行動避免中俄兩國形成聯盟，並擴張各自勢力範圍。第二，成功灰色區域戰略需要對於新的挑戰作出快速反應能力，美國與其盟國或合作伙伴需要迅速並果斷回應潛在的灰色區域衝突。該項政策要求訂定有效的危機管理機制，也指出在灰色區域衝突前預擬各項場景的重要性。

第三，美國應該透過多邊機制來主導國際體系，並要做好獨自因應灰色區域衝突之準備。此時，美國之作為應與當地盟國或合作伙伴保持一致性與共同利益，但是歐洲和亞洲的許多國家對俄羅斯和中國構成的威脅程度、以及願意進行的對抗程度以及威脅程度皆有不同看法。第四，灰色區域衝突為美國潛在競爭國家目標與處理特定之威脅，華府不應透過新戰術來解決中國或俄羅斯在灰色區域衝突之根本緣由，例如，具有爭議的領土主權。最後，灰色區域的威脅並非相同也應有不同的反應作為，部分灰色區域威脅需採取立即性行動，另一些則需採取政治或外交溝通工具與長期性勸阻（Morris, et al., 2019）。

灰色區域的衝突相當複雜。一般而言，灰色區域的衝突是權力過渡的反應，認為新興國家藉由挑戰由既存強權的現狀，來推進自身的利益，這為某些國家行為提供解釋。從另一方面而言，崛起中的強權之所以善用灰色地帶衝突，這是因為在制訂國際權力的規則的代表性不足，於是說，有利於以自身利益方式解釋規則，或在灰色的區域當中實踐漸進主義。同樣的，當情況變得不利於主導國時，也會重新解釋有利於該國之規則，並創造出模糊的空間，以強制性手段遏制崛起中大國。也就是說，既存強權與崛起的強權會採取灰色地帶的策略。一般而言，灰色地帶的活動是在缺乏行為準則的區域所進行，通常涉及有限的、漸進的、受到約束的衝突形式。

## 參、印太海洋地緣政治的轉變與擴大美國聯盟體系

當代地緣政治的競爭與現代戰爭的轉變，不僅透過軍事行動或傳統的威脅與嚇阻，還包括以「混合威脅」作為標誌，結合網絡攻擊、數據盜竊、假訊息、宣傳、外國干涉、經濟脅迫、攻擊關鍵基礎設施或供應鏈中斷等。並且新冠肺炎所帶來全球供應鏈的脆弱性讓各國重新思考建立主權技術的能力（sovereign technological capability），並且在一個貿易被當作外交工具的世界當中，各國也將注意力集中於結合志同道合的合作伙伴，倘若與潛在敵對國家之供應鏈遭中斷，合作性聯盟體系即能填補這段空白（Hanson & Cave, 2021）。美國的海洋地緣架構包含四方安全對話（QUAD）與澳英美安全協議（AUKUS），及構建中的「印太經濟架構」（Indo-Pacific Economic Framework），標誌著「實現全面戰略技術夥伴關係」（comprehensive strategic technology partnership）的重要一步。

### 一、「整合嚇阻」概念

美國國防部長奧斯汀（Lloyd Austin）於 2021 年 4 月首次使用「整合嚇阻」（integrated deterrence）一詞來描述拜登政府提出的避免軍事行動的新概念。奧斯汀將綜合嚇阻描述為不僅能夠利用軍隊的能力，還能夠利用「聯邦機構、夥伴國和盟國」的能力，美國的國防戰略將建立在所有軍事領域的網路化優勢上（Austin, 2021）。他將這種方法總結為「與盟友和合作夥伴同步使用所有軍事和非軍事工具」。更是一種接近嚇阻的新方式，美國並將推動在高超音速（hypersonics）、網絡、海底戰爭、人工智慧和其他領域的現代化（Bertuca, 2021a）。華府希冀美國

聯繫盟友與合作伙伴國家，以期擴大與加深嚇阻效果（Kahl, 2021）。

　　整合嚇阻涵蓋兩個部分：整合與嚇阻。整合意味著跨領域的整合，包括傳統、核子、網路、太空與資訊領域，並整合競爭與潛在衝突的各種領域以及從高強度爭到灰色地帶的各種衝突當中。在這種情況當中，整合嚇阻也意味著整合所有國家權力。最為重要的是，整合美國的盟友與合作伙伴，這是美國相對於任何其他競爭者或潛在對手的真正不對稱優勢。此外，美國必須使自身的系統和網路以及關鍵基礎設施（critical infrastructure）更有彈性，以便能夠抵禦針對這些網路之先期攻擊（Garamone, 2021）。此外，奧斯汀希望將新技術整合到傳統嚇阻中。他認為，電腦與人工智慧的進步正在改變戰爭本身──「使我們不僅能夠在大海撈針中找到一根針，還可以在 10 個大海中找到 10 根針，並在現場與其他平台共享它們的位置」（Gallagher, 2021）。

　　綜合嚇阻並非新的概念。在最近的每一屆美國政府中，五角大樓都提出新的流行語彙。從歐巴馬時期的第三次抵消（Third Offset），川普時代的動態部隊部署（dynamic force employment），再到整合嚇阻。冷戰時期的嚇阻概念更涉及估算核武與傳統武器對於前蘇聯在工業能力和人口造成認為不可接受的程度的影響（Trachtenberg, 2012）。這項概念還涵蓋人們所熟知的透過懲罰（對於侵略行為施予難以接受的報復代價）、透過阻絕（防止對手再可以接受的成本或風險下利用侵略來實現其目標）與透過結合（使用各種軍事或非軍事來說服或勸阻，或透過多邊建制）來進行嚇阻。2018 年美國的國防戰略即包括這些嚇阻的歷史界定，並將其發展為「整合國家權力多項要素與盟國之綜合行動」，以「積極與可靠使用聯合部隊與靈活的戰區態勢」（Department of Defense, 2018），這已類似目前拜登政府所使用之語言與概念。而更為

重要的是，印太地區未來的嚇阻與反制能力取決於兩項無可取代的戰略因素：地理與聯盟（Evans, 2021）。

## 二、聯盟與建構戰略合作伙伴關係

美國「整合嚇阻」的概念更重視強化與盟邦之間的合作關係。根據拜登政府對於整合嚇阻之願景，盟國或合作伙伴可能根據其意願與能力嚇阻作出貢獻，並進而對於共同的安全目標作出貢獻。從拜登就任迄今，華府已說服菲律賓總統杜特蒂（Rodrigo Duterte）保留爲美軍提供准入的『訪問部隊協議』（*Visiting Forces Agreement*），建構澳英美的三邊防務技術協定以及強化四方安全對話。

2021 年 9 月英國、美國、澳洲宣布建立澳英美的三邊防務技術協定的亞太安全協議，這被視爲對抗中國的努力[1]。雖然這三個國家的領袖沒有直接提到中國，但三位領導人一再提到地區安全問題「顯著增加」（grown significantly）（BBC, 2021）。將使英國、美國爲澳洲提供部署核動力潛艇的技術與能力。該協議涉及在多個領域共享訊息和技術，包括情報和量子技術以及採購巡航導彈（Suranjana Tewar, 2021）。此外，該聯盟還將專注於人工智慧、量子等關鍵技術。實現這一目標的關鍵將是努力促進與安全和國防相關的科學、技術和工業基礎以及供應鏈的更深入整合，這些基礎與設施越來越容易受到破壞和脅迫（Hanson & Cave, 2021）。

---

[1] 新的防禦協議迫使堪培拉放棄與法國簽訂的 660 億美元的合約，以開發 12 艘傳統動力潛艇；包括俄羅斯和印尼在內的一些國家擔憂該種夥伴關係，並呼籲遵守『不擴散核子武器條約』（Treaty on Non-proliferation of Nuclear Weapons）（Chaudhury, 2021）。

　　雖然 AUKUS 之重點在於提供澳洲核動力潛艇。這需要來自美國更為堅實的承諾，通過更深入的長期國防物資和技術整合來增強澳洲國防能力。2021 年澳美部長級會議（Australia-US Ministerial Consultations）上宣布加強澳美部隊態勢倡議磋商，其中包括新的空中、陸地、海上輪換，以及在澳洲領土上的聯合維持設施，加速長期的雙邊防務一體化議程，更爲期望達到建立相互操作性（interoperability）之目標。

　　在軍事上，互操作性系指不同軍事組織進行聯合行動之能力（蔡裕明，021）。這些組織可以來自不同的國籍或不同武裝部隊（地面、海軍和空軍），或兩者兼而有之。互操作性允許部隊、單位或系統協同運作，並共享共通之準則和程序、相互基礎設施和基地設備，並能夠相互交流，以及減少資源重複挹注（NATO, 2006）。在政治上，互操作性更有利於美國所強調的「整合嚇阻」概念。首先，互操作性有助於提高區域國家之軍事認同，各個國家的高階軍事官員可建立整合嚇阻的概念；其次，多邊軍事會議與交流有助於國家間的相互瞭解，可以傳遞集體訊息與目標之一致性；再者，國家間可進行高階軍事外交活動，可向潛在競爭者傳達可信度與決心；最後，國家間可進行複雜的軍事演習，強化各個作戰平台之協同性（Hardy, 2021）。

　　2021 年 10 月 27 日，美國拜登總統在參加東亞峰會（East Asia Summit）上表示，美國將與合作伙伴探討制訂印太經濟架構（Indo-Pacific Economic Framework），該架構將確定圍繞貿易便利化、數位經濟、技術標準、供應鏈彈性、低碳和清潔能源、基礎設施、工人標準和其他共同感興趣的領域，藉此展示美國對印太地區經濟戰略輪廓。

　　儘管如此，美國國防部長奧斯汀表示不與中國尋求對抗，「讓我講明確一點：作爲國防部部長，我致力於與中國建立建設性、穩定的關

係，包括與中國人民解放軍加強危機溝通」，「大國需要樹立透明度和溝通的榜樣。我們希望我們可以與北京合作應對共同挑戰，尤其是氣候變化的威脅」（Bertuca, 2021b）。

## 肆、美國因應灰色區域衝突的軍事轉型

「大國競爭」不同於「準備與大國的戰爭」。建構整體性之國家安全戰略必須瞭解灰色區域已是大國間競爭場域（Stires, 2020）。在 2021 年 3 月，拜登政府公佈暫時性國家安全指南，就承諾將國防預算從「傳統」武器系統轉向「尖端技術」。該份文件亦指出，在「面對日益自信的中國和不穩定的俄羅斯帶來之戰略挑戰，我們將評估部隊之適當結構、能力和規模，並與國會合作，將重點從不需要的平台和武器系統轉移到將資源用於投資先進技術與能力，這將決定我們未來的軍事和國家安全優勢」，從而建構「整合嚇阻」的戰略（Bertuca, 2021c）。

美國國防部並於 2021 年 11 月 29 日發佈《2021 年全球態勢評估報告》（2021 Global Posture Review, GPR），其中在印太地區的部分指出，將強化與印太地區的軍事合作活動與區域准入（regional access），強化關島與關島的基礎設施，並優先考量整個太平洋島嶼的軍事建設，包括美國在澳洲的輪流飛機部署與後勤合作，並在南韓駐紮先前輪換的攻擊直升機中隊和炮兵師總部（Garamone, 2021; Department of Defense, 2020）。

而相較於美國的「整合嚇阻」戰略，中國也戮力建構綜合性戰略嚇阻能力。其中包括核武的現代化與確保報復能力、提高傳統武器之精準打擊能力、發展反太空武力防止對手在衝突期間利用太空資產，

並藉由閱兵、網路訊息與武器試驗等機制來展示這些能力，並結合自身的網路宣傳能力與經濟實力（Davenport, 2016），近來更藉由對於東加的災難外交驗證解放軍的兵力投射能力（蔡裕明，2022）。

## 一、陸軍朝向多領域作戰之轉型

2020 年 5 月美國陸軍訂定《瞄準點部隊架構機制》（AimPoint Force Structure Initiative）與《匯流計畫》（Project Convergence）等，並於 2021 年年底公布《路線圖 2028-2029》（Waypoint 2028-2029），這三份文件概述軍事改革路線，被視爲拜登政府軍事變革的「起手勢」。

2021 年美國的《陸軍多域轉型：準備好在競爭和衝突中取勝》（Army Multi-Domain Transformation: Ready to Win in Competition and Conflict）再指出，「美國的國家利益面臨著前所未有的挑戰」。其中，中國與俄羅斯挑戰以規則爲基礎的國際秩序，更希冀在全球範圍內取代美國。美國更預測到 2040 年之際，中國、俄羅斯會將國家權力工具予以武器化，用以破壞美國、盟國和合作夥伴的集體意願，同時建立自己安全夥伴關係，這將導致衝突與和平之間的界限模糊不清的非結構化國際環境（Department of the Army, 2021）。

美國陸軍參謀長麥康維爾（James McConville）表示，「在大國競爭的時代，陸軍必須時刻準備好競爭，積極保護我們的國家利益」。嚇阻仍是美國陸軍參謀長最強調的要點之一。爲達此目標，美國需要有強大且有能力的部隊來阻止衝突，以及與全球各地有能力的盟友與伙伴建立合作關係。麥康維爾認爲，「我們必須繼續轉變準則，建立新的組織，改變訓練、開發和部署新武器系統的方式，並實施 21 世紀的人才管理系統，以便陸軍在正確的時間讓合適的人從事合適的工作」

（Association of the United States Army, 2021; Department of the Army, 2021）。

冷戰期間，美國陸軍主要是一支以師爲中心（division-centric）的戰鬥部隊，其中涵蓋專業旅、營和連組成的師爲主要的作戰組織。在師級單位內，指揮官掌控各種戰鬥資產，例如火砲、工程師和後勤部隊，這些資產可以根據戰術情況之需要分配給步兵旅或裝甲旅。師爲軍（corps）的一部分，軍亦有自身的建制，如砲兵和工程師，軍級指揮官可將其配屬給師來支持軍事作戰。在 2000 年代初期，隨著陸軍開始致力於伊拉克和阿富汗的長期反叛亂（counterinsurgency）作戰行動，陸軍開始進行軍事變革。2003 年 9 月，美國陸軍開始從以師（從 10,000～18,000 名士兵）爲中心的組織轉變爲以約 4,000 名士兵的旅戰鬥隊（brigade combat teams, BCTs）爲基礎的部隊，這種以旅爲中心的新部隊，亦被稱爲模組化部隊（modular force），爲新組建的 BCT 而得到原本屬於師級作戰資產，從而減少師級的作戰和戰術角色（Congressional Research Service, 2020）。

首先，多領域作戰（Multi-Domain Operations, MDO）。按照美國陸軍的教範，目前傳統作戰準則主要仍基於 1981 年的空陸一體戰（Air-Land Battle）概念，以對抗歐洲的華沙公約（Warsaw Pact）組織的部隊。顧名思義，空地一體戰主要以空域和陸域作戰爲基礎。然而，美軍的競爭對手正擁有越來越強大的反介入（anti-access）和區域拒止（area denial）戰略，旨在從實體與功能上區隔聯合部隊與政治上的聯盟。此外，近乎旗鼓相當的競爭對手（near-peer competitor）已有能力透過與美國及其盟國的武裝衝突以外的手段來確保戰略目標，例如，混合威脅或混合戰爭。更爲重要的是，陸軍不再能保證美國幾十年來一直保持

的優勢，因此，多域作戰不同於空陸戰。多域作戰試圖面對競爭和衝突發生在多個領域（陸地、空中、海洋、網絡和太空）的概念，並且在未來的作戰環境中，整個競爭連續狀況將存在多種威脅。隨著多域作戰概念的完善和更新，可能會推動陸軍現代化和部隊結構。根據多域作戰的概念，美國陸軍將擁有靈活部隊結構，並針對俄羅斯與中等裝備精良的民族國家的大規模戰役，並由於歐洲與太平洋戰區的地理差異，瞄準點部隊（AimPoint）架構可能因戰區而異（Congressional Research Service, 2020）。

作爲瞄準點部隊架構的一部分，美國陸軍於 2020 年 2 月 11 日宣布啓動第四軍總部，指定爲第五軍（V 軍），該司令部位於肯塔基州諾克斯堡（Fort Knox），任務是加強美國歐洲司令部的部隊指揮能量。第二，美國陸軍還計劃在瞄準點部隊架構下發展新戰區火力司令部（Theater Fires Commands），旨在協調陸軍導彈和遠程火砲系統以及目前正在開發的單位的遠程火力。第三，爲促進多域作戰，在瞄準點部隊架構下，美國陸軍目前正在建構三個多域特遣部隊（Multi-Domain Task Forces, MDTF）。該部隊以野戰砲兵（Field Artillery, FA）旅爲基礎，並配備情報、資訊作戰、網絡、電子戰和太空（intelligence, information operations, cyber, electronic warfare and space, I2CEWS）分隊，目的在突穿敵方環境，破壞或影響對手的 A2/AD 能力與以敵方網絡爲重點的美國部隊目標的資產（Congressional Research Service, 2020）。

《匯流計畫》則是美國陸軍的「戰場學習」（campaign of learning），目的是進一步將陸軍整合到聯合部隊中。該計畫希冀讓陸軍在聯合全域指揮與控制（Joint All Domain Command and Control, JADC2）中發揮作用，進一步連接來自所有軍種的傳感器和武器系統，包括空軍、陸

軍、海軍陸戰隊、海軍、和太空部隊與特種作戰部隊（Special Operations Forces, SOF）組成一個單一網絡，理論上，該網絡可以更快、更有效地應對來自同行競爭對手的威脅。該計畫項目圍繞五個核心要素：士兵、武器系統、指揮和控制、資訊和地形。美國陸軍未來司令部（United States Army Futures Command）計畫每年實施《匯流計畫》項目（Andrew Feickert, Congressional Research Service, 2021）。

美國陸軍2021年《路線圖2028-2029》為在多領域作戰（Multi-Domain Operations）架構當中作戰與勝利的連慣性與整體方法，提供陸軍在競爭、危機或衝突當中如何作戰與取得勝利建構出架構鞏固成果。目標是設計在2028年陸軍保持超強實力，同時為陸軍未來司令部在2035年根據瞄準點部隊架構的未來多域能力創造條件。

在陸軍組織部分方面，美國陸軍成立陸軍未來司令部（United States Army Futures Command），其任務是監督部隊的現代化，以應對未來的挑戰[2]。陸軍在「整合嚇阻」的角色上，將利用其遠程與精準打擊能力，形成針對潛在敵對國家關於陸上與海上資產的火環（Ring of Fires），強化四邊安全對話與AUKUS的角色，以及結合可能的四邊安全對話＋2（英國與法國）國家（Evans, 2021）。遠程精確打擊能力傳統上屬於美國海軍與空軍之範圍。2020年美國陸軍增加對遠程海上打擊領域的投資，計劃購買海軍SM-6增程型標準飛彈與戰斧飛彈，包括海上打擊版本，以及精確打擊飛彈（PrSM）遠程地對地飛彈與新型海上導引彈頭（Freedberg, 2020）。

---

[2] 美國陸軍未來司令部將與陸軍裝備司令部（Army Materiel Command）、陸軍部隊司令部（Army Forces Command）以及訓練和準則司令部（Training and Doctrine Command）處於平等地位（Courtney, 2018）。

## 二、海軍之軍事轉型

海上部隊之首要職責是做好戰鬥和贏得戰爭的準備（Stires, 2020）。不同於傳統認知概念，「距離的障礙」（tyranny of distance）不一定有利於中國而非美國的軍隊。實際上，中國圍於漫長且脆弱的海上交通線（SLOC），中國在海洋領域相較於美國或四方安全對話之其他國家具有明顯的劣勢。中國的能源、重要自然資源、製造業供應鏈和出口貿易皆需經過印度洋、太平洋。更為重要的是，中國海軍、商船必須通過馬六甲海峽（Malacca Strait）、巽他海峽（Sunda Strait）與龍目海峽（Lombok Strait）進入南海，或當中國的船艦或後勤基地途經荷姆茲海峽（Straits of Hormuz）、亞丁灣（Gulf of Aden）、好望角（Cape of Good Hope），極易受到攻擊，中國也承認這些咽喉點（choke point）限制中國海軍的擴張。第二次世界大戰期間盟軍控制太平洋與大西洋，也顯示控制海洋的重要性（Evans, 2021）。

戰略上，美國應具備有能力阻止中國在第一島鏈上的海上盟國或合作伙伴進行高強度的戰爭。華府應擁有反介入／區域拒止和遠程打擊能力、作戰部署的創新概念以及提供海空軍的彈性與快速的後勤部隊（Stires, 2020），美國與盟國應提高發動戰爭的成本來降低軍事冒險主義。

為達此目標，美國從前總統川普（Donald Trump）任內即積極進行遏制並圍堵中國的戰略作為與努力。2020 年 12 月 17 日美國海軍（U.S. Navy）、美國海軍陸戰隊（U.S. Marine Corps）和美國海岸警衛隊（U.S. Coast Guard）共同發表一份報告〈海上優勢：以整合式全領域海權致勝〉（Advantage at Sea: Prevailing with Integrated All-Domain Naval

Power)（US Navy, Marine Corps and Coast Guard, 2020），指出，美國是一個海洋國家，其安全和繁榮取決於海洋。自從第二次世界大戰結束以來，美國透過與盟邦和夥伴的共同承諾，建立、領導和推動一個基於規則的國際體系。此同時，美國海軍、海軍陸戰隊、和海岸警衛隊（統稱爲海軍部隊 Naval Service）的前沿部署部隊確保該體系之安全，並且美國海軍和海軍陸戰隊已啓動「超越計劃」（Project Overmatch），使用自動化、人工智慧協調與鏈結來自多個平台火力，簡化瞄準敵對目標週期。在國際戰略領域方面，美國正重新計畫與日本、澳洲、菲律賓與其他主要盟國達成基地協議，並有效利用中途島（Midway Atoll）和威克島（Wake Island）等美國領土的計畫。

然而，僅是高強度的戰爭準備尚不足保護美國或盟國在灰色區域衝突當中的利益。嚇阻與防禦必須全面性，這在聯合作戰理論當中被視爲「競爭連續體」（competition continuum）的上下層。美國所面臨之挑戰是如何在這兩者間取得適當平衡，讓盟國與合作伙伴認爲華府有能力且有意願維護基於規則的國際體系，同時確保嚇阻力量並與盟國與合作伙伴進行協調，整合軍事與非軍事工具。

## 伍、結語

美國前總統林肯（Abraham Lincoln）曾言道，「預測未來的最好方法就是創造它」（The best way to predict your future is to create it.）（Brown, 2014）。美國在面對「灰色區域」尚未建構一致性的國家戰略與軍事戰略。目前，拜登政府的嚇阻方法以及美國盟友和合作夥伴揭示兩個新興主題。一項是美國與盟國更有深度的協同作戰，藉此強化

美國戰略優勢之認知和物質基礎。另一方面，即以「整合嚇阻」為基礎之美軍軍事轉型，結合對於美國國家基礎設施與競爭力之投資提升美國的競爭優勢，來證明民主與人權是優越的戰略。實際上，拜登需要一場戰爭來挽救日漸下滑的支持度，並為其高額軍事預算進行解釋，以及透過「外部威脅」來整合國內的分歧。

美國中情局負責東亞任務中心（East Asia Mission Center）的副助理主任柯林斯（Michael Collins）在 2018 年的阿斯彭安全論壇上提及，「他們對我們發動的基本上是冷戰。冷戰不像我們在冷戰期間看到的那樣，而是定義上的冷戰。一個利用所有合法和非法、公共和私人、經濟、軍事的權力途徑來削弱對手相對於你自己的地位，而非訴諸衝突的國家」（Riechmann, 2018）。

多數學者與專家一致認為，印太地區已是未來全球安全秩序的支點，因此受到美國新政府的高度關注。正如 2018 年美國國防戰略所警告，「中國……在短期內尋求印太地區霸權，並在未來取代美國以實現全球領先地位」。但拜登政府正面臨修正主義的中國與俄羅斯復興主義的挑戰，即通過脅迫或武力威脅達成區域霸權的目標。

印度太平洋司令部（Indo-Pacific Command）前司令戴維森（Phil Davidson）曾警告說，中國可能在未來六年內入侵台灣（自由時報，2021）。倘若這個假定之時間表為正確的，那麼關注未來的軍事變革恐無助於立即性的危險。並且美國國防部有關於台灣兵棋推演中經常失敗，2021 年 5 月拜登總統簽署「改善國家網路安全」總統行政命令（Executive Order on Improving the Nation's Cybersecurity）（White House, 2021b），亦顯示華府尚未準備好相關計畫。日本防衛大臣岸信夫引用 2021 年度《防衛白皮書》內容表示，「中美軍事均衡出現變化，

很可能對印太地區的和平與穩定帶來影響」(藍孝威，2021)。美國國防部部長奧斯汀曾說到，「美國也在與台灣合作，以增強其自身的能力，並增加其嚇阻能力，從而面對來自中國之威脅與脅迫」(Bertuca, 2021b)。

灰色區域的衝突風險可能趨於惡化。正如美國前總統歐巴馬在放棄伊拉克並接受伊朗核協議後之問題，誤判低優先地區之聯盟結構可能會造成混亂，從而破壞較高優先區域（即印太地區）之行動。美國過去民調較高的總統多用容易的口號來表達威脅。例如，雷根總統將前蘇聯描述為「邪惡帝國」(Evil Empire)，小布希總統將伊朗、伊拉克和北韓描述為「邪惡軸心」(Axis of Evil)。拜登再與川普進行選戰之際，也將川普描繪成自負、道德錯亂並將「美國第一」的戰略視為美國戰略的災難，而把拜登作為川普的對立面，尊重秩序與強調與盟友關係。雖然白宮現利用大規模的基礎建設計畫與稅制改革來贏得選民的信任，但成效仍須時間驗證。

於是說，除軍事轉型的「強本」作為外，美國正積極在印太地區建構以整合嚇阻為基石之「圍中」戰略架構，與盟國及合作伙伴朝向建構相互操作性之目標。而至於這套戰略是否能發揮確實發揮作用或是加深區域緊張關係，仍待時間驗證。

在冷戰時期，當中國與前蘇聯交惡時，美國曾經推動「聯中制俄」的戰略，拜登就任之初本想推動「聯俄制中」的構想，後來才轉變成為建構一種「技術民主國家聯盟」。因此在俄國入侵烏克蘭後，中國所扮演角色則顯然尷尬與微妙。在當東歐因俄羅斯入侵烏克蘭所導致區域安全架構重整之際，需要再觀察中國是否緩進式調整其戰狼外交模式。北京支持莫斯科的安全要求，包括俄國所堅持北約不要進一步東

擴之主張，北京也批評西方國家對於俄羅斯的制裁行動，指責華盛頓製造恐懼與恐慌，並將歐洲緊張局勢歸咎於北約，但也強調不支持莫斯科對於基輔的軍事行動。因此可以持續關注中國有否可能在美俄之間扮演調停者或平衡者的角色，再獲得一段「戰略機預期」，以及美國是否因此修正對於中國之認知與政策。

# 參考文獻

自由時報，2021。〈憂 6 年內恐現「台灣突發事態」，美前印太司令：中國將付出巨大代價〉12 月 12 日（https://news.ltn.com.tw/news/world/breakingnews/3776360）（2022/2/28）。

蔡裕明，2020。〈細看解放軍的「非常規戰爭」〉《自由時報》6 月 21 日（https://talk.ltn.com.tw/article/paper/1381213）（2022/2/28）。

蔡裕明，2021。〈英國印太戰略意圖，跟著美國來台灣？〉《中國時報》9 月 17 日（https://www.chinatimes.com/opinion/20210916005556-262110?chdtv）（2022/2/28）。

蔡裕明，2022。〈解放軍的災難外交與兵力投射《中國時報》2 月 9 日（https://www.chinatimes.com/opinion/20220209000016-262110?chdtv）（2022/2/28）。

藍孝威，2021。〈中國軍事實力增強，岸信夫：日本正在探討對敵攻擊能力〉《中國時報》9 月 8 日（https://www.chinatimes.com/newspapers/20210908000309-260118?chdtv）（2022/2/28）。

Asia News Monitor. 2020. "United States/China: US vs China: A New Cold War in the Making?" May 29.

Association of the United States Army. 2021. "Army Continues Modernization, Transformation Push." (https://www.ausa.org/news/army-continues-modernization-transformation-push) (2022/2/2)

Austin III, Lloyd J. 2021. "Secretary of Defense Remarks for the U.S. INDOPACOM Change of Command Ceremony." US Department of Defense, April 30 (https://www.defense.gov/News/Speeches/Speech/Article/2592093/secretary-of-defense-remarks-for-the-us-indopacom-change-of-command/) (2022/2/2)

BBC. 2021. "Aukus: UK, US and Australia Launch Pact to Counter China." September 16 (https://www.bbc.com/news/world-58564837) (2022/2/)

Belo, Dani. 2020. "Conflict in the Absence of War: A Comparative Analysis of China and Russia Engagement in Gray Zone Conflicts." *Canadian Foreign Policy*, Vol. 26, No. 1, pp. 73-91.

Bertuca, Tony. 2021a. "Austin Pushes 'Integrated Deterrence' against China." Inside the Pentagon's Inside the Army, Vol. 33, No. 49 (https://www.proquest. com/trade-journals/austin-pushes-integrated-deterrence-against-china/docview/2609297380/se-2?accountid=13838) (2022/2/2)

Bertuca, Tony. 2021b. "Austin Calls for 'Integrated Deterrence' to Block China." *Inside the Pentagon's Inside the Army*, Vol. 33, No. 30 (https://www.proquest. com/trade-journals/austin-calls-integrated-deterrence-block-china/docview/2557198866/se-2?accountid=13838) (2022/2/2)

Bertuca, Tony. 2021c. "Biden Sets Broad Defense Budget Priorities." *Inside Defense*, March 3 (https://insidedefense.com/daily-news/biden-sets-broad-defense-budget-priorities) (2022/2/28)

Brown, Paul B. 2014. "The Best Way to Predict the Future." August, 29 (https://www.inc.com/paul-b-brown/the-best-way-to-predict-the-future.html) (2022/2/2)

Chaudhury, Dipanjan Roy. 2021. "Aukus a Security Alliance unlike Quad's Broader Agenda: Shringla [Pure Politics]: By terming Quad a non-military alliance, India trying to smoothen ruffled feathers in Asia." *Economic Time*, September 22 (https://www.proquest.com/docview/2574931486/fulltext/D283 CBF0DC554C16PQ/1?accountid=10534) (2022/2/28)

Cimmino, Jeffrey, and Matthew Kroenig. 2020. "Strategic Context: The Rules-based International System." Atlantic Council Strategy Paper Series, December 16 (https://www.atlanticcouncil.org/content-series/atlantic-council-strategy-paper-series/strategic-context-the-rules-based-international-system/) (2022/2/2)

Cohen, Raphael S. 2021. "It's Time to Drop 'Competition' in the National Defense Strategy." *RAND Blog*, May 18 (https://www.rand.org/blog/2021/05/its-time-to-drop-competition-in-the-national-defense.html) (2022/2/2)

Congressional Research Service. 2020. "The Army's AimPoint Force Structure Initiative." May 8 (https://sgp.fas.org/crs/natsec/IF11542.pdf) (2022/2/2)

Davenport, Kelsey. 2016. "China's Evolving Approach to 'Integrated Strategic Deterrenc." *Arms Control Today*, Vol. 46, No. 5 (https://www.proquest.com/ scholarly-journals/chinas-evolving-approach-integrated-strategic/docview/ 1795672529/se-2?accountid=13838) (2022/2/2)

Department of the Army. 2021. "Army Multi-Domain Transformation: Ready to Win in Competition and Conflict." March 16 (https://api.army.mil/e2/c/ downloads/2021/03/23/eeac3d01/20210319-csa-paper-1-signed-print-version. pdf) (2022/2/28)

Department of Defense. 2018. "Summary of the 2018 National Defense Strategy of The United States of America: Sharpening the American Military's Competitive Edge." (https://dod.defense.gov/Portals/1/Documents/pubs/2018-National-efense-trategy-Summary.pdf) (2022/2/28)

Department of Defense. 2020. "DoD Concludes 2021 Global Posture Review." November, 29 (https://www.defense.gov/News/Releases/Release/Article/2855 801/dod-concludes-2021-global-posture-review/) (2022/2/28)

Evans, Carol V. 2021. "Providing Stability and Deterrence: The US Aarmy in INDOPACOM." *Parameters*, Vol. 51, No. 1, pp. 25-37.

Feickert, Andrew. 2021. "The Army's Project Convergence." Congressional Research Service (https://sgp.fas.org/crs/weapons/IF11654.pdf) (2022/2/28)

Freedberg, Sydney J., Jr. 2020. "Army Picks Tomahawk and SM-6 for Mid-Range Missiles." Breaking Defense, November 6 (https://breakingdefense.com/2020/ 11/army-picks-tomahawk-sm-6-for-mid-range-missiles/) (2022/2/28)

Gallagher, Mike. 2021. "The Pentagon's 'Deterrence' Strategy Ignores Hard-earned Lessons about the Balance of Power." *Washongton Post*, September 29 (https://www.washingtonpost.com/opinions/2021/09/29/pentagons-deterrence-strategy-ignores-hard-earned-lessons-about-balance-power/) (2022/2/28)

Garamone, Jim. 2021a. "Concept of Integrated Deterrence Will Be Key to National Defense Strategy, DOD Official Says," *DOD News*, December 8 (https://www. defense.gov/News/News-Stories/Article/Article/2866963/concept-of-integrated-deterrence-will-be-key-to-national-defense-strategy-dod-o/) (2022/2/28)

Garamone, Jim. 2021b. "Department of Defense. Biden Approves Global Posture Review Recommendations." *DOD News*, November 29 (https://www.defense. gov/News/News-Stories/Article/Article/2856053/biden-approves-global-posture-review-recommendations/) (2022/2/28)

Green, Michael, Kathleen Hicks, Zack Cooper, John Schaus, Jake Douglas. 2017. *The Theory and Practice of Gray Zone Deterrence Countering Coercion in Maritime Asia.* Washington, D.C.: Center for Strategic and International Studies (https://csis-website-prod.s3.amazonaws.com/s3fs-public/publication/ 170505_GreenM_CounteringCoercionAsia_Web.pdf) (2022/2/28)

Hardy, Jane. 2021. "Integrated deterrence in the Indo-Pacific: advancing the Australia-United States Alliance." United States Studies Centre, October 15 (https://www.ussc.edu.au/analysis/integrated-deterrence-in-the-indo-pacific-advancing-the-australia-united-states-alliance) (2022/2/28)

James, Kevin R. 2019. "India and Pakistan: Making the Stability/Instability Paradox Go One Way." *The Strategist*, April 18 (https://www.proquest.com/ blogs-podcasts-websites/india-pakistan-making-stability-instability/docview/ 2253862029/se-2?accountid=13838

Jordan, Javier. 2020. "International Competition below the Threshold of War: Toward a Theory of Gray Zone Conflict." *Journal of Strategic Security*, Vol. 14, No. 1, pp. 1-24.

Kahl, Colin. 2021. "Keynote Address: Colin Kahl 2021 Carnegie International Nuclear Policy Conference." Carnegie Endowment for International Peace, June 23 (https://ceipfiles.s3.amazonaws.com/pdf/Colin+Kahl+Keynote_ ranscript.pdf) (2022/2/28)

Karim, Asia; Farooq, Sadaf; Ahmed, Manzoor. 2017. "Nuclear Issues, Escalation Control and Stability-Instability Paradox: Case Study of South Asia." *Journal of Security and Strategic Analyses*, Vol. 3, No. 1, pp. 112-37.

Mahnken, Thomas G. Travis Sharp, Billy Fabian, and Peter Kouretsos. 2019. "Tightening the Chain: Implementing a Strategy of Maritime Pressure in the Western Pacific." CSBA, May 23 (https://csbaonline.org/research/publications/implementing-a-strategy-of-maritime-pressure-in-the-western-pacific) (2022/2/28)

Matteo, Dian. 2020. "Japan, South Korea and the Rise of a Networked Security Architecture in East Asia." *International Politics*, Vol. 57, No. 2, pp. 185-207. doi:http://dx.doi.org/10.1057/s41311-019-00194-8

McBride, Courtney. 2018. "Army Futures Command will be a Major Command." *Inside the Pentagon's Inside the Army*, Vol. 30, No. 13 (https://www.proquest.com/docview/2020469408/fulltext/3C00754CFA0A4FE5PQ/2?accountid=10534) (202/2/28)

Morris, Lyle J., Michael J. Mazarr, Jeffrey W. Hornung, Stephanie Pezard, Anika Binnendijk, and Marta Kepe. 2019. *Gaining Competitive Advantage in the Gray Zone: Response Options for Coercive Aggression below the Threshold of Major War*. Santa Monica, Calif.: RAND Corporation.

NATO. 2006. "Interoperability for Joint Operations." (https://www.nato.int/nato_static_fl2014/assets/pdf/pdf_publications/20120116_interoperability-en.pdf) (2022/22)

Riechmann, Deb. 2018. "CIA: China Is Waging a 'Quiet Kindof Cold War' against US." *AP News*, July 21 (https://apnews.com/article/fd5f4fbaf7de4256b9974db432b7459b) (2022/2/28)

Stashwick, Steven. 2019. "A More Assertive US 'Gray Zone' Strategy." *The Diplomat*, May 2 (https://www.proquest.com/magazines/more-assertive-us-gray-zone-strategy/docview/2218154152/se-2?accountid=13838) (2022/2/28)

Steabury, Paul. 1965. *The Balance of Power*. San Francisco: Chandler.

Stires, Hunter. 2020. "Win Without Fighting." *U.S. Naval Institute Proceedings*, Vol. 146, No. 6 (https://www.usni.org/magazines/proceedings/2020/june/win-without-fighting) (2022/2/28)

Tamaki, Nobuhiko. 2020. "Japan's Quest for a Rules-Based International Order: The Japan-US Alliance and the Decline of US Liberal Hegemony." *Contemporary Politics*, Vol. 26, No. 4, pp. 384-401.

Tewar, Suranjana. 2021. "Aukus: UK, US and Australia Pact Signals Asia-Pacific Power Shift." *BBC*, September 16 (https://www.bbc.com/news/world-asia-58540808) (2022/2/28)

Trachtenberg, David J. 2012. "US Extended Deterrence: How Much Strategic Force Is Too Little?" *Strategic Studies Quarterly*, Vol. 6, No. 2, pp. 62-92.

U.S. Department of Defense. 2010. "Quadrennial Defense Review Report." (https://history.defense.gov/Portals/70/Documents/quadrennial/QDR2010.pdf?ver=vVJYRVwNdnGb_00ixF0UfQ%3d%3d) (2022/2/28)

US Department of Defense. 2018. "Summary of the 2018 National Defense Strategy of the United States of America: Sharpening the American Military's Competitive Edge." (https://dod.defense.gov/Portals/1/Documents/pubs/2018-National-Defense-Strategy-Summary.pdf) (2022/2/28)

US Navy, Marine Corps and Coast Guard. 2020. "Advantage at Sea: Prevailing with Integrated All-Domain Naval Power." (http://www.andrewerickson.com/wp-content/uploads/2020/12/TriServiceStrategy_Advantage-at-Sea_202012.pdf) (2022/2/28)

von Clausewitz, Carl. 1989. *On War*, trans. Michael Eliot Howard and Peter Paret. Princeton, N.J: Princeton University Press.

White House. 2021a. "Interim National Security Strategic Guidance." March (https://www.whitehouse.gov/wp-content/uploads/2021/03/NSC-1v2.pdf) (2022/2/28)

White House. 2021b. "President Signs Executive Order Charting New Course to Improve the Nation's Cybersecurity and Protect Federal Government Networks." May 12 (https://www.whitehouse.gov/briefing-room/statements-releases/2021/05/12/fact-sheet-president-signs-executive-order-charting-new-course-to-improve-the-nations-cybersecurity-and-protect-federal-government-networks/) (2022/2/28)

White House. 2022. "Indo Pacific Strategy of the United States." (https://www.whitehouse.gov/wp-content/uploads/2022/02/U.S.-Indo-Pacific-Strategy.pdf) (2022/2/28)

# 拜登的第一年
## 變與不變

**紀舜傑**
淡江大學教育與未來設計學系副教授

## 壹、前言

美國與中國的關係，在川普（Donald Trump）任內進入緊張惡化，這位在 2016 年震撼全世界的非典型美國總統，執政 4 年不斷引起世界的驚奇與關注。許多人認為美國也是走在民粹主義的風潮上，不論人們如何負面評價川普的言行，我們仍須認清川普現象是一個民主程序下的產物。川普最強大的力量不是他的驚世奇言，而是他過關斬將從黨內初選贏到進入白宮，這些強力的支持都是在民主的機制下所產生。同時不論川普表面上如何瘋狂，一般相信，美國的民主法治已經深化到沒有任何一個人能夠翻天覆地，以一己之力擊垮立國數百年所演化而成的價值與制度。這是民主政治的自保機制發展，民主制度不會讓人有機會違逆大多數人的意見而一意孤行。某個程度上，民主制度是最好的馴獸師，不論是素人、狂人、小白兔、大野狼、或是老狐狸，都必須受到法治的規範。更何況，選舉本來就是激情與熱情的秀場，但是治國是理性與智慧的事業，這樣的鐵律很難被打破。

　　民粹主義原本是指菁英以外的多數人民的意見,許多政治學者是以民粹對照代議政治中,民意代表扭曲的民意,是由人民直接以行動表達民意,乃直接民主手段與展示。後來演變成是政策的期待與利益落差,即一個政策如果符合多數人期待,但卻違反客觀地公眾利益,這就是民粹政策。本來是個中性的名詞,結果變成跟「官僚」、「機車」一樣,充滿負面意涵的形容詞,是集體非理性的代名詞。然而民粹主義是民主出問題的結果,而不是主要原因(Müller, 2016)。

　　美國與中國關係的惡化的同時,川普對台灣送出許多之前總統從未有的溫暖。川普真的對台灣友善嗎?他真正的心意只有他知道,別人講得都是揣測,從表面上來看,川普打破許多對台灣的慣例,也都是對台灣友善的創舉,例如高層官員來台訪問、大量提升的軍售、口語上的支持,這些都是以往不會給台灣的待遇。在商言商也好,對抗中國也好,以結果來看都是讓台灣的國際能見度提升,也讓蔡英文政府在面對中國的不理不睬時,不用過度焦慮。加上新冠肺炎(COVID-19)全球災情慘重,台灣的防疫成功更加讓台灣的國際形象獲得正向的肯定。

　　川普對台灣的正面作為讓他成了台灣人支持的2020年的美國總統候選人,台灣政府押寶川普的態勢極為明顯,特別是執政黨的態度更是清楚明白。結果拜登(Joe Biden)擊敗川普,台灣頓時陷入尷尬的局面,蔡英文政府得努力與拜登政府修補關係,但如前所言,民主政治很難由一個人作根本性的改變,拜登的外交與國際政策,即使表面上不會川規拜隨,但是整個大勢的走向也在川普執政時便已確定,與中國的關係已經很難回到2018年之前。

　　本文的重點在於檢視拜登就任這一年來,在美台中三方關係上的

互動演變，看其變與不變之處，對美國政府聽其言也需觀其行。特別是在大家都很好奇的美國在台海的戰略模糊或清晰的爭辯上，到底是策略的調整，還是已經提升到政策的改變，有必要加以探索，不必唱衰但也不能過度一廂情願地靠勢。

## 貳、美國人對中國的態度

2020 年的美國總統大選，因爲選情的膠著刺激，讓全世界的人都高度關注美國特有的選舉人團制（electoral college），最後雖然由拜登勝出，但是川普並非心服口服地承認失敗，而是一再控訴拜登陣營偷了大選，2021 年 1 月 6 日支持川普的暴民攻佔美國國會，讓美國的民主形象蒙上一層陰影。拜登上台的過程也難以普天同慶。展現在民意調查上的是對拜登處理國政能力的質疑，特別是在面對中國的挑戰上，美國人民對拜登沒有信心的程度最高（表 1）。

表 1：美國人對拜登處理外交議題的信心度

|  | 沒信心 | 有信心 |
|---|---|---|
| 有效應付中國 | 46% | 53% |
| 改善與盟邦的關係 | 32% | 67% |
| 有效處理恐怖主義的威脅 | 39% | 60% |
| 有效處理全球氣候變遷 | 39% | 60% |
| 對國際貿易有較多的良好決策 | 41% | 59% |
| 對使用武力有正確的決定 | 40% | 59% |

來源：Silver 等人（2021）。

　　先前提到，美國整體對中國的態度大勢從川普在任時已定，以民調資料來看也可看出此趨勢。皮尤研究中心（Pew Research Center）的民調顯示，美國人對中國的疑慮激增，認為限縮中國的國力和影響力是美國的首要目標的比率，從 2018 的 32% 增加到 2021 的 48%。其中，共和黨支持者的比率從 2018 年的 39% 增加到 2021 年的 63%。民主黨則是從 26% 增加到 36%。視中國很不友善的比率從 2018 年的 46% 增加到 2021 年的 67%，共和黨支持者的比率則是從 2018 年的 57% 增加到 2021 的 79%，民主黨則是 38%～61%（表 2）。

　　美國人整體對中國不友好的感覺遠超過半數（67%），若以不同背景來看，共和黨人對中國感覺不友好的比率最高（79%），年長者的比率也高於較年輕者（75%、60%）。其他詳見表 3。

　　在三種中國定位上，超過半數（55%）的美國人將中國視為是競爭者，34% 的人是視為敵人，只有 9% 的人視中國為夥伴。其中，共和黨人將中國視為敵人的比率最高（53%），而民主黨人只有 20%（表 4）。

表 2：美國人對中國的印象調查

| | 限縮中國的國立和影響力是美國的首要目標 | 中國很不友善 |
|---|---|---|
| 2018 全體 | 32% | 46% |
| 　共和黨支持者 | 39% | 57% |
| 　民主黨支持者 | 26% | 38% |
| 2021 全體 | 48% (+16%) | 67% (+21%) |
| 　共和黨支持者 | 63% (+24%) | 79% (+22%) |
| 　民主黨支持者 | 36% (+10%) | 61% (+23%) |

來源：Silver 等人（2021）。

表3：大多數美國人對中國的感覺是不友好

|  | 很不友好 | 有些不友好 | 總　　數 |
|---|---|---|---|
| 全體 | 47% | 20% | 67% |
| 男人 | 51% | 21% | 72% |
| 女人 | 43% | 20% | 63% |
| 白人 | 50% | 23% | 73% |
| 黑人 | 44% | 10% | 54% |
| 西裔 | 44% | 15% | 59% |
| 18～49 歲 | 40% | 20% | 60% |
| 50 歲以上 | 55% | 20% | 75% |
| 大學學歷以上 | 39% | 26% | 65% |
| 無大學學歷 | 51% | 17% | 68% |
| 共和黨 | 62% | 17% | 79% |
| 民主黨 | 38% | 23% | 61% |

來源：Silver 等人（2021）。

表4：對中國的定位

|  | 夥　　伴 | 競　爭　者 | 敵　　人 |
|---|---|---|---|
| 全體 | 9% | 55% | 34% |
| 男人 | 7% | 54% | 37% |
| 女人 | 11% | 54% | 33% |
| 白人 | 6% | 52% | 42% |
| 黑人 | 19% | 66% | 12% |
| 西裔 | 15% | 62% | 21% |
| 18～49 歲 | 14% | 60% | 25% |
| 50 歲以上 | 4% | 51% | 45% |
| 大學學歷以上 | 9% | 60% | 30% |
| 無大學學歷 | 10% | 52% | 36% |
| 共和黨 | 4% | 43% | 53% |
| 民主黨 | 14% | 65% | 20% |

來源：Silver 等人（2021）。

　　另一份由蓋洛普公司所做的調查也顯示，美國敵人的排名由中國獲得第一名，比率是 45%，其次是俄羅斯 26%，第三名是北韓的 9%（Gallup, 2021）。

　　如果以個別議題來看，網路攻擊是美國人認為中國對美國造成最大的問題（91%），其次是中國的武力提升（86%），中國與台灣的緊張關係雖然排在最後，但認為是嚴重的比率也高達 74%（表5）。

　　由以上的民調我們可以看出，拜登 2021 年上台時美國整體對中國的態度是疑慮與不友善，拜登的中國政策很難與此國家氛圍（national climate）背道而馳。

表5：中國形成美國的嚴重問題

| | 很 嚴 重 | 有些嚴重 | 總　　數 |
|---|---|---|---|
| 網路攻擊 | 65% | 26% | 91% |
| 武力提升 | 52% | 34% | 86% |
| 貿易逆差 | 43% | 42% | 85% |
| 工作流失 | 53% | 31% | 84% |
| 人權不彰 | 50% | 34% | 84% |
| 科技力量提升 | 47% | 37% | 84% |
| 中國與香港的緊張關係 | 31% | 45% | 76% |
| 中國與台灣的緊張關係 | 28% | 46% | 74% |

來源：Silver 等人（2021）。

## 參、聽其言觀其行

儘管台灣在 2020 年的總統大選上明顯地支持川普連任，但拜登在大選前夕曾投書北美發行量最大的中文報紙《世界日報》，稱當選後會深化與台灣的外交往來。拜登提名的國務卿人選布林肯（Antony Blinken），在此次大選之前也曾多次表達對台灣的支持。2015 年蔡英文以民進黨總統候選人的身分訪問美國時，時任副國務卿的布林肯就曾在美國國務院與蔡英文會談。拜登勝選後，台灣駐美代表蕭美琴也與布林肯通話致賀。

從就職典禮開始，拜登政府邀請蕭美琴參加，這是從 1979 年與中國建交以來，美國第一次對台灣的官方代表邀請出席總統就職典禮。2 月時國務卿提名人布林肯在任命的國會審核聽證會上，表示美國將持續川普任內所提，終止自我設限與台灣的官方交往（*C-Span*, 2021）。

中國對此極為不滿，派出前所未有的軍機繞台，美國的國務院發表一份聲明正式聲明，敦促北京不要對台灣進行軍事外交跟經濟壓迫，應該與台灣民選的政府代表，展開有意義的對話，而且美國對台灣的承諾是堅若磐石（rock-solid）（US Department of State, 2021a）。

3 月時，美國政府發表《國家安全戰略中期指導方針》（Interim National Security Strategic Guidance）聲明支持台灣，因為台灣是民主經濟跟安全上的夥伴，拜登成為與川普政府唯二的兩個政府在台灣面對中國壓迫的時候確認台灣的事實主權。拜登政府認定美國面臨一個民族主義高漲、民主衰退、與中國、俄羅斯和其它威權國家的挑戰壓力，中國是世界權力分配改變中最新也是最大的威脅，因為中國國力提升後變得更加強勢，並且在美國競爭者當中，只有中國有潛力結合

經濟、外交、軍事與科技力量來持續挑戰一個穩定和開放的國際體系。整體的基調就是，美中關係將在該競爭時競爭，能合作時合作，須對抗時對抗（White House, 2021）。

布林肯在 3 月的首場外交演講中，列出 8 大優先工作事項，分別為：

1. 對抗新冠病毒（COVID-19）、強化全球衛生安全；
2. 改善經濟危機、建立更穩定且具包容性全球經濟；
3. 讓民主重新復甦；
4. 建立人道且有效的移民制度；
5. 重振與夥伴盟友關係；
6. 處理氣候危機、推動「綠色能源革命」；
7. 確保美國在科技領域領導地位。
8. 因應 21 世紀最大地緣政治考驗，亦即與中國的關係。

中國是唯一被他列入優先工作的國家。布林肯表示，許多國家都對美國構成嚴重挑戰，包括俄羅斯、伊朗及北韓，美國也有很多必須處理的嚴重危機，包含葉門、衣索比亞與緬甸危機，「但中國帶來的挑戰不同」。他解釋：「中國是唯一具備足夠經濟、外交、軍事與科技實力，能嚴重挑戰現行穩定開放國際體系的國家，挑戰讓世界照我們所希望方式運轉、符合美國人民利益且反映他們價值的所有規則、價值與國際關係」（Shesgreen, 2021）。

4 月布林肯在接受電視專訪的時候，被問到當台灣受到中國攻擊的時候，美國是不是會準備防衛台灣，布林肯非常肯定的表示對台灣有很慎重的承諾，就是保衛台灣，所以如果有任何人想以武力改變現

狀，這將會是一個很嚴重的錯誤（US Department of State, 2021b）。同月日本首相訪問美國白宮的時候，美日發表聯合聲明強調台灣海峽穩定跟和平的重要性，這是一個以前所沒有的聲明。4 月底拜登的國家安全顧問蘇利文，表示台灣美國處理台灣議題會以穩定清楚的方法，而且尊重現有的共識，不應該有單一方片面改變現狀的情形發生（*CNA English News*, 2021a）。

5 月時，布林肯不顧中國的反對，聲稱台灣應該參加世界衛生組織大會（World Health Assembly）。同月美國國防部長奧斯丁（Lloyd Austin）訪問東南亞，在談到台灣的議題的時很明確的說，沒有任何人想要看到台灣的現狀被片面改變，而且重申美國承諾支持台灣防衛自己的能力（U.S. Department of Defense, 2021）。

7 月美中天津會談，中方提出「2 份清單」、「3 條底線」，「2 份清單」指中方的「要求美方糾正錯誤對華政策與言行清單」與「重點個案清單」。前者內容包括：撤銷對中共黨員及家屬的簽證限制；撤銷對中方領導人、官員、政府部門的制裁；取消對中國留學生的簽證限制；停止對中國企業的打壓與對中國留學生的滋擾；取消對孔子學院的限制；撤銷將中國媒體登記為「外國代理人」或「外國使團」；撤銷對華為集團首席財務官孟晚舟的引渡等 16 項。後者所指個案包括：中國部分留學生赴美簽證遭拒；中國公民在美遭受不公正待遇；中國駐美使領館在美遭受滋擾與衝撞；美國國內仇亞、反華情緒滋長；中國公民遭暴力襲擊等 10 項。「3 條底線」是王毅當時提出的—要求美國勿挑戰顛覆中國政治制度、發展模式及侵犯國家主權（每日亞訊，2021）。

8 月時，拜登政府核准第一批軍火售與台灣，時間點是在美國撤出阿富汗之後，中國官方媒體藉此宣傳，台灣應該看清楚美國不是一

個值得信賴的安全夥伴。對此蘇利文強調，台灣不需要擔心阿富汗的情形，他強調對盟邦夥伴的承諾是永遠存在的，對台灣以及對以色列的承諾都是和以往一樣的堅強（*CNA English News*, 2021b）。

稍後拜登在接受 ABC 電視台專訪時，重申美國在面對北約任何國家受到侵略或者是武裝攻擊的時候，美國都會有所回應，而且對日本南韓跟台灣也都是一樣的態度。然而事後白宮的一位資深官員馬上回應，強調美國的一個中國政策沒有任何改變（Brunnstrom, 2021）。事實上這顯示拜登認定台灣是一個民主的夥伴，如果這個民主的夥伴受到威權的中國的威脅，美國應該將台灣視爲與日本跟南韓同樣的夥伴。

9 月的時候布林肯也重申蘇利文的觀點跟聲明，他在眾議院的聽證會上，面對美國在後阿富汗時期，是否維持對烏克蘭跟台灣一樣的承諾的質問，布林肯回答非常肯定的答案，表明美國對烏克蘭跟台灣的承諾都一樣。這是布林肯上任後第二次以國家稱呼台灣。美國政府也表示支持台灣申請加入 CPTTP（*CNA English News*, 2021c）。

10 月中國國慶日時，中國派出將近 150 架戰鬥機進入台灣沿海，拜登政府發表一份類似在 1 月的聲明，再次確認對台灣的承諾堅若磐石。10 月 5 日拜登聲明他與習近平達成對台灣的一個協議，稍後白宮澄清拜登所指的是台灣關係法（*Reuters*, 2021）。

拜登與習近平在 2 月與 9 月都曾以電話交談，11 月 16 日兩人透過視訊會議正式交鋒。雙方基本上是行禮如儀，互稱老朋友，重申各自立場。只有在台灣議題上各有堅持，拜登重申美國持續奉行一個中國政策，此政策由《台灣關係法》、三個美中聯合公報以及六項保證所規範，美國強烈反對片面改變台海現狀以及危及台海和平穩定（White House, 2021b）。習近平則稱台海近期緊張原因是台灣當局企圖倚美謀

獨，而美方一些人有意搞「以台制華」中方並稱拜登表示「不支持台獨」（人民網，2021），但美方事後澄清並無此表述。這場會談並未達成任何具體協議，最大的共識是雙方同意繼續透過各種方式保持密切聯繫。拜登仍然表示，兩國須建立理性務實的護欄（commonsense guardrails），以確保美中競爭不致引發衝突。

今年 2 月初，美國眾議院通過『2022 年美國競爭法』（*America COMPETES Act of 2022*），該法案除了強化美方競爭力以抗衡中國，也包含強化美台雙邊關係、協助台灣有意義地參與包括世界衛生大會（WHA）等國際組職、協助台灣發展不對稱防衛能力等，其中更呼籲將我駐美代表處名稱從「台北經濟文化代表處（Taipei Economic and Cultural Representative Office）」改為「台灣駐美代表處（Taiwan Representative Office in the United States）」。拜登隨即表示肯定此法案的通過（自由時報，2022）。

## 肆、新冷戰？

美國與中國的兩強關係是否形成新的冷戰，一直是個熱烈討論的議題。美國感受中國的威脅來自中國在國力提升的同時，行動上也展現強大的企圖心，與突破以往的大膽作為。在經濟實力上，兩國在 GDP 的差距逐漸縮小，在 2020 年中國的 GDP 就超過美國的 70%，可見其整體經濟的提升。

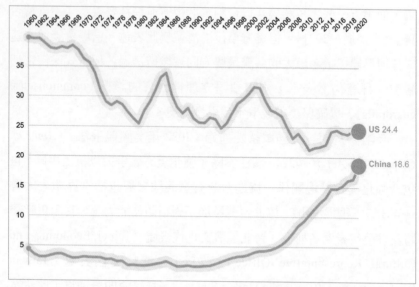

來源：Zhaong（2021）。

圖 1：美國與中國 GDP 佔全世界比率之比較

在國際的作為上，如 Friedman（2021）所言習近平的威嚇領導和國際作為是中國讓人無法信賴的原因，例如只因澳洲政府主張追查新冠肺炎的源頭，中國就對澳洲祭出經濟制裁。另外習近平為了不再受制於美國的高科技限制，於是不擇手段想要達成反制，不計以收買、竊取、抄襲、或強取等手段，這些不按國際規則的作為，不只讓讓中國的形象受損，也讓美國能夠在全球建立起反中國的聯盟。

在美中貿易的爭議上，以往中國賣給美國的是表面商品，例如衣服鞋子太陽能板等低科技產品。而美國賣給中國的是較高科技產品，現在中國想賣科技產品給美國，但是美國人不信任中國的科技產品深入美國人的客廳臥室辦公室。人們消費表面商品時，可能不會在意這

些商品是否來自威權體制的國家，但是當要買高科技產品時，沒有共同的價值和信念，便很難安心使用。

美中雖然還缺乏信賴，但美國政府並無意以冷戰來處理美中關係。蘇利文在接受美國媒體 CNN 的專訪時表示，美國正尋求與中國共存（co-existence），而非遏制中國或發動新冷戰。他的言論展現華盛頓試圖緩解日趨緊張的中美關係，也表明拜登政府的目標是塑造國際環境，使其更有利於美國及其盟友和夥伴的利益和價值觀，也更有利於志同道合的民主國家。這並不是要給中國本身帶來一些根本性的轉變（BBC 中文網，2021a）。蘇利文在澳洲智庫洛伊研究所（Lowy Institute）的演講中表示，美國可以選擇不進入新冷戰、不走向衝突或「修昔底德陷阱」（Thucydides Trap）[1]，但可選擇拜登說的在激烈競爭中向前邁進（Sullivan, 2021）。

奈伊（Joseph Nye, Jr.）也主張以冷戰的觀點來看待美中關係，是非常懶惰且危險的類比（With China, a 'Cold War' Analogy Is Lazy and Dangerous），因為這對歷史不利，對政治不利，對美國的未來也不利。奈伊認為與蘇聯的冷戰是蘇聯對美國的軍事和意識型態構成直接威脅，美國和蘇聯幾乎沒有經濟或社會聯繫，這是單一面向的競爭。但是現在美國和中國的權力競爭，是 3 個面向，即軍事、經濟、與社會。在經濟層面上，美中有著與美蘇完全沒有的深厚的相互依存關係。2020 年，雙方的貿易額超過 5,000 億美元，美國很難對此「脫鉤」（de-coupling）。

---

[1]　「修昔底德陷阱」（Thucydides Trap）是美國政治學者 Graham Allison 創造的一個專有名詞，用來描述當新興強國威脅到現有強國的國際霸主地位時導致的一種明顯的戰爭傾向，這是來自歷史上 16 次強權轉移有 12 次以戰爭收場的歸納而成（Allison, 2017）。

在社會聯繫上也是相當密切，從留學、旅遊到其他事務都是美蘇時其所無法比擬的。而且在現實中，在疫情和氣候變遷等生態問題上也是不可能脫鉤的。沒有一個國家可以單獨解決氣候變遷和疫情這樣的跨國問題。他認為無論好壞，美國都被困在與中國的「合作競爭」中，競爭和合作是兩個相互矛盾的事情，美國需要一種能夠同時完成這兩件事的戰略（Nye, 2021）。

就如拜登政府在《國家安全戰略中期指導方針》提出「美中關係將在該競爭時競爭，能合作時合作，須對抗時對抗」，美國對於美中競爭的用語也從「激烈競爭」（stiff competition），調整為「負責任的競爭」（responsible competition）（Kim, 2021）。但是中方認為競爭、合作、對抗三分法就是遏制打壓中國的障眼法。對抗遏制是本質，合作是權宜之計，競爭是話語陷阱（人民網美國頻道，2021）。

我們以美國對中國的制裁來看，拜登上台後不但沒有解除川普任內對中國的制裁，反而增加許多制裁。將 59 家中國企業列入禁止美國個人與機構投資的「黑名單」（BBC 中文網，2021b）。從黑名單涉及企業的股票總市值來看，川普在 2020 年首度發布禁令時，名單僅列出 31 家企業，卸任前陸續增加至 44 家，企業總市值約台幣 23 兆元。但若扣除經法院認證不屬於軍事企業的小米、籮筐技術，川普禁令所及的企業市值約台幣 20 兆元，不及拜登黑名單的台幣 26.4 兆元（今周刊，2021）。而且拜登在就職一周年的記者會上表示，美國還沒有打算放鬆對中國千億貨品關稅制裁。除了維持對中國的懲罰性關稅外，拜登政府近來還增加出口與投資限制的中資公司名單，包括中國著名無人機製造商大疆，另外拜登也簽署國會通過的反新疆強迫勞動法，要求除非能證明沒有涉入強迫勞動，否則不能進口新疆商品（上報，2022）。

## 伍、模糊還是清晰

　　拜登政府多次表達對防衛台灣的承諾堅若磐石，這樣的態度引起關於美國一向的戰略模糊是否已改變爲戰略清晰。這是戰略的改變還是政策的改變，也是值得探究的問題。

　　美國從艾森豪總統開始，不變的目標就是防止台海發生戰爭，美國對台灣的安全承諾一直不願意非常具體強硬，所以不會以條約的方式，即使像 1955 年美國國會的『福爾摩沙決議案』（*Formosa Resolution, 1955*），也只是聲明會保護金門或者是馬祖，前提是這兩個小島受到的攻擊是會導致台灣受到全面性的攻擊。台美斷交後，美國一向以『台灣關係法』，三個美中公告，還有一系列的總統的主張來規範與台灣跟中國的關係。法律專家們大都同意在這些規範中，『台灣關係法』應該是具有最高效力，『台灣關係法』跟 1954 年的協防條約一樣，提供美國總統一個選項，可以讓總統選擇是否參與戰爭保衛台灣，這個選項並不是絕對的安全承諾跟保證，而且這不像是雙邊的安全條約。

　　台灣公報創辦人韋傑理（Gerrit van der Wees）在《外交家雜誌》（*The Diplomat*）投書表示，他認爲拜登並沒有改變政策，政策與手段、策略、戰術不同。政策有一連串的目標，而且是有政府的正式聲明。政策有長時間的穩定性，但是當然也可能會有所轉變，或是一個新的政府會提出新的優先秩序和目標。至於策略或戰略就是達成既定的政策目標的方式或方法。拜登政府每次表達保衛台灣的承諾後，總是會強調一個中國的政策不變，加上『台灣關係法』，六個保證，和 3 個美中公告。這個基本政策不變，就是維持台海的和平穩定，而且加強與台灣人民的交往。美國任何政策聲明都沒有包含戰略模糊。韋傑理認

為戰略模糊或是清晰，不應該是有與無的問題，而是光譜的差別，從川普開始美國往戰略清晰移動，是方向的改變，而不是政策的改變（van der Wees, 2021）。

郝志堅（Dennis V. Hickey）主張拜登被問到美國是不是會在台灣受到中國攻擊的時候保護台灣，拜登回答是的我們有一個承諾，這是拜登的失言（faux pas）。他認為『台灣關係法』也規範不能任由總統決定，總統還是必須尋求國會的同意如果要放棄或是保衛台灣的話。『台灣關係法』事實上不是絕對的保證，而且『台灣關係法』鼓勵中國與台灣負責任的行為。所以簡單地說，『台灣關係法』的不明確性或者是不絕對性，能夠導引出台海兩岸自我克制的行為。拜登提名的美國駐中國大使 R. Nicolas Burns 在參議院審核聽證會上也表示，美國戰略模糊是經過時間檢驗，而且也是最有智慧與有效的途徑去防止台海發生戰爭（Hickey, 2021）。

另一方面，美國共和黨眾議員 Mike Gallagher（2022）投書《外交季刊》（*Foreign Affairs*），表達希望美國能夠展現強力捍衛台灣的具體作為。他提到一位中國人民解放軍的專家看到一些令人擔憂的跡象顯示，北京可能重新考慮使用和平解決台灣問題的方案，改以使用武力統一的手段。面對中國可能的武力威脅，他認為美國國防部並沒有適當的準備，特別是在印太地區扮演最重要角色的美國海軍。

美國在此區域的艦隊還不夠完整，必須建構一個 355 艘船的艦隊，但是這個計劃是預計在 2045 年成軍，不但緩不濟急，拜登上台後更刪減此預算。美國國會也沒有即時提供預算協助關島武器系統升級，特別是空防和飛彈防禦系統的配置，因為關島的海空軍基地是面對台海衝突的前線。他認為以眼前的情勢來看，美國在台灣議題上是處於弱

勢的，但還來得及修正。重新定位軍事資源的配置，加上有效地規劃，以及與重要盟國的合作，美國還是可能在未來 5 年防止，甚至是打贏台灣這場戰爭。

Gallagher（2022）強調不能將希望寄託於中國人民解放軍軍的自我克制，也不能期待美國一個在 10 年內無法達成的科技防禦系統。美國國會與行政系統必須執行執行一個新的亞太防禦策略，美國的防禦計畫應該是放眼 2025 年，而非 2045 年。面對中國傾向以武力行動改變台海現狀，美國的戰略沈默讓人質疑是否防衛台灣，也助長了此緊張態勢，或許美國不模糊的態度可能不足以嚇阻中國的軍事侵略，但是可以減低中國誤判情勢的機率。

也如 Friedman（2021）提出的質疑，美國在經過二十年的全球反恐行動後，美國必須回到國內從事基礎建設，教育改革，種族平權等國內議題的修補，美國政府挑起另一個對抗中國的態勢是否正確，美國真要從反恐戰爭跳進與中國戰爭的陷阱？

對此質疑，Gallagher 認為美國展現對台灣的保衛承諾，而且不惜與一個具有核子武器的國家一戰是有其價值與意義。首先，如果讓中國拿下台灣，將讓中國更有能力對美國歐洲和其他地方展開經濟大戰，因為台灣的半導體製造是全球數位經濟的重要命脈，美國的軍事科技也依賴台灣的晶片生產。讓中國拿下台灣，中國將掌控全球 80% 的半導體產品，是美國在科技上的一大威脅。

其次，台灣的戰略地位重要性，第一島鏈失守，日本、澳洲、關島、夏威夷都將受到威脅。不只在太平洋的重要盟邦會受到威脅，美國在太平洋上的 150 萬美國人民也將遭到威脅。第三，如果美國的民主夥伴受到威權政權的侵害，而美國無法加以防衛的話，將大大減損

美國的超級強權的地位，也會傷害美國在在經濟繁榮自由民主和人權的全球領導地位，中國將大張旗鼓其中國模式到全世界，取代美國模式主導世界（Gallagher, 2022）。

綜合來看，拜登的一中政策並沒有改變，只是面對中國越來越躍進的作爲時，拜登逐漸以防衛台灣的承諾作爲牽制，中國越是躁進，拜登政府的台灣承諾就會越清楚。

## 陸、結論

拜登就職一年後，他的民調支持度只有 41.7%，與自杜魯門總統以來的歷任總統的第一年相比，拜登只勝過川普的 40.4%，與同爲民主黨最受歡迎的約翰甘迺迪相比（79.0%），更有高達 37.3% 的差距（表 6）。拜登競選時承諾要讓美國回到正軌，但是第一年許多內政的法案都卡在他自己的民主黨所主導的國會中。新冠肺炎的疫情依然嚴峻，美國人已經感到疲憊與不耐，拜登政府的強制接種疫苗或測試的法令卻被最高法院阻擋。更嚴重的是近 40 年來最高的通貨膨脹，荷包問題一職是美國人對總統的最大期待。加上自詡爲外交老手的拜登，面對俄羅斯與烏克蘭的危機也沒有解除，撤出阿富汗的決定雖然受到美國人民的支持，但是過程中造成美軍的傷亡和混亂情形，都讓拜登的外交能力受到質疑（Gambino, 2022）。或許因爲他對台灣展現的善意，他在台灣的支持度可能超出美國人。

誠如杭廷頓所言，美國一直需要有一個假想敵來扮演刺激的他者（other），二十世紀末期蘇聯崩解連帶結束冷戰時代，不僅讓美國失去了唯一的敵人，也讓它在歷史上首度缺乏一個清晰的他者藉以自我

定位（Huntington, 2005）。小布希總統發動全球反恐行動後，美國是否需要中國來扮演這個假想敵的角色，讓全球霸權地位更加穩固。

表 6：拜登就職一周年支持度與歷任總統
之比較（二次戰後）

|  | 拜登 41.7% | 差　　距 |
|---|---|---|
| 川　　普 | 40.4% | +1.3% |
| 歐 巴 馬 | 48.2% | −6.5% |
| 小 布 希 | 77.3% | −35.6% |
| 柯 林 頓 | 56.3% | −14.6% |
| 老 布 希 | 78.3% | −36.6% |
| 雷　　根 | 47.2% | −5.5% |
| 卡　　特 | 52.1% | −10.4% |
| 福　　特 | 43.6% | −1.9% |
| 尼 克 森 | 64.3% | −22.6% |
| 詹　　森 | 70.0% | −28.3% |
| 甘 迺 迪 | 79.0% | −37.3% |
| 艾 森 豪 | 70.0% | −28.3% |
| 杜 魯 門 | 50.0% | −8.3% |

來源：FiveThirtyEight（2022）。

　　然而當前的中國是美國前所未見的對手，中國在政治軍事上競爭，但在經濟上既競爭又合作，相互依賴的關係也是之前的蘇聯所無法比擬，加上全球化帶動的社會交流，雖然拜登政府已經不主張企圖改變中國的政治體制，但是美國還是會擔憂美國模式會被中國模式所取代。而中國也不願見到威權統治下的中國人民對西式的民主生活產生嚮往，導致和平演變，造成中國共產黨的下台。

　　1950 年的韓戰是美中的第一次戰爭，韓戰是美國的挫敗，是中國的民族主義的強心針，認定中國能夠嚇阻美帝在朝鮮半島、在亞洲、在全世界為所欲為。同時也讓美國開始思索如何重新定位自己和這個世界秩序，圍堵政策因此產生。韓戰的教訓還有雙方致命的誤解與誤判，現在兩方的相互依賴變複雜，而且相互的瞭解也加強了。但是還是需要更強化彼此的溝通與對話，所以拜登政府會一再提出美中需要有理性與務實的護欄。

　　拜登的第一年，對台灣有前所未有的表態支持，然而一個中國政策仍舊不變。戰略模糊或是清晰，只是方向和戰略的選擇。拜登的護欄，不只是預防中國暴衝，對台灣的圈管也是有弦外之音。台灣不要沉浸在這一年來美方堅若磐石的承諾中，在美台中的三角關係中完全依附在美國的口頭聲明中，完全把外交和對中國關係，外包給拜登政府。拜登不是大家揶揄的 sleepy Joe，美國政府的精算和強勢，不論是對手或是夥伴，都得戒慎恐懼地應對。

# 參考文獻

BBC 中文網，2021a。〈美國國家安全顧問蘇利文：華盛頓期待改變中國體制是一個「錯誤」〉11 月 9 日（https://www.bbc.com/zhongwen/trad/chinese-news-59217403）（12/21/21）。

BBC 中文網，2021b。〈美國拜登政府擴增中國企業投資「黑名單」〉6 月 4 日（https://www.bbc.com/zhongwen/trad/world-57352852）（12/20/21）。

人民網，2021。〈習近平同美國總統拜登舉行視頻會晤〉（http://politics.people.com.cn/BIG5/n1/2021/1117/c1024-32284265.html）（11/25/21）。

人民網美國頻道，2021。〈外交部副部長謝鋒與美國常務副國務卿舍曼舉行會談〉7 月 27 日（http://usa.people.com.cn/BIG5/n1/2021/0727/c241376-32171008.html）（12/11/21）。

上報，2022。〈拜登就職一周年，沒打算放鬆中國千億貨品關稅制裁〉1 月 20 日（https://www.upmedia.mg/news_info.php?SerialNo=135878&Type=3）（12/20/21）。

今周刊，2021。〈拜登對中國，比川普更有狠招！佈局盟邦聯合陣線，擴大美國投資中企黑名單〉7 月 10 日（https://news.cnyes.com/news/id/4676513）（12/12/21）。

自由時報，2022。〈美眾院通過抗衡中國法案 包含台灣代表處正名〉2 月 5 日（https://news.ltn.com.tw/news/politics/breakingnews/3820461）（02/07/22）。

每日亞訊，2021。〈中美天津會談：一種判斷、兩份清單、三條底線〉7 月 27 日（https://www.asiadaily.news/新聞/中美天津會談：一種判斷、兩份清單、三條底線/）（12/21/21）。

Allison, Graham. 2017. "The Thucydides Trap: When One Great Power Threatens to Displace Another, War Is Almost Always The Result -- But It Doesn't Have to Be." *Foreign Policy*, May/June (https://foreignpolicy.com/2017/06/09/the-thucydides-trap/) (12/11/21)

Brunnstrom, David. 2021. "U.S. Position on Taiwan Unchanged Despite Biden Comment, Official." *Reuters*, August 20 (https://www.reuters.com/world/asia-pacific/us-position-taiwan-unchanged-despite-biden-comment-official-2021-08-19/) (12/21/21)

*CNA English News*. 2021a. "U.S. opposes Unilateral Changes to Cross-Strait Status Quo: Sullivan." May 1 (https://focustaiwan.tw/politics/202105010017) (12/21/21)

*CNA English News*. 2021b. "U.S. National Security Advisor Reaffirms Commitment to Taiwan." August 18 (https://focustaiwan.tw/politics/202108 180010) (12/21/21)

*CNA English News*. 2021c. "Blinken Reiterates U.S. Commitment to Taiwan in Afghanistan Withdrawal Hearing." September 14 (https://focustaiwan.tw/politics/202109140005) (12/21/21)

*C-Span*. 2021. "Secretary of State Confirmation Hearing." January 19 (https://www.c-span.org/video/?507953-1/secretary-state-nominee-antony-blinken-testifies-confirmation-hearing) (12/26/21)

FiveThirtyEight, 2022. "How unpopular is Joe Biden?" February 27 (https://projects.fivethirtyeight.com/biden-approval-rating/) (02/06/22)

Gambino, Lauren. 2022. "It's a Tough Time: Why Is Biden One of the Most Unpopular US Presidents?" *The Guardian*, January 18 (https://www.theguardian.com/us-news/2022/jan/18/joe-biden-approval-ratings-first-year-democrats) (02/26/22)

Gallagher, Mike. 2022. "Taiwan Can't Wait: What America Must Do To Prevent a Successful Chinese Invasion." *Foreign Affairs*, February 1, (https://www.foreignaffairs.com/articles/china/2022-02-01/taiwan-cant-wait) (2022/2/28)

Huntington, Samuel P. 2005. *Who Are We?: The Challenges to America's National Identity*. New York: Simon & Schuster.

Kim, Patricia M. 2021. "Working toward Responsible Competition with China." Brookings Institute, October 8 (https://www.brookings.edu/blog/order-from-chaos/2021/10/08/working-toward-responsible-competition-with-china/) (12/25/21)

Müller, Jan-Werner. 2016. *What is Populism?* Philadelphia: University of Pennsylvania Press.

Nye, Joseph S., Jr. 2021. "With China, a 'Cold War' Analogy Is Lazy and Dangerous." *New York Times*, November 2 (https://www.nytimes.com/2021/11/02/opinion/biden-china-cold-war.html) (12/22/21)

*Reuters*. 2021. "Biden says he and China's Xi agree to abide by Taiwan agreement." October 6 (https://www.reuters.com/world/asia-pacific/biden-says-he-chinas-xi-have-agreed-abide-by-taiwan-agreement-2021-10-05/) (12/22/21)

Shesgreen, Deirdre. 2021. "Blinken Lays Out Biden's 8 Foreign Policy Priorities, from COVID-19 to China." *USA TODAY*, March 3 (https://www.usatoday.com/story/news/politics/2021/03/03/secretary-state-blinken-vows-us-avoid-costly-military-acts/6897113002/) (2022/2/28)

Silver, Laura, Kat Devlin, and Christine Huang. 2021. "Most Americans Support Tough Stance toward China on Human Rights, Economic Issues Fewer Have Confidence in Biden to handle U.S.-China Relationship Than Other Foreign Policy Issues." Pew Research Center, March 4 (https://www.pewresearch.org/global/2021/03/04/most-americans-support-tough-stance-toward-china-on-human-rights-economic-issues/) (12/11/21)

Sullivan, Jake. 2021. "2021 Lowy Lecture." Lowy Institute, November 11 (https://www.lowyinstitute.org/publications/2021-lowy-lecture-jake-sullivan) (12/26/21)

U.S. Department of Defense. 2021. "Secretary of Defense Lloyd J. Austin III Participates in Fullerton Lecture Series in Singapore." July 27 (https://www.defense.gov/News/Transcripts/Transcript/Article/2711025/secretary-of-defense-lloyd-j-austin-iii-participates-in-fullerton-lecture-serie/) (01/21/22)

U.S. Department of State. 2021a. "PRC Military Pressure Against Taiwan Threatens Regional Peace and Stability." January 23 (https://www.state.gov/ prc-military-pressure-against-taiwan-threatens-regional-peace-and-stability/) (01/12/22)

U.S. Department of State. 2021b. "Secretary Antony J. Blinken with Chuck Todd of NBC's Meet the Press." April 11 (https://www.state.gov/secretary-antony-j-blinken-with-chuck-todd-of-nbcs-meet-the-press/) (01/12/22)

van der Wees, Gerrit. 2021. "Did Biden's Taiwan Remarks Represent a US Policy Change?" *The Diplomat*, August 24 (https://thediplomat.com/2021/ 08/did-bidens-taiwan-remarks-represent-a-us-policy-change/) (12/26/21)

White House. 2021. "Interim National Security Strategic Guidance." (https:// www.whitehouse.gov/wp-content/uploads/2021/03/NSC-1v2.pdf) (01/12/22)

Younis, Mohamed. 2021. "New High in Perceptions of China as U.S.'s Greatest Enemy." The Gallup, March 16 (https://news.gallup.com/poll/337457/new-high-perceptions-china-greatest-enemy.aspx) (01/12/22)

Zhaong, Hongpei. 2021. "Chinese GDP Approaches US Economy, Proportion Exceeding 70% in 2020." *Global Times*, January 29 (https://www.globaltimes. cn/page/202101/1214352.shtml) (01/21/22)

# 從立陶宛問題解析中國大陸回應美國友台政策的模式

## 行動戰略的觀點

王信力
中華戰略前瞻協會研究員

原本學界認為美中關係惡化的原因是因為川普（Donald J. Trump）總統為選舉造勢而對中強硬產生的結果，但實際上在拜登（Joe Biden）就任美國總統一年之後，美中關係仍持續緊繃，顯示美中關係的緊繃有其根本性的原因存在。事實上，在拜登就職後的這一年內，美中雙方在阿拉斯加的首場峰會上劍拔弩張，也在蘇黎世會談中相互較勁，顯示美中關係的競爭性。即使拜登與習近平通過一次電話，舉行過一次視訊會議，但美中之間的緊張氛圍並未見改善。雙方更在 2021 年底的民主峰會內外暗自角力，也利用 2022 年的北京冬奧進行外交上的較量，種種跡象顯示川普時期激化的美中「戰略競爭」的態勢並未因總統更替而改變。而在拜登的「暫行國安指針」（Interim National Security Strategic Guidance）與美國國務卿布林肯（Antony Blinken）的外交談話中，似乎可以預期未來美中關係會隨著不同議題而在「合作、競爭、對抗」的光譜中動盪。此一局勢的發展，亦牽動兩岸關係的變化。

事實上，不論是川普時期或拜登就任後，台灣均受到美方高度的

重視與支持。美國對台灣的支持具有多面向，川普總統在軍事上，除縮短對台軍售流程、常態化審查購案之外，也增加許多以往未能出售的武器裝備；外交上則是在 WHO 問題上聲援台灣，更提高訪台灣官員至內閣成員乃至國務次卿的層級。拜登政府就任後，在軍事上於短時間內即提出軍售 M109A6 自走砲案，甚至默認由台灣方面主動揭露美軍在台協訓國軍的消息；在外交上，美國駐帛琉大使甚至陪同帛琉總統訪問台灣。而拜登總統及國務卿布林肯在許多場合提到將會確保台灣「自我防衛能力」，似乎顯示拜登政府希望強化與台灣的關係，強化對台的安全保證。

但若進一步探究美台關係的發展趨勢，可理解美國友台政策的大幅提升是在美中戰略競爭的背景下展開的，諸多跡象顯示美國政府將台灣當作抗衡中國的棋子，而分真正將台灣視為「盟友」。日前美國參議院外委會通過勃恩斯（Nicholas Burns）出任美國駐中大使，其原因可能是因為勃恩斯主張聯盟抗中，支持協助台灣提升防衛戰力，受參院兩黨外交領袖青睞[1]（中央社，2021a）。勃恩斯在聽證會上呼籲，不能相信中國會履行在台灣議題上所做的承諾，需把台灣變成一顆「難敲開的堅果」（a tough nut to crack，意指難以對付），協助台灣提升不對稱防衛戰力，凸顯了美國行政部門運用台灣抗中的心態。

美國國會亦在運用台灣來抗衡中國上不遺餘力。共和黨聯邦參議員霍利（Josh Hawley）提出名為『武裝台灣法』（*Arm Taiwan Act*）的法案，提議每年授權撥款 30 億美元，加強台灣的防衛能力，以抵禦來自

---

[1] 勃恩斯 2021 年 10 月 20 日在參院外委會人事聽證會上表示，中國是美國 21 世紀最大地緣政治考驗，若提名獲准，他未來將聯合盟友抑制中國，證明「東升西降」絕非事實（中央社，2021a）。

中國潛在的軍事侵略威脅。參議院外交關係委員會的共和黨領袖里施（Jim Risch）11 月 4 日提出『台灣威懾法』（*Taiwan Deterrence Act*），共同發起人包括共和黨參議員克拉珀（Mike Crapo）、科寧（John Cornyn）、哈格蒂（Bill Hagerty）、羅姆尼（Mitt Romney）和魯比奧（Marco Rubio）尋求授權每年向台灣提供 20 億美元和其他援助，以加強台灣的防務[2]（美國之音，2021a）。此外，2021 年美國參議院過『戰略競爭法案』，2022 年眾議院也提出自己版本的『戰略競爭法案』，目標都是中國（中央社，2021b、2022a）。美國國會相繼以支持台灣為名發起抗中法案，一方面突顯美國國會對於中國崛起的焦慮，二方面則是共和黨議員對拜登的民主黨政府抗中不力進行的批評。此一趨勢顯示台灣在美國在外交上抗衡中國與美國國內政治中，均扮演了指標性的角色。

除了在軍事上強化台灣的防務之外，美國友台政策的另一個面向是從外交上協助台灣拓展外交空間。拜登政府自就任以來就採取與川普迥然不同的抗中政策。川普以美國利益由優先考量的外交政策經常讓盟友擔憂遭到美國拋棄。而拜登則是重回傳統外交政策的方向，透過鞏固盟友關係尤其是歐盟來進行與中國的抗衡。美國在外交上協助台灣拓展空間，其用意或許在於透過台灣民主政體的角色，突顯中國的專制政權對於民主世界的威脅，具有宣示性的效果。而在台灣拓展外交空間中的活動中，目前最受國際矚目的問題就是台灣與立陶宛

---

2　路透社看到的這項法案將授權每年 20 億美元的「外國軍事融資」用於台灣，直到 2030 年。「外國軍事融資」是美國政府的贈款和貸款，使其他國家能夠購買美國生產的武器和國防設備。美國之音指出儘管該法案僅得到參議院少數黨共和黨人的連署，但它增加了國會對民主黨總統拜登的壓力，要求他採取更大膽的行動，加強與外交上受到孤立的台灣的關係（美國之音，2021a）。

（Lithuania）互動產生的影響。

　　此一發展是在美國對中政策的矛盾中衍生出來的問題。拜登政府一方面希望幫助台灣擴大其國際地位，但另一方面又希望避免被中國指責違反其「一個中國」政策，讓美國自身陷入了兩難的境地。例如民進黨政府在 2021 年曾要求美國將其駐美機構從「台北經濟文化代表處」更名爲「台灣代表處」，但截至目前爲止，美國仍未作出具體的回應。BBC（2022a）指出這表明了美國擔憂更名會激怒北京。但是美國不想做或不願做的事，卻可以利用第三方來試探中國的反應，再進一步做打算。因此，筆者認爲立陶宛同意以「台灣」爲名設立代表處，或許是美國對於中國反應的試探。但這種試探帶來的結果卻是立陶宛深陷中國大陸的壓力之中。

　　自立陶宛在 2021 年 3 月宣布同意我國以「台灣」爲名設立經貿代表處以來，中國大陸展開一連串的動作來對立陶宛進行施壓。包括外交上的照會與召回大使、要求立陶宛大使離境等措施；經濟上開始進行中斷中立鐵路運輸等，試圖改變立陶宛的立場，但立陶宛並未屈服。「駐立陶宛台灣代表處」（Taiwanese Representative Office in Lithuania）於 2021 年 11 月 18 日在維爾紐斯（Vilnius）正式掛牌成立，更進一步引發北京強烈抨擊並揚言報復（BBC, 2021a）。中國大陸除將駐立陶宛大使館降級爲較低層級的「代辦」[3]（中央社，2021c），強化對立陶宛經濟施壓，並暗中將立陶宛自中國大陸海關的「來源國」中移除，使立陶宛幾乎無法在中國銷售商品。中國大陸並進一步施壓歐洲各國的

---

[3] 代辦爲較低層級的外交代表，位階低於大使和公使，但職權相同。一些國家雙邊關係惡化、但未達斷交程度時，會召回大使，將外交關係降至代辦等級（中央社，2021c）。

跨國企業，要求其切斷與立陶宛的合作關係。媒體分析這是中國首次
運用自己的外交與經濟實力，去脅迫其他國家共同經濟封鎖它想要懲
罰的國家（徐曉強，2022）。中國官方媒體亦抨擊立陶宛，指責它是歐
洲的「反華先鋒」（Higgins, 2021）。這一連串的施壓行動終於讓立陶宛
總統諾賽達（Gitanas Nauseda）表態，表示讓台灣以「台灣」設立代表
處或許「是一個錯誤的決定」（上報，2022a）。此舉也讓立陶宛內部的
政策矛盾開始浮現，至此中國的施壓似乎開始產生效果。

　　此種具有總體意涵的行動——包含使用「外交」、「經濟」、「心理」
等各種強度不同的政策工具進行施壓的一連串動作，在中共處理與周
邊國家的主權爭議、兩岸關係惡化時，都曾經一再出現，是否有合理
的解釋來說明中共對外施壓的處理模式？本文認為中國大陸這種運用
國家力量成政策目標、迫使相對國讓步或妥協的行為是薄富爾（Andre
Beaufre）行動戰略（strategy of action）的「間接模式總體戰略行動」
（total strategy action in the indirect mode），其運用的工具從最平和到
最暴力手段，也是蘇聯與中共等共產體制國家早已慣用的戰略模式。
基此，本文希望藉由行動戰略思想的指引，歸納整理中共處理與立陶
宛的外交爭議所採取的動作，試圖建構中共在處理外交爭端的戰略思
維與行動模式。

　　另一方面，自 2020 年迄今，在新冠肺炎（COVID-19）疫情全球蔓
延之際，世界各主要國家對於中國大陸在疫情散播上的究責，導致中
共外交人員在為本國辯護時卻展現出強硬的態度，在媒體與學界被形
容成「戰狼外交」。這種強勢的「戰狼外交」在國際舞台有越來越多的
趨勢，包括在 2021 年 3 月「美中阿拉斯加會談」上，中方代表楊潔篪
在媒體前指責美國國務卿布林肯長達 17 分鐘（美國之音，2021b）；中

國駐法大使盧沙野針對法國參議院友台小組主席李察（Alain Richard）2021 年擬赴台訪問一事，發函給李察來施壓，引發中法外交爭議[4]（關鍵評論，2021），都顯示中共越來越喜歡用強硬態度來達成外交施壓的目的。而在立陶宛問題中，我們亦看到戰狼外交官的強硬身影。中國大陸的這種外交態度是否會對其國家形象產生負面的效應？進一步影響其國家的利益，亦是本文想要探究的核心問題之一，用以充實行動戰略理論的論點，提醒各國在進行「強制行動」時，必須要注意副作用與反效果。

## 壹、行動戰略在外交爭端的作用

「行動戰略」是法國戰略家薄富爾的戰略思想之一。他對戰略的定義是「兩個相對意志以力量解決爭端的辯證藝術」（Beaufre, 1967: 23），並指出此種力量並非僅指軍事武力，而是指國家所的力量，包括外交、經濟、軍事與心理，因此稱之為「總體戰略」（total strategy）。而在解決爭端的模式上，薄富爾認為可以用軍事力量的主從區分為兩種模式：以軍事力量為主的稱之為「直接模式的總體戰略」；而軍事力量居於次要地位甚至是輔助角色的稱之為「間接模式的總體戰略」。而不論是直接模式或是間接模式的總體戰略，都涉及到運用國家力量屈

---

[4] 中國駐法國大使館日前因法國參議院友台小組主席李察（Alain Richard）在 2021 年擬赴台灣訪問一事動作頻頻，除了發函給當事人李察議員施壓之外，該使館推特帳號引用法國學者波恩達茲（Antoine Bondaz）轉述法國外交部發言人說「法國議員有參訪與拜會自由」的貼文，並加註（petite frappe）的評論。此舉引起法國各界不滿，要求法國外交部長立刻召見中國駐法大使盧沙野（關鍵評論，2021）。

服他國的「強制行動」（coercive action）的運用。強制行動是薄富爾在《行動戰略》一書中提出的概念，他認爲強制行動是一種自古以來存在的現象。在歷史上，強制行動通常伴隨著戰爭的發生，甚至是戰爭的同義詞（Beaufre, 1967: 28）。但隨著國際社會變得越來越複雜，國家對經濟壓力和政治影響越來越敏感，使軍事威脅變成行動的伴奏。因此強制行動已不再侷限於戰爭的運用，而是配合經濟與政治的手段，尋求達成「決定」的一種行動方式（Beaufre, 1967: 30）。

強制行動的概念與外交政策中的「強制外交」（coercive diplomacy）概念相近，但是在手段上有所差異。所謂「強制外交」是透過威脅使用武力或使用有限度武力，迫使其目標國家（或非國家行爲者）改變其行爲的外交手段（Art & Cronin, 2003: 6）。例如川普政府時期美國對於中共的極限施壓手段就是典型的「強制外交」（王付東，2018）。強制外交運用的手段並非只有軍事力量的威脅與使用，有時也合併使用外交與經濟力量的運用，例如外交施壓與經濟制裁[5]（中央社，2021d），因此強制外交也是具有總體意涵的行動。國家之間爭端的處理，首先產生的行動通常都是外交上的折衝與施壓，因此「強制外交」的概念也可用來探討主權爭端的議題。但從原始定義上可見，強制外交的原型是強調威脅使用軍事力量或是使用有限軍事力量來進行脅迫，因此「強制外交」理論解釋應該是受到限制的。對於非軍事力量的使用在外交上的強制行爲，可能還是要另尋他路。

---

[5] 例如澳洲政府最近撤銷維多利亞州與中國簽訂的「一帶一路」協議，惹怒北京當局。美國國務院發言人普萊斯（Ned Price）表示，澳洲做出自身決定，但也因爲北京的行動「蒙受巨大損失」，意味的澳洲將承受來自中國的外交與經濟上的壓力因此美聲援澳洲，並稱澳洲面臨中國的「強制外交」（中央社，2021d）。

施正權（2013）指出，「強制外交」就是一種「行動戰略」。揭仲（2015）認爲中共在釣魚台國有化爭端中的行動與典型的「強制外交」不同，因爲中共爲了遂行「強制外交」採取了武力執法維權、若干非武力、軍力展示、外交談判等措施，迫使日本妥協，並非單純的使用武力威脅而已[6]。基此透過對於中共在釣魚台國有化行動的探討可以充實了「強制外交」的理論。透過兩位學者的看法，或許我們可以將「強制外交」與「行動戰略」相結合來運用。因爲「行動戰略」無法逸脫「總體戰爭」的範疇[7]（鈕先鍾，1989；219），而「強制外交」無法避免軍事力量的運用，如果涉及到「非軍事衝突」範圍的主權爭端時，難免有被質疑過度解釋原來的理論定義問題。基此，本文嘗試將「強制外交」與「行動戰略」的概念進行綜合運用，並以「強制行動」的概念來說明國家處理外交爭端中的「非軍事衝突」行爲。

我們認爲，「強制行動」是國家面對爭端時，運用國家的總體力量迫使相對國讓步或妥協採取的一連串列行動的「戰略模式」。所謂的爭端從海洋與島嶼主權爭端、陸上領土邊界爭議、涉及國家利益的外交議題等，種種不涉及到國家生存但卻涉及國家利益的重要議題。而「總體力量」則包含政治、經濟、軍事、輿論、網路等所有一切國家可動

---

[6] 揭仲（2015）認爲，爲了遂行「強制外交」，中共採取了包括海上執法武力維權執法和解放軍軍力展示等手段的武力威脅，搭配若干非武力措施，向日本和美國施壓，結合外交談判來追求下列四項目標：一、要求日本改變政策，停止在釣魚台派駐人員；二、要求日本承認釣魚台主權存在爭議；三、要求日本默認釣魚台周邊海域共管；四、要求美國約束日本並勸說日本妥協。

[7] 薄富爾認爲總體戰略仍然屬於總體戰爭的範圍。我國戰略研究先驅鈕先鍾對此進行批評，認爲薄富爾的說法會誤導讀者認爲總體戰略只適用於總體戰爭（鈕先鍾，1989）

用的領域、資源產生的力量，也可說是「形態權力」與「非形態權力」的綜合運用。而在強制行動中迫使對手讓步，意味著此種行動並非要拚死擊敗對手或打算消滅對方，而是逼迫對手讓步與妥協，進而透過談判來達成目標。而「一連串的行動」意味著在行動中國家力量並非單一使用，而是有計畫性的連續使用，逐步增強壓力來達成心理性的效果。而強制行動的「戰略模式」選擇依照薄富爾對於戰略行動模式的劃分，可區分為「直接模式的總體戰略行動」（total strategy action in the direct mode）與「間接模式的總體戰略行動」（total strategy action in the indirect mode）（Beaufre, 1976: 58-59）。其中軍事力量僅扮演備援角色時，是「間接模式」的強制行動，其目的在於透過展現力量來表達示威之意，或是僅用以限度的軍事攻擊來達到警告的效果。而「直接模式」的強制行動除非在評估其自身軍事力量足夠產生一個「決定」，且有能力阻止第三方的干涉時才可能採用，否則在當代的國家紛爭中比較少見。因此當代的強制行動大都以「間接模式」為優先。

至於如何選擇「強制行動」的模式，必須要經過一個完整的推論過程。薄富爾將這個推論的過程區分為「政治診斷」（political diagnosis）與「戰略診斷」（Strategy diagnosis）兩個程序。此一分析架構乃是以政策目標為起點，透過政治診斷對問題形成的原因、癥結與風險進行排序，並進行目標的選擇（Beaufre, 1967: 35-36）。戰略診斷則是對敵我雙方的強點與弱點進行分析，並理解第三方干涉的可能性與影響後，形成總體戰略的路線（strategy line）（Beaufre, 1967: 88-91）。再藉由對於爭執目標對雙方的重要性比較、敵我實力的比較與雙方行動自由大小的比較，決定行動模式是要採取直接的軍事行動還是僅限於嚇阻，或是可以透過長期的鬥爭來消磨對手的意志（Beaufre, 1967: 102-27）。

這是行動戰略的完整分析架構，其目的是希望行動者能在最小風險下選擇適切的工具達成其政策目標。

在戰略診斷的分析過程包含「找尋弱點與工具」、「評估並選擇最合適行動路線」兩種推論程式（Beaufre, 1967: 88-91）。「評估並選擇最合適行動路線」與當代軍隊的作戰判斷類似，都是在敵可能行動方案列舉與提出我軍行動方案後，進行評估分析，以選擇最佳行動方案，也就是薄富爾所說「戰略行動模式」（mode of strategy action）的選擇（施正權，2013：131）。

其行動方式可以分為直接威脅（direct threat）、間接壓迫（indirect pressure）、一連串的行動（a series of successive actions）、長期鬥爭（protracted conflict）、軍事勝利（military victory）等五種典型（薄富爾，1996：31）。此五種典型又可分為兩大類；凡軍事力量的使用居於主要地位者，可稱為直接戰略；凡軍事力量的使用不居於主要地位者，可稱為間接戰略。依此標準，第一和第五兩種典型應屬於直接戰略，第二和第四兩種典型應屬於間接戰略，第三種典型則介乎兩類之間。第一和第二兩種典型屬於冷戰層面，第四和第五兩種典型屬於熱戰層面，而第三種典型則又介乎冷戰與熱戰之間（如圖 1 所示）。

這種五種模式的使用，必須依照實際情況來作適當的選擇。薄富爾認為在決定採取何種戰略（行動）模式時，所必須考慮的因素有三個：(1) 目標、(2) 資源、(3) 行動自由（鈕先鍾，1998：278）。根據這三個因素的變化和配合，即可以決定所應採取的為何種模式。這三個因素與行動類型之間的關聯，可參照表 1 的摘述。

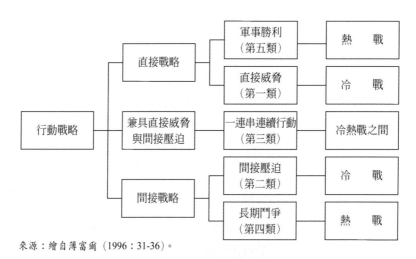

來源：繪自薄富爾（1996：31-36）。

圖 1：行動戰略的模式

表 1：行動的五種形式

| 行動類型 | 目　　標 | 軍事權力 | 行動自由 | 行　動　內　容 |
|---|---|---|---|---|
| 直接威脅 | 目標性質不是很重要 | 軍事權力相當巨大 | 行動自由充分 | 以巨大的力量作為威脅，即足以使對方屈服，而不必訴諸實際行動。 |
| 間接壓迫 | 目標性質不是很重要 | 能運用的軍事權力不夠巨大，不足以構成決定性的威脅 | 行動自由受限 | 綜合使用「非軍事性手段」來來進行間接壓迫。其手段包括政治、外交、經濟、心理等面向。 |
| 一連串的行動 | 目標很重要 | 軍事權力有限 | 行動自由有限 | 可採取「直接威脅」與「間接壓迫」兼具的手段，配合有限度的武力使用所進行的一連串分段行動，可稱之為「蠶食方式」（piecemeal method）。 |
| 長期鬥爭 | 目標很重要 | 軍事權力很小 | 行動自由較大 | 採取所謂「長期鬥爭」的戰略典型，持續的使用游擊武力來打擊對方的精神與心理。 |
| 軍事勝利 military victory | 目標很重要 | 軍事資源充足 | 行動自由幾乎毫無限制 | 直接使用武力的行動，採取「速戰速決」以求勝，目的在尋求快速達成一個「決定」。 |

來源：整理自薄富爾（1996：31）。

## 貳、立陶宛同意台灣設立代表處中的美中角力

立陶宛疏遠北京，親近台北的近因，或許可追溯至 2019 年香港「反送中」示威期間在立陶宛首都維爾紐斯發生的事件[8]（BBC, 2021b）。在當時，立陶宛國家安全部首次點名中國大陸為「國家安全威脅」。同年，立陶宛總統諾賽達公開反對中國大陸投資立陶宛的港口建設（邱韞蓁，2022）。隨後，在 2020 年 10 月立陶宛大選之後，新的聯合政府剛組成時便表態：「我們將積極反對人權和民主自由所遭受的一切侵犯，我們將捍衛世界各地為自由而奮鬥的人，從白俄羅斯到台灣。」（BBC, 2021b）對中國大陸的立場轉趨強硬，此或許是立中關係轉趨惡化的主因。但立陶宛會成為美中台三方角力的戰場，卻是在美國友台政策推動之下產生的結果。2021 年 3 月立陶宛宣布將與台灣互設代表處引起中國大陸的不滿，隨後在 2021 年 5 月立陶宛退出中國與中東歐國家的「17+1」合作機制[9]（BBC, 2021b），希望回到歐盟「27+1」的機制中與中國來往[10]（BBC, 2021a）。此外，立陶宛國會並決議譴責

---

[8]  德國《世界報》（*Die Welt*）報導立陶宛與中國關係時，引述副外長艾德梅納斯（Mantas Adomėnas 的說法，維爾紐斯在 2019 年 8 月曾有群眾集會，聲援香港反對《逃犯條例》修訂案示威，當時有親北京群眾舉行反制示威。立陶宛政府認為那是中國官方組織的鬧場行為，也因此對北京起了警惕（BBC, 2021b）。

[9]  2021 年 5 月，立陶宛正式宣佈退出中國的「17+1」集團，外長藍斯柏吉斯當時批評這個由中國發起的與中歐和東歐國家跨區域的合作機制製造分化，呼籲其他歐盟國家跟進退出。立陶宛副外長曼塔斯・阿多梅納斯（Mantas Adomėnas 艾德梅納斯）說，這都是經過深思熟慮的決策（BBC, 2021b）。

[10]  歐洲議會前政治顧問馮儒莎（Zsuzsa Anna Ferenczy）向 BBC 分析立陶宛的戰略思維時表示，立陶宛認為 17+1 機制，是中國用來在歐盟拿到地緣政治利益的工具，而且該機制承諾的基礎建設補助也沒有成功交付。」退出中國外交部

中國對新疆維吾爾族實施「種族滅絕」[11]（徐子軒，2021）。立陶宛政府還因對中國製造的手機具有審查言論自由功能的疑慮，呼籲民眾丟掉華為、小米等中國大陸品牌手機[12]（中央社，2021e），這些動作似乎都與美國近期的抗中政策相互呼應。

這些事件中，尤以立陶宛同意我國在其首都維爾紐斯設立「駐立陶宛台灣代表處」，成為在歐洲國家第一個以「台灣」之名成立的代表處，觸及了中國大陸堅持的「一中原則」對兩國關係影響最為深刻（上報，2021a）。當「台灣駐立陶宛代表處」於 2021 年 11 月 18 日在維爾紐斯正式掛牌成立後，北京隨即以代表處名稱使用「台灣」一詞、「損害中國國家主權和領土完整」為由，持續強力對立陶宛進行外交及經貿的施壓（陳韻聿，2022）。在外交方面，中國大陸單方面將兩國外交關係，從大使級調降為代辦級，以表達「強烈不滿和嚴正抗議」[13]（BBC，2021c）。北京除召回駐立陶宛大使外，同時也驅逐了立陶宛駐北京大

---

在 2012 年成立的「中國－中東歐國家合作」機制（17+1）之後，回到從前的歐盟（27+1）機制與中國來往（BBC, 2021a）。

[11] 在 2019 年，西方陣營聚焦於中國新疆維吾爾議題，立陶宛和其他 20 多國發表聯合聲明，敦促北京尊重維吾爾人權和基本自由，並允許聯合國人權監察員進入新疆進行有意義的調查，和擁護中國的 50 多國形成壁壘分明（徐子軒，2021）。

[12] 立陶宛政府報告認定，中國品牌小米的手機具有內建審查功能，得以偵測「台灣獨立萬歲」等用語，國防部建議現正使用者丟棄此中國手機、消費者避免購買（中央社，2021）。

[13] 中國外交部在其網站的「禮賓知識」欄目下介紹，確定外交代表的等級是建交雙方在同意建立外交關係時需要商定的要點之一。外交代表的等級應是對等的，並且明確見之於建交公報或其他建交文書中。理論上，外交代表有特命全權大使、特命全權公使和代辦。「代辦，是由一國外交部長向另一國外交部長派遣的，它是最低一級的外交代表。代辦所受禮遇低於大使、公使，但所享有的外交特權和豁免權與大使、公使相同」（BBC, 2021c）。

使。此舉迫使立陶宛在 2021 年底關閉駐北京大使館，並以安全爲考量撤離外交使團，以遠端方式對中國居民進行領事工作（邱韞蓁，2022）。中國大陸外交部在 2021 年 11 月 19 日於例行記者會上批評立陶宛政府此舉是在世界上製造「一中一台」以及「損害中國主權和領土完整」等（BBC, 2021d），並於 2021 年 11 月 21 日進一步聲明稱「立陶宛同意台灣以台灣名義設立代表處，背棄兩國建交公報中立陶宛所作的政治承諾，損害中國主權和領土完整，粗暴干涉中國內政」（BBC 中文，2021）。

　　在經濟與文化交流方面，中國國有企業「中鐵集裝箱」（CRCT），一度傳出中斷直達立陶宛的鐵路貨運線，接著中國海關又把立陶宛從系統資料庫中移除，讓立陶宛貨物無法通關，並調降立陶宛企業的信用額度等（邱韞蓁，2022），讓立陶宛的貨物無法進入中國市場。中國大陸更進一步敦促歐洲的跨國公司切斷與立陶宛的聯繫（美國之音，2022a），只要這些跨國公司的產品有立陶宛生產的零附件都可能無法通關。立陶宛製造商所需的中國所製造的玻璃、電子元件和其他物品的供應鏈也中斷，對立陶宛造成的打擊比中斷鐵路運輸更大[14]（Higgins, 2021）。除了外交與經貿問題外，兩國的文化交流也受波及。《美國之音》指出中國大陸境內所有與立陶宛相關的文化藝術活動都已被暫停，書籍出版也受到阻礙[15]（美國之音，2021c）。

　　中國大陸種種激烈的作法顯示其對於台灣與立陶宛關係發展的憤

---

[14] 《紐約時報》報導有十幾家依賴中國商品的公司收到了來自中國供應商的來信，聲稱停電導致訂單難以履行（Higgins, 2021）。

[15] 立陶宛駐北京大使館文化參贊伊萬諾斯卡斯（Tomas Ivanauskas）在接受立陶宛國家廣播電視台（LRT）採訪時表示，目前中國境內所有與立陶宛相關的文化藝術活動都已被叫停，連書籍出版也受到阻礙（美國之音，2021c）。

怒與警覺，因爲此一事件可能成爲台灣拓展外交關係、反制中國打壓的指標性案例。台灣評論學者吳瑟致認爲中共會擔心若制壓不力將引發骨牌效應，讓其他國家效法立陶宛，同意台灣的代表處更名爲「台灣」[16]（吳瑟致，2021），也因此中國大陸必須要全力施壓立陶宛，讓國際社會其他國家知道北京的底線。

但爲何立陶宛在事前會不顧北京的反彈而同意台灣設置代表處？是缺乏政治評估的錯誤決策還是在外交上精細的盤算？媒體分析立陶宛會尋求與台灣發展非正式的關係的主要原因在於立陶宛本身反抗威權的歷史記憶。立陶宛友台組織「立陶宛－台灣論壇」主席、前國會議員斯特波納維丘斯（Gintaras Steponavičius）曾表示，立陶宛有反抗蘇聯極權重獲民主自由的歷史經驗，對於台灣受到中國武力威脅特別能感同身受，願努力讓台灣完全融入國際社會（BBC, 2021e）。而台灣在 2020 年新冠肺炎疫情嚴峻之際曾主動致贈立陶宛 10 萬片醫療級口罩，或許也讓立陶宛感受到台灣的善意[17]（BBC, 2021b），因此兩國強化經貿文化的往來有其脈絡可循。

但是立陶宛會作出如此觸犯中共底線的重大的決定，背後可能尙

---

[16] 吳瑟致認爲立陶宛這次對設立台灣代表處的作法，對中國帶來左右爲難的窘境，一方面無法以斷交來要脅，另一方面深怕「降級」效應不大，讓更多國家相繼仿效、躍躍欲試，台灣代表處或辦事處遍地開花（吳瑟致，2021）。

[17] 2020 年 4 月，台灣向立陶宛捐贈醫療級口罩 10 萬片，時任立陶宛外交部長林克維丘斯（Linas Linkevičius）在 Twitter 上以繁體中文表達感謝。同年，立陶宛曾表示支持台灣參加世界衛生大會、支持台灣加入世界衛生組織，引起北京的抗議。爲回報台灣致贈口罩，2021 年 6 月立陶宛宣佈援贈台灣 2 萬劑阿斯利康（AstraZeneca）冠狀病毒病疫苗，總統蔡英文也透過 Facebook 公開致謝（BBC, 2021b）

有其他的因素。若分析立陶宛與台灣接近的時機，正是美國川普總統激烈批評中國的時間。而立陶宛同意台灣設置「台灣代表處」的時機，也正是拜登總統就職後開始改善與歐洲的關係的時間。因此有媒體分析立陶宛強化會與台灣的關係，另一個因素可能是向美國傳達某些外交訊息，表示立陶宛願意與美國站在同一邊。立陶宛國家廣播電視台2021 年 4 月發布的一篇評論稱，立陶宛希望它對中國的堅定立場能引起華盛頓的注意、得到認可，這是「傳達給拜登政府的訊息」[18]（中央社，2021f）。此一訊息應該已經清楚傳達到美國，因為在應對中國對立陶宛的脅迫上，美國明顯抱持支持立陶宛的立場。

當中國大陸開始對立陶宛施壓之際，立陶宛外交部長藍斯柏吉斯（Gabrielius Landsbergis）即於 2021 年 10 月訪問華盛頓，會見美國國務卿布林肯（Antony Blinken）（Higgins, 2021）。在會晤中，布林肯重申了美國對立陶宛的堅定支持，並討論幫助立陶宛建立供應鏈的彈性和擴大雙邊經濟合作的努力。布林肯強調美國堅決聲援美國的北約盟國和歐盟夥伴立陶宛，因為立陶宛面臨地區穩定、安全和經濟繁榮的地緣政治挑戰（U.S. Department of State, 2021）。當中國大陸將大使館降為代辦之際，美國國務院譴責北京對立陶宛進行的報復（BBC 中文，2021c）。美國國務院發言人內普萊斯（Ned Price）在一場例行記者會上表示：「我們與北約盟友立陶宛站在同一陣線，譴責中華人民共和國

---

[18] 中央社分析在冷戰期間，立陶宛和鄰國拉脫維亞、愛沙尼亞都是因史達林而失去獨立的地位，因此有著強烈的反俄親美情緒。在美國加劇打壓中國、俄中在戰略上走近的雙重因素下，立陶宛對中國的疏離感增強，甚至走向反中、抗中。中央社引述立陶宛國家廣播電視台 4 月發布的一篇評論稱，立陶宛希望它對中國的堅定立場能引起華盛頓的注意、得到認可，這是「傳達給拜登政府的訊息」（中央社，2021f）。

的報復行為，包括從維爾紐斯召回北京的大使，和要求立陶宛從北京召回其大使」（BBC, 2021b）。從一份美國國務院發表的聲明中，亦表達對於立陶宛的支持。該份聲明指出美國將與歐盟討論雙邊經濟合作，應對中國施加於立陶宛的政治壓力和經濟脅迫（美國之音，2022a）[19]，顯示美國與立陶宛抗中的立場是一致的。

中國大陸也對立陶宛強化與台灣之間往來背後的「美國因素」抱持警覺。《環球網》指出立陶宛今年突然走向極端，在對華政策上頻頻表露惡意和敵意，許多國際媒體和分析人士都認為與美國有關。《環球網》引述《路透社》11 月 19 日報導，立陶宛經濟與創新部長阿爾莫內特告訴該媒體，該國將與美國進出口銀行簽署一項 6 億美元的出口信貸協議。《路透社》的內文並沒有透露協定的更多資訊，但在標題中指出，立陶宛因涉台問題「惹怒中方」，有望獲得美國的貿易支持（丁潔芸，2021）。中共外交部發言人趙立堅認為，「立陶宛走到今天這一步，明顯是被某些大國所策動」（唐飛，2021）。雖未言明是受到美國的影響，但實際上從美國聲援立陶宛的外交聲明，就可以知道中國大陸所說的「大國」是指美國。

但隨著在經濟上感受到中國大陸的壓力，立陶宛政府遭受的國內壓力也越來越大。此一發展導致立陶宛政府內部對以台灣為名設立代

---

[19] 聲明指出，在美國進出口銀行官員的陪同下，國務院負責經濟增長、能源和環境事務的副國務卿費爾南德斯（Jose Fernandez）於 2022 年 2 月訪問布魯塞爾，將討論落實一項總額 6 億美元的諒解備忘錄，拓展美國出口商和立陶宛買家在高科技製造業，商業服務，再生能源等方面的合作機會。屆時他將與歐盟官員討論應對經濟脅迫的努力。這份聲明說，在維爾紐斯，費爾南德斯將與歐盟討論雙邊經濟合作，以及美國強力支持立陶宛對抗中華人民共和國的政治壓力與經濟脅迫（美國之音，2022a）。

表處出現分歧的意見。在 2021 年 12 月公布的一份由立陶宛政府委託私人公司製作的民意調查顯示，僅 13% 的立陶宛國民支持該國政府對中國採取強硬政策；有將近 60% 的人消極看待其政府選擇強化對台關係的作法，當時正好是北京當局採取非官方經濟報復時（德國之聲，2022a）。

　　儘管如此，立陶宛政府並沒有計劃立即改變對華政策方向或變更台灣代表處的名稱。該國外交部長藍斯柏吉斯就曾表示「立陶宛從未改變過對中政策」（許力方，2022）。但是立陶宛總統諾賽達（Gitanas Nauseda）卻已開始轉變態度，要求外交部處理改名造成的中立關係的傷害，凸顯了立陶宛政府內部的分歧（莉雅，2022 年）。諾賽達在 2022 年 1 月 4 日表示，以台灣之名字開設代表處是個「錯誤」，立陶宛政府當初在下決定時，並沒有事先與他商量（上報，2022），而政府也沒有評估好中國可能的報復手段（聯合報，2022a）。但藍斯柏吉斯隨後即否認此事，並稱名稱之事都有與總統協調[20]（中央社，2022b）。2022 年 1 月 27 日諾賽達再次公開向該國內閣喊話，希望修改「駐立陶宛台灣代表處」的中文名稱，以化解立陶宛與中國之間的爭端（聯合報，2022a）。諾賽達強調此一名稱在英語、中文和立陶宛語當中，分別存在不同含意[21]，他不希望因此造成立陶宛經濟和貿易持續遭受傷害，

---

[20] 立陶宛外交部長發言人庫列緒葉內 1 月 6 日指出，部長藍斯柏吉斯持續與總統諾賽達商討所有涉外事務，包括如何應對中國非法的經貿施壓。藍斯柏吉斯則向立陶宛媒體強調，在台灣代表處成立前，他與諾塞達已積極協調過「所有」步驟與作為，每一件事都經過討論（中央社，2022b）

[21] 我國在立陶宛設立的代表處英文名稱是「Taiwanese Representative Office in Lithuania」（駐立陶宛台灣人代表處）而非「Taiwan Representative Office in Lithuania」（駐立陶宛台灣代表處），Taiwanese 與 Taiwan 一字之差，意義並不相同。

呼籲大家能討論後、以一個各方都接受的名稱，取得彼此共識和認同，進而讓雙邊關係能恢復正常（上報，2022b）。媒體分析諾賽達的說法凸顯出他與該國總理希莫尼特（Ingrida Simonyte）領導的中間偏右的政府在外交政策上的分歧（BBC, 2022b），也顯示立陶宛聯合政府內部的矛盾。

　　由立陶宛民意的表態與政府內部的意見紛歧或許可看出中國大陸對於立陶宛的強制行動已經產生一定的效果。事實上這種一連串的施壓行動在中國大陸處理主權爭議時也經常出現。本文將進一步透過行動戰略的相關概念來解釋中國大陸在處理對外事務，尤其是涉及到其國家主權爭議之時的處模式與手段，以利讀者理解行動戰略理論中的間接模式強制行動在國家處理爭端時的效用。

## 參、中國對立陶宛的強制行動的模式的探討

　　行動戰略在討論國家的行動之前，必須要先理解國家的最高目標為何，以做為政策制定的指導。而政策目標的產生通常是以國家利益作為考量，因此在思考中國大陸對於立陶宛採取的行動之前，必須要理解中國大陸在此一事件中的戰略目標為何。在理解中共的戰略目標之後，必須要進一步理解中國與立陶宛之間的力量差異與可用資源，才能夠理解中國大陸為何對於立陶宛只能採取外交與經濟等手段，而沒有採取直接的軍事手段進行制壓。基此，本文將梳理中國大陸在對立陶宛施壓時的戰略目標的設定、行動模式的選擇以及中國大陸的行動偏好，藉以分析中共如何在地緣因素與國際環境產生的行動自由限制下，採取一連串逐漸升級的外交、經濟與心理施壓的間接模式「強

制行動」，來達到其設定的戰略目標。

## 一、戰略目標的設定

中國大陸在對立陶宛進行施壓時，究竟希望達成甚麼樣的目標，是分析其行動前必須要先釐清的。本文認爲中國在對立陶宛進行的強制行動希望達成的目標是在經濟上孤立立陶宛、迫使立陶宛改變友台的外交政策、遏止台灣駐外代表處改名的骨牌效應的發生、避免讓美國的友台政策助長台灣拓展外交空間。而就更高層次的國家利益與國家目標來分析中共在立陶宛的強制行動，可以發現其目的是希望達到「殺雞儆猴」的效果，讓國際社會中想要與台灣進行交往的國家能夠遵循其設定的「一中原則」框架，以「非官方」、「民間」的形式來進行交流，維護其認知的「國家主權完整」的國家利益，則可視爲是其最高的國家目標。

從中共的外交人員與學者、媒體的論述中，我們可以印證中國大陸的行動目標。中國外交部在 2021 年 8 月 10 日發表「發言人談話」，宣佈召回駐立陶宛大使時曾表示：「近一段時間，立陶宛政府不顧中方反覆交涉、曉以利害，宣佈允許台灣當局以『台灣』名義設立『代表處』。此舉公然違背中立兩國建交公報精神，嚴重損害中國主權和領土完整。中國政府對此表示堅決反對，決定召回中國駐立陶宛大使，並要求立政府召回駐中國大使。」「中方正告立方，世界上只有一個中國，中華人民共和國政府是代表全中國的唯一合法政府。一個中國原則是公認的國際關係準則和國際社會普遍共識，是中國同其他國家發展雙邊關係的政治基礎。中國政府和人民實現祖國統一的決心不可動搖，維護國家主權和領土完整的紅線不容觸碰」（BBC, 2021b）。

　　當立陶宛總統諾賽達認為該國政府允許台灣使用「台灣」來開設代表處是一個錯誤時，中國外交部發言人汪文斌在記者會上回應指出「認識到錯誤是正確的一步，但更重要的是採取行動，糾正製造一中一台的錯誤行徑，回到一個中國原則的軌道上來。我還要指出的是，中立關係受挫的是非曲直十分清楚，為自己的錯誤行為開脫，無助於問題的解決，也無助于中立關係的改善。我們也正告台灣當局，謀求台獨分裂行徑，必將以失敗而告終」（上報，2022c），顯示中共的目標並非僅要立陶宛承認錯誤，而是要見到立陶宛採取具體的行動。

　　當歐盟為了立陶宛向世貿組織提起訴訟後，中國大陸外交部發言人趙立堅 2022 年 1 月 27 日則回應歐盟「我們敦促立陶宛立即糾正錯誤，不要甘當『台獨』分裂勢力和反華勢力的棋子，立陶宛應該回到堅持一個中國原則的正確軌道上來。我們也提醒歐盟方面明辨是非，警惕立陶宛綁架中歐關係的企圖，勸導立陶宛同歐盟其他成員國一樣，履行同中國建交時所做的政治承諾」（趙挪亞，2022）。中國社會科學院台灣研究所副研究員劉匡宇表示，立陶宛現在的做法不但已經傷及了中立之間的關係，也傷及了國際社會對於立陶宛的信心，同時也損害了本國民眾對於執政政府的信心。那麼立陶宛首先它應該改弦更張，回歸到它對於一個中國承諾的正確軌道上，消除它之前對於設立所謂「台灣代表處」的不良的結果和消極的影響（深圳衛視直新聞，2022），顯示中共的另一個目標是希望立陶宛回到「一個中國」原則，放棄與台灣建立更為密切的關係。

　　此外，環球時報的一篇社論中亦提及中國大陸施壓立陶宛的戰略目標。該篇社論指出，立陶宛如果真想與北京緩和關係，至少必須做到以下幾點：第一，讓「台灣代表處」從名稱到從事的活動以及活動

的性質和方式，都回到中立建交時立方所做承諾的框架內；第二，就此前的錯誤向中方公開道歉，宣佈立台關係是民間關係；第三，重申一個中國原則，以可信的方式確保絕不挑戰這一政治底線；第四，以實際行動消除已經在歐盟層面和國際社會產生的惡劣影響（環球時報，2022）。這四個指標或許可以作爲思考中國大陸的戰略目標。因爲這四點幾乎是中共官方、媒體、學者口徑一致的說法。

## 二、可用資源與行動自由評估後的行動模式

依照行動戰略的分析，決定行動模式是依據目標、資源與行動自由這三個因素的變化和配合，來決定應該採用直接威脅、間接壓迫、一連串的行動、長期鬥爭、軍事勝利五種典型中的那一種[22]。本文認爲立陶宛問題對於中國而言並非眞正的重大問題，而是美中台三方角力的產物，因此並非重要的目標。且中國尚欠缺可以用在施壓立陶宛的軍事資源，而行動自由又受到地理空間因素與地緣政治的影響，因此局限於「間接壓迫」的典型，此一典型的行動是配合使用非軍事性手段，包括政治、外交、經濟、心理等因素在內來進行間接壓迫。

中國的國力雖然強大，但是對於立陶宛施壓的方式卻也有限，因爲在外交、軍事、與經濟上的行動自由都受到一些現實因素所限制。

---

[22] 前文曾說明在行動戰略中的戰略行動模式，可區分爲以軍事力量爲主的「直接模式」與以非軍事力量爲主的「間接模式」二種主要類型。中國大陸在處理立陶宛設立台灣代表處的爭議中，並沒有機會直接使用軍事武力施壓，因此其行動可歸類爲「間接模式的總體戰略行動」。而採取的行動典型可以分爲直接威脅、間接壓迫、一連串的行動、長期鬥爭、軍事勝利等五種。其考慮的因素有目標、資源與行動自由。根據這三個因素的變化和配合，即可以決定所應採取的爲何種模式。

在外交上，立陶宛身後的支持者似乎有越來越多的趨勢，包括歐盟與美國都表達堅定的支持立陶宛（肖曼，2022）。在軍事方面，必須要能夠有足夠的軍事能力才能產生嚇阻作用。但立陶宛遠在東歐，缺乏與中國在地緣上的關聯，中共的軍事力量雖大，尚缺乏全球兵力投送的能力，況且背後有北約的存在，因此中國大陸在軍事方面欠缺行動自由。在經濟方面，經濟上的施壓必須要有足夠的互賴才能產生作用。中國大陸雖是全球第二大經濟體，人口高達 14 億之多，在與立陶宛之間的力量極度的不對稱。但僅 280 萬人口立陶宛，出口到中國的貨物也只有 3.57 億美元，其中以穀類為大宗；而從中國進口到立陶宛的貨物也只有 13 億美元，其中主要為電器產品，難以形成互賴的關係（中央社，2021g）。媒體報導 2020 年中國是立陶宛第二十二大出口國，而在立陶宛的外國直接投資金額方面，中國僅卻僅占第 40 名，約 780 萬歐元（蔣曜宇，2021），顯示立陶宛與中國的貿易往來較少。也因為雙方的貿易往來實際並不密切，所以立陶宛對於中國大陸的經濟制裁可以毫不在意。因此中國用經濟來報復立陶宛的空間似乎有限。這使得中國必須要考量透過其他管道來影響立陶宛的外決策。基於以上的分

表 2：中國在立陶宛問題中的行動類型

| 行 動 類 型 | 目　　　　標 | 軍 事 權 力 | 行 動 自 由 | 行 動 內 容 |
|---|---|---|---|---|
| 間接壓迫<br>indirect pressure | 立陶宛問題不影響中國的生存，目標性質並不是很重要。 | 中國能運用在歐洲的軍事權力不夠巨大，不足以對立陶宛構成決定性的威脅。 | 受到的空間距離與地緣政治環境的限制，行動自由有限。 | 配合使用非軍事性手段，包括政治、外交、經濟、心理等因素在內工具來對立陶宛進行間接壓迫。 |

析，可以理解中國大陸處理立陶宛問題時，爲何是採取間接模式的總體戰略行動而非直接壓迫。

## 三、中國在間接模式下進行強制行動的偏好

中國大陸以往在處理主權爭端時採取的行動有其規律，一般都是以外交爲先、經濟在後，同時進行輿論的攻擊，並依爭議類型伴隨著法律、軍事手段作爲輔助。在處理立陶宛問題時的手段則以外交及經濟爲主，而且運用具有影響力的第三方來對立陶宛施壓。並且會進行輿論攻擊來製造立陶宛內部的矛盾，並進一步分化美國與立陶宛的關係。此種方式是行動戰略中的總體戰略的間接行動模式。

### (一) 以鎖螺絲式的外交制裁逐步的增加壓力

中共在面對國際間的爭議，通常會先採取外交上的手段，利用公開的宣示來表達不滿。當立陶宛宣布同意台灣以「台灣」爲名設立代表處之初，中國即宣佈召回駐立陶宛大使，並要求對方也召回駐華大使，以示反對台灣在立陶宛首都維爾紐斯以台灣名義設立代表處。北京批評維爾紐斯「不顧中方反覆交涉、曉以利害」，「嚴重損害中國主權和領土完整」，同時批評台北「勾連外部勢力進行謀『獨』挑釁」（BBC, 2021b）。中國在駐立陶宛台灣代表處正式成立後，立即宣布將大使館降爲代辦，並迫使立陶宛撤掉在北京的大使館，讓立國外交人員只能透過遠距方式處理簽證業務，雖然中國沒有和立陶宛斷交，但如此降級和一國的外交關係還是第一次（徐曉強，2022）。立陶宛高級官員稱，北京降低立陶宛駐華大使館的外交地位，這可能會讓官員們

失去豁免權,並讓他們的安全受到威脅而將使館人員撤出中國大陸[23](華爾街日報,2021)。值得注意的是中國在主權爭議中的外交施壓是採取逐漸升級的模式。此一逐漸升級的模式不論是在釣魚台爭端或是南海爭議都可見到。通常在第一時間中共外交部門會發表正式的外交聲明,並透過正式的外交記者會說明中共的立場。再以外交上的辭令 —— 例如可能影響雙邊關係、經濟交流等來進行施壓。這種透過外交上的「先聲奪人」,符合「強制行動」的概念。

## (二) 運用非正式的經濟施壓來否認指責

在非軍事的行動中,對於相對國施壓最能夠產生影響的,應該是經濟制裁。美國對於具有敵意或是違反美國意願的國家,經常以經濟制裁作為主要的外交工具。俄羅斯、中國大陸、伊朗、北韓等美國認為改變現狀或是破壞國際秩序的國家施以經濟制裁是司空見慣的事,甚至會制裁與國家有密切關係的私人企業體。相同的,中國對於涉及影響其國家主權的問題若是在外交上無法迫使對方讓步或改變行為時,會運用經濟上的行動來壓迫對手。包括對於主權國家或是私人企業,給予經濟上的制裁。這種方式在釣魚台與南海爭端、對台軍售及新疆棉花問題上,都可見到其運用的痕跡。值得注意的是,過去中共對於運用經濟制裁的手段,相對的保守。但最近兩年中共在面對美國

---

[23] 其中一名官員表示,中國幾周前通知立陶宛,將把立陶宛駐華外交機構降級為代辦處,並以 12 月 14 日為限要求立陶宛外交官交出外交人員身份證明檔,這讓他們陷入法律上的困境。該官員稱,立陶宛擔心其官員會失去外交豁免權,因此決定將他們撤出中國。立陶宛政府表示,這些外交官做好了一旦上述情況得到解決就返回中國的準備,立方無意關閉駐華大使館(華爾街日報,2021)。

對中國的經濟制裁進行反制、在軍售問題上制裁波音公司等軍火商；
在新疆人權問題上制裁歐盟官員、人士[24]，在華為 5G 設備爭議與新冠
肺炎溯源問題上，對澳洲進行禁止紅酒、煤炭進口等制裁等[25]（中央
社，2021h；德國之聲，2022b）。這些具有報復性質的制裁，顯示隨著
經濟規模的擴大，中共在運用經濟手段施壓上，越來越有自信。

　　中國大陸對於立陶宛的經濟制裁動作頻頻，但是官方卻從未正式
宣布對於立陶宛的經濟制裁，而是利用一些「小動作」來讓立陶宛感
受到壓力。例如中國國有企業「中鐵集裝箱」（CRCT），中斷直達立陶
宛的鐵路貨運線[26]（ETtoday, 2022），接著中國海關又把立陶宛從系統
資料庫中移除，讓立陶宛貨物無法通關，等於是對其實施貿易禁令[27]
（ETtoday, 2022）；在中國市場經營的立陶宛企業則被調降信用額度⋯

---

[24] 中國大陸外交部在英國宣布制裁新關官員後，在官網宣布將對英國 9 名人員和
4 個機構實施制裁，以報復英國先前以迫害人權為由制裁新疆官員及機構。中
國外交部並聲稱中國「捍衛國家主權、安全的決心堅定不移」（中央社，2021h）。
澳洲與中國之間的關係也一直處於緊張狀態。2018 年坎培拉政府決定將中國
科技業巨頭華為排除在該國的 5G 網路建設之外，後來又出台了更嚴格的法律
應對外國勢力的政治干預，並且呼籲對新冠病毒進行獨立的溯源調查。北京對
此做出了一系列反擊，包括凍結了雙邊之間的部長級會晤，對多項澳大利亞重
要出口產品加征管帥，包括煤炭、牛肉、大麥和紅酒等。在過去 18 個月中，
澳大利亞已經在世貿組織針對中國提交了兩樁訴訟，涉及北京對澳大利亞瓶裝
紅酒和大麥加征的進口關稅（德國之聲，2022b）。

[26] 「中鐵集裝箱」於去年 8 月 17 日就已立中兩國政治情勢緊張，取消原定月底
出發的貨運班次，並取消所有直達立陶宛首都維爾紐斯的直達班次，直到進一
步通知（ETtoday, 2022）。

[27] 2021 年 12 月初，傳出中國海關 1 日已將立陶宛自電子作業系統移除，立陶宛
貨物因此無法清關。中方並未正式宣布相關新規定，但中國海關總署官網 11 月
30 日起確實有業者留言表示，無法申報「立陶宛的單子」，退單內容顯示「邏
輯不通過」、「系統異常」（ETtoday, 2022）。

等（邱韞蓁，2022）。立陶宛工業家聯盟稱，有超過 1,000 個發往立陶宛的集裝箱無法離開中國，有 300 個從立陶宛發出的集裝箱無法入境中國。此前，數萬瓶立陶宛的蘭姆酒遭到中國海關拒收。一些製造太陽能電池板、奶製品的公司表示，無法獲得運營所需的設備（斯影，2022）。但中共官方卻從未證實或承認這些經濟施壓的做法是由中共中央所下達的指令[28]（蔣曜宇，2021）。2021 年 12 月初，曾傳出中國海關 12 月 1 日已將立陶宛自電子作業系統移除，但中國官方並未正式宣布任何相關新規定，貿易商自此即無法申報「立陶宛的單子」[29]（美國之音，2021d）。路透社 2021 年 12 月 16 日報導，中國施壓德國汽車輪胎和零件製造商馬牌集團（Continental），勿再使用立陶宛境內生產的零組件。中國外交部隨即否認施壓跨國企業不要使用立陶宛生產的零組件，但卻表示中國企業不再信任立陶宛（中央社，2021i）。從以上的各項作為顯示中國試圖採取「非官方的經濟制裁」來達到施壓效果。德國馬歇爾基金會研究員馬曉月（Mareike Ohlberg）向《德國之聲》表示：「中國時常透過這種方式對特定國家進行經濟上的報復。他們表面上以一些法規作為理由包裝政治意圖，而官方往往不需親自出面」

---

[28] 波羅的海通訊社（BNS）日前報導，中國國家鐵路集團旗下的中鐵集裝箱公司透過信件告知立陶宛客戶，因兩國關係緊張而取消部分直達立陶宛的鐵路貨運列車。雖然《澎湃新聞》引述中鐵集裝箱說法稱該指控不實，但立陶宛國鐵已證實有多列中國直達立陶宛的貨運列車在 8 月底和 9 月上半月停駛（蔣曜宇，2021）。

[29] 立陶宛農業部國際事務與出口行銷部門主管凡庫斯（Antanas Venckus）表示，中國海關系統清除了立陶宛的資料，使之無法進行立陶宛貨品的清關手續，一些立陶宛企業接到了中國進口商告知，就算貨品可順利清關，他們也不要了（美國之音，2021）。

（蔣曜宇，2021）。因為這樣的作法可以迴避國際間對中國政府施壓行為的指責與批評，另一方面也保留了外交談判的迴旋的空間，這與西方的公開經濟制裁模式有所差異。

## (三) 運用外交與經濟誘因影響第三方協助施壓

由於中國與立陶宛之間直接的經濟往來規模不大，中國用經濟來報復立陶宛的空間似乎有限，使中國必須透過其他間接管道來重罰立陶宛。媒體指出當台灣代表處 2021 年 11 月 18 日掛牌成立後，北京除持續對立陶宛外交及經貿強力施壓之外，更進一步要求歐洲企業將立陶宛自供應鏈排除[30]（聯合報，2021）。其方式包括了向各國企業施壓，不讓它們採購或使用立陶宛生產的零組件、原物料或經立陶宛加工、製造的產品，進入中國市場[31]（美國之音，2021d）。若不願切斷與立陶宛的往來將被拒於中國市場門外[32]（ETtoday, 2022）。立陶宛工業家聯盟

---

[30] 路透社 2021 年 12 月 9 日獨家報導，波羅的海國家立陶宛的資深政府官員與產業團體透露，中國大陸已經告知跨國公司，跟立陶宛斷絕關係，否則就要面臨被陸方市場拒之門外。立陶宛外交部副部長艾德梅納斯（Mantas Adomėnas）告訴路透，「他們（中國大陸）一直發送訊息給跨國公司，如果他們採用來自立陶宛的零件與供應商，將不再獲許銷往中國市場或找到當地供應商」。艾德梅納斯表示，「我們已看到部分公司取消跟立陶宛供應商的合約」，但他沒有說出任何受影響公司或供應商的名稱（聯合報，2021）。

[31] 立陶宛農業部國際事務與出口行銷部門主管凡庫斯（Antanas Venckus）表示，北京對法國、德國等各國企業施壓，不讓它們採購或使用立陶宛生產的零組件、原物料或經立陶宛加工、製造的產品，進入中國市場。中國的進口商、經銷商也告訴外國夥伴，如果供應鏈有立陶宛涉入，恐怕影響合作（美國之音，2021d）。

[32] 路透社 2021 年 12 月初引述立陶宛資深政府官員和產業組織人士指出，中國大陸要求跨國公司切斷和立陶宛的關係，否則將被拒於中國市場之外。立陶宛外交部副部長艾德梅納斯（Mantas Adomenas）也表示，「他們（中國）已向跨國

（Lithuanian Confederation of Industrialists）指出部分向立陶宛供應商採購商品的跨國公司已經成為被中國鎖定的目標[33]（聯合報，2021）。

這種作法可說是一種外交與經濟力量合併運用的展現。柏林智庫墨卡托中國研究所（Mercator Institute for China Studies）分析員吉芙蘭（Francesca Ghiretti）就指出中國正在利用與歐盟經濟上的相互依賴，使其成為實現政治目標的「武器」（斯影，2022）。儘管中國僅佔立陶宛總出口額的 1%，是貿易上最不依賴中國的歐盟成員國之一，但路透社指出北京以中國龐大市場為誘餌，利用跨國企業施壓立陶宛企業，將跨國企業拖入政治爭端之中（邱韞蓁，2022）。這種運用外交與經濟誘因影響第三方協助施壓的方式，可說具有中國特色的經濟制裁。

## (四) 運用輿論戰強化外交、經濟施壓效果

中國大陸在處理與立陶宛的外交爭議上，除了運用外交與經濟力量來進行施壓之外，也善於運用輿論戰來做為輔助的工具。這種輿論攻勢可以散播不實的新聞對手形成心理的壓力、製造對手內部的矛盾，也可以用來批判對手以合理化自身的行動，亦可用來澄清對手的不實攻擊，以鞏固自身的立場，是「間接壓迫」中常用的手法。例如

公司釋放訊息，警告他們若使用來自立陶宛的元件和供應，他們將無法再出口到中國市場，或取得（中國的）供應」（ETtoday, 2022）。

[33] 代表數千家立陶宛企業的立陶宛工業家聯合會（LPK）證實，部分自立陶宛供應商購買貨物的跨國公司正被中國大陸鎖定。LPK 主席努維丘斯（Vidmantas Janulevicius）說，「本周是我們第一次看到中方直接施壓一位供應商放棄立陶宛製貨物，我們之前只遇過威脅說這可能會發生，現在變成了現實」。努維丘斯表示，「對我們來說，最痛苦的部分在於該供應商是一家歐洲公司，許多立陶宛企業是這些公司的供應商」（聯合報，2021）。

在北京在這段時間內經常批評維爾紐斯「不顧中方反覆交涉、曉以利害」，「嚴重損害中國主權和領土完整」，同時批評台北「勾連外部勢力進行謀『獨』挑釁」，這是屬於批判的運用（BBC, 2021b）。

而在立陶宛貨物海關報關時，移除立陶宛國家名稱，阻礙貨物通關時，中共外交部發言人汪文斌在例行記者會上對此回應稱「不瞭解有關情況。」強調「中方一貫按照世貿組織的規則行事（上報，2021b）。負責貿易事務的歐委會副主席東布羅夫斯基斯（Valdis Dombrovskis）表示「中國海關不再辦理立陶宛進口產品，…我們收到來自其他成員國的進口受阻的報告越來越多，這讓我們憂慮。」，中共外交部發言人趙立堅隨即在 12 月 24 日的中國外交部例行記者會上，針對東布羅夫斯基的言論給出回應，堅稱「中方一貫按照世貿組織規則行事。個別媒體炒作中方將立陶宛從報關系統中清除、暫停立自華進口貿易許可、施壓跨國企業不得使用立陶宛生產的部件等消息均不屬實，…希望歐方有關人士尊重事實，不要發表不負責任的言論」（德國之聲，2021a）。當媒體報導「中鐵集裝箱」取消原定出發的貨運班次時，中共官媒《環球時報》指出該消息為不實，中鐵集裝箱公司未發佈相關消息，目前中國與立陶宛間中歐班列運輸一切正常（環球時報，2021a），都是屬於澄清的運用。

「最堅強的堡壘要從內部攻破」一直是中共的信念。要攻破對手的堡壘最好的方法便是製造內部的矛盾。中共會利用輿論操作來打擊對手或是分化對手內部的團結。中共官媒《環球網》針對 2021 年 9 月 13 日，白宮國家安全顧問蘇利文與立陶宛總理因希莫尼特通話進行輿論批評，認為美國繼續操弄「中國脅迫」，「擺出一副不把立陶宛綁死在美國戰車上誓不甘休的姿態」（丁潔芸，2021），就是典型的製造對

手陣營之間的矛盾。而近日傳出立陶宛、甚至美國官員考慮要求台灣更改代表處名稱，以緩和立中關係緊張、確保台立關係正常發展的新聞，但立陶宛與美國官方皆否認該報導（邱韞蓁，2022）。台灣官員也說不知道美國有做出相關建議（德國之聲，2022b），顯示這些消息可能是中共透過輿論操作製造假新聞來誤導視聽，製造立陶宛與美國之間的矛盾。此類消息雖然經各方否認，但經由媒體的推波助瀾，卻可能讓美國、立陶宛與台灣之間產生猜疑，進而分化這些國家間的團結。

此外媒體大幅的報導立陶宛政府內部的意見分歧，總統與總理之間的立場不一致等消息，也可能是中共透過輿論操作來擴大立陶宛內矛盾與對立，製造政治危機來動搖立陶宛政府的決心。而德國之聲引述德與媒體《商報》的評論文章，指出「小國惹出大麻煩」，認為歐盟應該避免立陶宛這類的小國主導歐盟的政策走向（德國之聲，2021b）。《環球時報》也強調中歐貿易不應該受到中立關係惡化的影響。《環球時報》指出「雖然立陶宛是歐盟成員，中歐貿易不應該遭到立陶宛公然干預中國內政的挑釁行為的干擾或挾持」（美國之音，2021c），顯然是想將立陶宛與歐盟區隔開來的輿論操作，用以分化立陶宛與歐盟的關係，明顯是中國大陸「輿論戰」的運用。

## 肆、對中國施壓立陶宛強制行動的評析

本文認為中國大陸對於立陶宛採取了間接模式的強制行動，這可由中國大陸是透過外交與經濟力量的綜合運用，並結合輿論戰來強化其效用，試圖製造立陶宛與其盟友之間的矛盾來印證。而這種強制行動也確實產生了一定的效果，諸如傷害的立陶宛的經濟，也讓立陶宛

內部產生了分裂。但是中國大陸的強制行動也產生了負面的效應，包括讓歐盟更為團結對抗中國，也讓美國有機會再次成為西方盟友的領導者，同時也傷害了中國自身的形象與經濟利益，這些結果可能會讓中國大陸「得不償失」。

## 一、確實造成立陶宛經濟創傷

對立陶宛而言，北京的威脅似乎沒有削弱政府的決心，部分原因是中國對其幾乎沒有影響力。但《南華早報》的報導，卻指出中國大陸的種種報復行為造成的影響已經快速發酵。根據中國大陸的海關數據，2021 年 12 月立陶宛對中國的出口額，比 2020 年同期大降 91.4%，尤其對立陶宛經濟重要的商品「幾乎從中國市場消失」。另一方面，中國出口到立陶宛的商品量卻是「不減反增」，出口年增率高達 27.1%。例如：前一年立陶宛出口最大宗的未加工銅鋅合金，以及前五大出口商品之一的冷杉等木材完全消失。對中國的第二大出口商品高科技雷射，出口額驟降 95%，診斷用試劑大減 98%，農業仰賴的泥炭也下降 92%（邱韞蓁，2022）。立陶宛國家廣播電視台（LRT）2022 年 1 月 9 日報導，立陶宛外交部副部長阿多梅納斯表示，此前，沒有人預料到中立關係惡化會給立陶宛的投資環境造成這麼大的影響。然而實際情況顯示，事情並不是照他們預計的那樣發展，現在「立陶宛企業面臨著很多困難，壓力也很大，這些都是我們之前沒有預料到的」[34]（聯合報，

---

[34] 阿多梅納斯解釋：「（之前）對風險的評估主要是依賴於出口和進口方面的資料，（我們）當時覺得金額不大，不會造成重大的經濟損失。但是現在，立陶宛企業面臨著很多困難，壓力也很大，這些都是我們之前沒有預料到的」（聯合報，2022a）。

2022a）。因此立陶宛總統才會指責該國外交部沒有認真評估中國大陸報復行動產生的結果。

## 二、成功製造立陶宛內部分裂

立陶宛提升與台灣關係後，受到中國大陸的外交與經濟的威嚇，導致部分立陶宛政治人物也開始呼籲政府，重新思考讓台灣以該名設立代表處所帶來的連鎖效應。顯示中國的行動已造成立陶宛內部的分裂。例如立陶宛總統諾賽達接受立國媒體採訪時更稱，允許台北使用台灣的名字在維爾紐斯開設代表處是一個「錯誤」。立陶宛的副外長阿多梅納斯也坦言，來自中國的壓力比政府原先預期的還要巨大（德國之聲，2022b）。但立陶宛外交部卻表示並無要求台灣代表處更名的說法，顯示立陶宛高層領導人在立陶宛與中國因台灣而引發的爭議上存在的裂痕（莉雅，2022 年），亦凸顯出諾賽達總統與該國總理希莫尼特領導的中間偏右的政府在外交政策上的分歧（BBC, 2022b）。

除了政府內部的意見紛歧，內陶宛國內對於如何處理與中國的關係也開始產生政治上的對立。2021 年 12 月 28 日，立陶宛民調機構 Vilmorus 公佈的最新民調結果顯示，該國政府 12 月支持率跌至歷史最低水準 17.3%，僅剩不到兩成。同日，立陶宛「影子」總理、最大反對黨「立陶宛農民和綠黨聯盟」主席卡爾鮑斯基斯在臉書上發文，怒斥「現政府瘋了」，其對華政策將成為阻礙立陶宛經濟發展的障礙。卡爾鮑斯基斯表示任何市場經濟都不可能承受「中國的制裁」而不產生巨大的損失，更不用說需要外國投資和出口市場的立陶宛了：「我們將蒙受數十億的損失，而蘭茨貝爾吉斯在華盛頓被某些人接見，立陶宛

在哪裡以及從中得到了什麼樣的好處？」[35]（齊倩，2021）顯示中國大陸的施壓行動已成為立陶宛在野黨的助力，其影響也許會在未來立陶宛的政治發展中顯現出來。

## 三、反而可能促成歐洲的團結

薄富爾將行動的主要行為者區分為四個不同的部份，A 方是國家本身，B 方是與 A 方利益一致的國家。C 方是則是 A 方主要的對手。E 方則是世界上其他國家。從 A 方的觀點來分析行動的最佳方案是爭取獲得 B 方的支援來對抗 C 方，同時必需致力確保 E 方協助自己，或是至少能夠預防或是阻止 E 方站在 C 方來進行干預[36]（Beaufre, 1976: 57）。依照此一思考，若是將中國設為 A 方，立陶宛與美國設為 C 方，歐盟及其他地區國家設為 E 方。因此中國在制裁立陶宛時，應該設法避免歐盟的干涉，以免立陶宛與美國的力量獲得強化。但實際上的情形是中國的行動似乎激怒了歐盟，讓歐盟站在立陶宛的這一方，反而可能造成歐盟的團結。德國媒體《商報》的一篇評論指出「台灣代表處問題引起外交糾紛後，北京卻對這一歐盟小國實施了等同於禁運的嚴

---

[35] 卡爾鮑斯基斯寫道，現任政府使得立陶宛的對華政策變得如此複雜，以至於他們自己也承認「中國對立陶宛的制裁是前所未有的」。「立陶宛企業先遭受損失，隨後將不得不通過提高立陶宛人民的稅收來彌補這些損失…從長遠來看，這將成為阻礙立陶宛經濟發展的障礙」（齊倩，2021）。

[36] 薄富爾認為在此一情勢下，A 方的權力或許是最大的（可能是因為 B 方集團的加入而增強），但是即便 A 方的權力遠遠超過敵對的 C 方集團，但假如 E 方在爭執過程中支援 C 方，A 方就絕對沒有辦法超越 C 方與 E 方共同行動的力量總和。因此，不論 E 方集團決定干涉 A 方或 C 方，或是在 A 方與 C 方之間保持中立，E 方實際上都是具有決定性的（Beaufre, 1976: 57）。

屬貿易限制。這一次北京打錯了如意算盤。歐盟週四在世界貿易組織發起針對中國的訴訟，就足以說明這一點。歐盟以此向北京發出了明確信號：歐盟是團結的」（德國之聲，2022d）。

事實上，在立陶宛允許台灣以自身名義成立辦事處後，中國開始對其進行反制措施。但立陶宛遭到中國外交和經濟報復一事正在催生歐洲的團結，對抗北京。雖然有其困難，但彭博社的報導說，這種團結正在形成（美國之音，2022b）。歐盟 27 國外長 2022 年 1 月 14 日在法國布雷斯特（Brest）舉行非正式會議，就是聚焦如何應對中國對立陶宛的貿易制裁。法國外交部長勒德里安（Jean-Yves Le Drian）在會後發表聲明，表示將在擔任輪值主席國期間推動歐盟反脅迫措施（BBC, 2022b）。美國華府智庫「德國馬歇爾基金會」資深研究員司馬安洲（Andrew Small）就指出，北京試圖擴大施壓歐盟，希望其他成員國讓立陶宛「就範」，但這樣做對北京來說有很大的風險，可能造成適得其反的效果（BBC, 2021a）。

## 四、美國獲得重返主導地位的機會

中國大陸對於立陶宛的施壓，除了讓自己飽受歐盟的抨擊之外，也可能製造了美國再度成為歐洲國家共主的機會。在中國對立陶宛採取一系列行動後，美國從國務卿布林肯（Antony Blinken）到國務院發言人普萊斯（Ned Price）都向立陶宛加強與台灣的關係一事表達支持（蔣曜宇，2021）。為表達美國力挺立場，布林肯 2021 年 11 月 22 日親自與席莫尼特（Ingrida Šimonytė）通話。白宮國安顧問蘇利文（Jake Sullivan）9 月 13 日也曾親自致電席莫尼特，在立陶宛面臨中國脅迫

之際，重申美方對立國的「強力支持」[37]（中央社，2021j）。美國國務院在 2022 年 1 月 28 日發表聲明，表示主管經濟、能源和環境的國務次卿費爾南德斯，將於當地時間周日到訪立陶宛首都維爾紐斯，討論雙邊經濟合作。聲明指出，費爾南德斯將與立陶宛商討一項價值 6 億美元的諒解備忘錄，以擴大美國出口商和立陶宛買家在高科技製造、商業服務與可再生能源業務等領域的機會（斯影，2022）。美國這些作為不僅是為了立陶宛，同時也告訴歐盟國家，如果想要對抗日益強硬的中國，就必須要依賴美國的支持。

## 五、長期傷害中國自身的利益

　　中國對於立陶宛的強制行動或許已經產生效果，在短期內中國會感覺自己獲得勝利，但就長期而言，這些做法對於中國的形象與經濟利益產生傷害。經由西方媒體的報導，中國已是一個濫用國家權力的惡霸。例如在立陶宛生產的 2 萬 400 瓶深色蘭姆酒，在中國通關時遭拒收，台灣菸酒公司全數轉購。此一消息傳至歐洲，獲法國與比利時數家媒體報導。法國《世界報》（Le Monde）今日以「立陶宛：中國在歐洲經濟脅迫策略的試驗國」為題，分析事件對歐洲的意涵與衝擊。《世界報》訪問法國策略研究基金會（FRS）研究員波恩達茲（Antoine Bondaz），他表示歐洲國家應該與立陶宛站在同一陣線。因為在波恩達茲看來，事件不僅是雙邊貿易紛爭，更是中國在測試如何揮動經濟脅迫之武器，企圖對付整個歐洲（中央社，2021g）。中國對待立陶宛

---

[37] 普萊斯表示，布林肯在電話中強調，在立陶宛面對中國此等行徑之際，美國會支持立陶宛。布林肯也重申美國會致力與理念相近國家合作，對抗中國外交、經濟脅迫作為（中央社，2021j）。

的態度足以顯示，只要任何國家做出違背北京意願的事情，北京就會不惜一切代價地對該國實施經濟打壓。北京的行為，不僅會損害中國同歐盟的關係，也會使中國作為交易夥伴的國際形象大打折扣（德國之聲，2022d）。此外，對於立陶宛的經濟制裁並非沒有風險，因為立陶宛本身也擁有中國需要的一些關鍵技術，例如雷射的技術。況且近幾年美國開始對中國進行科技禁運，因此中國大陸在幾項科技產業上出現「卡脖子」的難題。如果立陶宛禁止出口其全球頂尖的雷射技術，中國大陸可能也會再多出一項被西方科技「卡脖子」的問題[38]（德國之聲，2022d），對於中國大陸而言並非是一件好事。

## 伍、代結論：重溫「以大事小以仁，以小事大以智」的外交智慧

本文以行動戰略的觀點來檢視中國大陸對於歐盟成員國立陶宛同意我國設立「駐立陶宛台灣代表處」所採取的強制行動。就目標而言，是要迫使立陶宛改變現有的外交政策，重新回到其所規範的「一個中國」原則內與台灣交往。在此一前提下，筆者認為即使立陶宛將「台灣代表處」依照英文修正為「台灣人代表處」中國大陸也不會同意這種文

---

[38] 據大陸媒體《觀察者網》指出，絕大部份的人都認為立陶宛是僅有不到 300 萬人口的「彈丸小國」，對中國肯定掀不起多大的風浪。但是它雖然小國寡民，其雷射技術與相關產業在 1980 年代即已躋身國際市場，並有多項產品領域處於國際領先地位。2011 年和 2016 年，立陶宛研發的雷射儀在國際棱鏡（Prism）光學創新評選中獲得世界最佳雷射科學與雷射設備獎，研究水準獲世界認可。目前立陶宛擁有全球 10% 的科學雷射儀器市佔率，其中的飛秒雷射儀更是占到全球市場的 50% 以上（盧伯華，2021）。

字遊戲式的改變，而是要修正為中國認知的國際慣例所稱的「台北代表處」，但目前似乎難以達成。因為一旦立陶宛修正台灣代表處的名稱，即表示不只立陶宛，連帶美國與歐盟都臣服於中國的威逼之下。在此一情境下，中國大陸最好的選擇應該是接受「台灣人代表處」的名稱，以換取立陶宛重申遵守「一中原則」。因為就整體資源而言，中國大陸想要進一步對立陶宛施壓的手段實際上是有限的，當美國與歐盟、台灣能夠給予足夠的支持，讓立陶宛爭取足夠的時間轉移市場，中國的目標就更加的難以達成。而就行動效果而言，中國大陸確實已經給予立陶宛足夠的經濟傷害，也造成立陶宛內部的分裂，但另一方面卻也可能反而促成歐盟的團結，甚至是給予美國重新成為西方領導者的契機。透過支持力陶宛對抗中國大陸的壓力，美國已經向其盟友說明了唯有與美國站在一起，才能夠抗衡中國大陸日益強勢的外交作為。因此中國大陸對於立陶宛的施壓，長期將會傷害中國的形象甚至是經濟利益。

透過中國對立陶宛的強制行動，本文認為中國大陸面對外交爭議上的處理是有特定的模式。這種模式是將外交與經濟力量相結合，配合輿論的攻擊，針對目標對手的致命傷害進行精準的打擊，以造成對手內部的政治分裂，達成施壓的目的。這種模式在兩岸關係上經常可見，也在中國大陸處理釣魚台爭端與南海爭議出現，甚至在處理澳洲在新冠肺炎溯源問題上找麻煩時也曾出現。這種模式是歸屬於「間接模式的總體戰略行動」，其特性是國家總體力量的運用。國力日益強大的中國，在未來將會持續運用這種戰略行動來達成其戰略目標，這是台灣必須要警覺的所在。

對於台灣而言，中國大陸與立陶宛之間因為「台灣代表處」設置

而產生的爭端，是一個具有啓發的議題。台灣應該認知到小國希望與
大國之間進行力量的競爭或是直接的對抗，在實際上是有其困難存在
的。因爲大國與小國之間力量差距可能隨著時間而加大，即使有第三
方的協助也可能難以改變。因爲即使第三方大國鼎力支持，大國對小
國造成的傷害也可能難以補償。立陶宛希望透過美國與歐盟的干涉來
減緩中國在外交與經濟施壓產生的傷害，但其結果是本身經濟上面的
影響必須要由自己承擔。況且政府或許可以因爲意識形態而堅持立
場，而經濟傷害卻是要平民百姓來承擔。一旦大國的外交、經濟壓力
對民間造成傷害，有時候會成小國政府自身的政治壓力，這是政治上
的現實。

此外，中國大陸對立陶宛的施壓似乎已經變成一個借鑒。各國正
密切關注這場互動，以便評估與台灣建立外交聯繫可能帶來的風險與
利益。若是中國無法讓立陶宛屈服，以後各國與台灣的交往可能會更
具有彈性，美國眾議院通過的戰略競爭法案提議修正我駐美代表處的
名稱的建議，可能會成眞，這是中國大陸的夢魘。所以可想而知，中
國大陸必然會持續對立陶宛施壓。若立陶宛屈服於中國大陸的壓力，
將我國的代表處更名爲「台北」，未來其他國家與台灣交往時必會感受
到更大的壓力。這點是我國與美國不願見到的發展。想必美國必然會
持續的協助立陶宛對抗中國的壓力。因此在立陶宛問題上，將會持續
看到美中之間的角力。但不論未來發展如何，夾在兩個大國之間的立
陶宛，永遠才是眞正承受壓力的一方。「大國恣意妄爲，小國只能承受」
的國際現實，是台灣與立陶宛都必須明白的道理。

另一個值得注意的是中國大陸用輿論操作強化外交與經濟施壓的
作法。行動戰略認爲合理的行動是對目標內部的影響包括輿論的操作、

強化外交上的利誘或是運用主政者的政敵來製造目標國內部的分裂。
透過立陶宛輿論的操作，對立陶宛內部進行遊說，會比利用強制行動
更容易達成目標。在「找尋弱點與工具」方面薄富爾指出，想要選擇
最適當的工具，必須要使我們自己的能力能夠針對敵人的弱點。這一
點首先必須要分析什麼才是我們所要求的決定性精神效果及想要說服
的目標對象─對方領袖以及輿論（薄富爾，1996：29）。而薄富爾亦指
出，透過對輿論的操作，對於敵方的領袖人物施壓可能是比較容易成
功的手段。這一點中國大陸在處理立陶宛問題時已經開始運用，台灣
必須要更為注意中國大陸運用輿論戰來分化內部的團結。

　　整體而言，本文認為中國大陸的強制行動必然會對中國大陸的形
象造成傷害，也不利於緩解兩岸關係。中國大陸在處理立陶宛與兩岸
關係時，應該牢記老祖宗的智慧。孟子說過「以力服人者，非心服也，
力不贍也；以德服人者，中心悅而誠服也」（《孟子，公孫丑章句上
（三）》），說明了一個國家若是仗恃實力來使人服從，是不可能讓人
心悅誠服的。對手會屈服只是因為對手本身實力不夠的緣故，若實力
增加必起異心；因此大國必須要依靠自身的德行使影響他國，才能夠
使人心悅誠服。中國是一個世界大國，面對立陶宛這樣的小國卻是希
望「以力服人」，難怪立陶宛與歐盟等國家難以心服。齊宣王曾問孟子
有關外交的法則，孟子的回答是「以大事小以仁，以小事大以智」[39]，
說明一國的外交智慧。中國必須抱持真正的大國風範，以更為寬廣的

---

[39] 原文為齊宣王問曰：「交鄰國有道乎？」孟子對曰：「有。惟仁者為能以大事小，
是故湯事葛，文王事昆夷；惟智者為能以小事大，故大王事獯鬻，句踐事吳。
以大事小者，樂天者也；以小事大者，畏天者也。樂天者保天下，畏天者保其
國。《詩》云：『畏天之威，于時保之。』」（梁惠王章句下・第三節）。

胸襟來面對與自己有利益衝突的國家，才不會讓「惡霸」的名號被冠在自己的身上。同樣的，小國在面對外部大國的威脅之時，也必須要運用自身的智慧來應對，而不是一昧的以力相抗。這樣即使有其他大國的相助，也會讓自身時時刻刻受到威脅而難以有片刻的安寧。這樣的智慧不只立陶宛應該要清楚，台灣也應該要明白。

# 參考文獻

丁潔芸，2021。〈立陶宛「惹怒中方」後，美國馬上「獎勵」：下周雙方將簽 6億美元出口信貸協定〉《環球網》11月20日（https://world.huanqiu.com/article/45fCBJlwFP9）（2022/1/10）。

上報，2021a。〈立陶宛與台灣互設代表處，遭中國霸凌時間軸〉《上報》12月 16日（https://www.upmedia.mg/news_info.php?SerialNo=132754）（2022/ 1/10）。

上報，2021b。〈北京要求國際企業斷絕與立陶宛關係，否則逐出中國市場〉 《上報》12月10日（https://www.upmedia.mg/news_info.php?SerialNo= 132159）（2022/1/10）。

上報，2022a。〈「事前沒人與我商量」，立陶宛總統：允許以台灣設代表處是個 錯誤〉《上報》1月4日（https://www.upmedia.mg/news_info.php?SerialNo= 134385）（2022/1/10）。

上報，2022b。〈「對我國並無任何好處！」立陶宛總統再喊話：變更台灣代表 處名稱〉《上報》1月27日（https://www.upmedia.mg/news_info.php?Serial No=136637）（2022/1/28）。

上報，2022c。〈「認清錯誤是第一步」中國外交部：希望立陶宛重回一中正確 道路〉《上報》1月5日（https://www.upmedia.mg/news_info.php?SerialNo= 34463）（2022/1/10）。

中央社，2021a。〈抗中挺台獲支持美駐中大使提名參院外委會過關〉11月3日 （https://www.cna.com.tw/news/aopl/202111030394.aspx）（2021/11/4）。

中央社，2021b。〈美參院外委會通過抗中法案因應中國挑戰對台野心〉4月 22日（https://www.cna.com.tw/news/firstnews/202104220007.aspx）（2022/ 1/10）。

中央社，2021c。〈立陶宛允許設立「台灣代表處」，中國宣布外交降級，立陶宛 議員：北京越強硬，民主世界會越反感〉《關鍵評論》11月22日（https://

www.thenewslens.com/article/159251）（2022/1/10）。

中央社，2021d。〈澳洲撤銷一帶一路協議美國聲援批中國強制外交〉4 月 23 日
（https://www.cna.com.tw/news/firstnews/202104230010.aspx）（2021/4/24）。

中央社，2021e。〈中國手機審查台獨等用語立陶宛籲民眾丟棄別買〉9 月 22 日
（https://www.cna.com.tw/news/firstnews/202109220345.aspx）（2022/1/10）。

中央社，2021f。〈立陶宛宣布：捐台 2 萬劑 AZ 疫苗！一個東歐小國，爲何願
意捐給台灣？〉《商周》6 月 22 日（https://www.businessweekly.com.tw/
focus/blog/3006920）。

中央社，2021g。〈法媒：中國利用立陶宛向歐盟揮動經濟脅迫之劍〉《中央廣
播電台》1 月 7 日（https://www.rti.org.tw/news/view/id/2121489）（2022/
1/10）。

中央社，2021h。〈中國報復涉疆制裁宣布反制英國 9 人 4 機構〉3 月 26 日
（https://www.cna.com.tw/news/firstnews/202103260024.aspx）（2021/3/27）。

中央社，2021i。〈歐盟：中國與立陶宛貿易爭端可能尋求 WTO 解決〉12 月
17 日（https://www.cna.com.tw/news/aopl/202112170306.aspx）（2022/1/20）。

中央社，2021j。〈布林肯致電立陶宛總理承諾聯盟對抗北京脅迫〉12 月 22 日
（https://udn.com/news/story/6813/5979207）（2022/1/10）。

中央社，2022a。〈強化對中國競爭力美眾院推出「2022 年美國競爭法」〉1 月
27 日（https://www.cna.com.tw/news/aopl/202201270008.aspx）（2022/2/1）。

中央社，2022b。〈立陶宛外交部：台灣代表處設立都與總統協調過〉1 月 7 日
（https://www.cna.com.tw/news/firstnews/202201070104.aspx）（2022/1/10）。

王付東，2018。〈特朗普對朝「強制外交」的優勢和挑戰〉《中美聚焦》8 月
28 日（http://zh.chinausfocus.com/m/show.php）（202 年 1 月 10）。

吳瑟致，2021。〈中國與立陶宛外交降級卻不敢斷交，就怕台灣「不小心」多
一個歐洲邦交國〉《關鍵評論》11 月 24 日（https://www.thenewslens.com/
article/159297）（2022/1/10）。

肖曼，2022。〈為何中國與立陶宛掰手腕越來越無勝算？〉《法廣》1 月 8 日
（https://www.rfi.fr/tw/專欄檢索/要聞分析/20220108－為何中國與立陶
宛掰手腕越來越無勝算）（2022/1/10）。

林育立，2021。〈中國貿易報復立陶宛歐盟多國也被牽連〉《中央社》12 月 24 日
（https://www.cna.com.tw/news/firstnews/202112240017.aspx）（2022/1/10）。

邱韞蓁，2022。〈除了蘭姆酒…中國、立陶宛報復之戰，一次看懂！〉《商周》
1 月 24 日（https://www.businessweekly.com.tw/international/blog/3008945）
（2022/2/1）。

施正權，2013。〈行動戰略概念架構之研究：古典與現代的可能整合〉收於翁
明賢（編）《戰略安全：理論建構與政策研析》頁 131-61。淡水：淡江大
學出版中心。

美國之音，2021a。〈美多位重量級共和黨參議員提出《台灣威懾法》，要求撥
款加強台灣防務〉《美國之音》11 月 5 日（https://www.voachinese.com/a/
US-senate-taiwan-bill-20211104/6300521.html）（2021/11/7）。

美國之音，2021b。〈戰狼外交之策略專家：把民情轉化為抵抗「外侮」的武
器〉《美國之音》4 月 12 日（https://www.voachinese.com/a/psychological-
perspective-of-Chinese-wolf-diplomacy-20210412/5849620.html）（2021/4/13）。

美國之音，2021c。〈因挺台灣遭中國霸凌，立陶宛尋求歐盟團結應對經濟脅
迫〉《美國之音》12 月 8 日（https://www.voachinese.com/a/Lithuania-seeks-
EU-protection-from-Chinese-bullying-20211207/6342941.html）（2022/1/10）。

美國之音，2021d。〈立陶宛遭中國經貿打壓希望台灣向立陶宛開放市場〉《美
國之音中文》12 月 22 日（https://www.voacantonese.com/a/6364896.html）
（2022/1/10）。

美國之音，2022a。〈支持對抗中國的脅迫美國高官將訪問立陶宛〉《美國之音
中文》1 月 29 日（https://www.voachinese.com/a/senior-u-s-official-to-visit-
lithuania-in-show-of-support-over-chinese-coercion-20220128/6417821.html）
（2021/1/29）。

美國之音，2022b。〈歐盟 27 國外長討論中國脅迫，「小老鼠」叫板「大象」打臉胡錫進〉《美國之音中文》1 月 15 日（https://www.voachinese.com/a/europe-seeks-united-front-in-lithuania-s-trade-feud-with-china-20220114/6397400.html）（2022/2/1）。

唐飛，2021。〈立陶宛不顧中國反對設立台灣辦事處，趙立堅：被某大國所策動〉《多維新聞》11 月 22 日（https://www.dwnews.com/全球/60269478/立陶宛不顾中国反对设立台湾办事处赵立坚被某大国所策动）（2022/1/10）。

徐子軒，2021。〈大老遠激怒中國的理由？立陶宛援台灣的「冰島時刻」〉《聯合報》7/27（https://global.udn.com/global_vision/story/8663/5628498）（2022/1/10）。

徐曉強，2022。〈中國「脅迫」德國對立陶宛經濟封鎖，背後格局不只是美中對抗這麼簡單〉《關鍵評論》1 月 14 日（https://www.thenewslens.com/article/161488/fullpage#salon_comment）（2022/1/21）。

張雅鈞，2021。〈中國制裁立陶宛連坐德企台灣外交部：擾亂歐洲供應鏈〉《台灣英文新聞》12 月 24 日（https://www.taiwannews.com.tw/ch/news/4387566）（2022/1/10）。

深圳衛視直新聞，2022。〈台當局搞出「美酒加咖啡」組合，島內老百姓怒氣值拉滿〉《搜狐》1 月 23 日（https://www.sohu.com/a/518601193_600497）（2022/1/28）。

莉雅，2022。〈立陶宛總統：讓台北以台灣名義設立代表處是一個錯誤〉，《美國之音中文》1 月 5 日（https://www.voacantonese.com/a/6383626.html）（2022/1/10）。

許力方，2022。〈快訊／大轉彎！立陶宛官員提議改名為「台灣人民代表處」〉《東森新聞雲》1 月 26 日（https://www.ettoday.net/news/20220126/2178144.htm）（2022/2/1）。

陳韻聿，2022。〈立陶宛外委會主席：台灣代表處名稱不是問題關鍵〉《中央社》1 月 29 日（https://www.cna.com.tw/news/aopl/202201290007.aspx）（2022/2/1）。

揭仲，2015。《中共在「日本國有化釣魚台爭議（2012-2014）」中的強制外交》博士論文。淡水：淡江大學國際事務與戰略研究所。

斯影，2022。〈中國、立陶宛與台灣爭端：歐盟向 WTO 提訴訟美國官員訪立陶宛談經貿合作〉《BBC 中文》1 月 29 日（https://www.bbc.com/zhongwen/trad/world-60167783）（2022/2/1）。

華爾街日報，2021。〈中國盯上立陶宛，藉此就台灣問題向歐盟施壓〉12 月16 日（https://cn.wsj.com/articles/中國盯上立陶宛－藉此就台灣問題向歐盟施壓/121639627558）（2022/1/10）。

鈕先鍾，1989。《現代戰略思潮》。台北：黎明出版社。

鈕先鍾，1998。《戰略研究入門》。台北：麥田出版。

趙挪亞，2022。〈澳大利亞部長聲稱：尋求加入中歐圍繞立陶宛貿易訴訟〉《觀察者網》1 月 29 日（https://www.guancha.cn/internation/2022_01_29_624127.shtml）（2022/2/1）。

齊倩，2021。〈立陶宛政府支持率跌至歷史最低水準，反對黨領袖：他們瘋了〉《觀察者網》12 月 29 日（https://www.guancha.cn/internation/2021_12_29_620343.shtml）（2022/1/10）。

德國之聲，2021a。〈歐委會高官：中國與立陶宛的爭端越來越影響歐盟出口〉12 月 24 日（https://www.dw.com/zh/欧委会高官中国与立陶宛的争端越来越影响欧盟出口/a-60250830）（2022/1/10）。

德國之聲，2021b。〈德語媒體：小國惹出了大麻煩〉12 月 15 日（https://www.dw.com/zh/德语媒体小国惹出了大麻烦/a-60132921）（2022/1/10）。

德國之聲，2022a。〈應對中國打擊立陶宛設 1.3 億歐元貸款基金〉1 月 22 日（https://www.dw.com/zh/应对中国打击－立陶宛设 13 亿欧元贷款基金/a-60524938）（2022/2/1）。

德國之聲，2022b。〈傳美建議台灣駐立陶宛辦事處改名專家：此舉不明智〉1 月 21 日（https://www.dw.com/zh/传美曾建议台湾驻立陶宛办事处改名－专家此举不明智/a-60504857）（2022/2/1）。

德國之聲，2022c。〈歐盟將中國告到 WTO 澳大利亞要參與磋商〉1 月 29 日（https://www.dw.com/zh/欧盟将中国告到 wto－澳大利亚要参与磋商/a-60596989）（2022/2/1）。

德國之聲，2022d。〈德語媒體：在立陶宛問題上，北京打錯了算盤〉1 月 28 日（https://www.dw.com/zh/德语媒体在立陶宛问题上北京打错了算盘/a-60591774）（2022/2/1）。

蔣曜宇，2021。〈中國施壓立陶宛會否影響歐洲對台灣態度？〉《德國之聲中文網》8 月 26 日（https://www.dw.com/zh/中国施压立陶宛－会否影响欧洲对台湾态度/a-58989118）（2022/1/10）。

蔣曜宇，2021。〈中國施壓立陶宛會否影響歐洲對台灣態度？〉《德國之聲中文網》8 月 26 日（https://www.dw.com/zh/中国施压立陶宛－会否影响欧洲对台湾态度/a-58989118）（2022/1/10）。

環球時報，2021a。〈中國與立陶宛間中歐班列運輸中斷消息不實〉8 月 18 日（https://world.huanqiu.com/article/44P89Cm4Nlt）（2022/1/10）。

環球時報，2022。〈社評：立陶宛正放出政治投機的探測氣球〉1 月 26 日（https://opinion.huanqiu.com/article/46Z0OiKgd7H）（2022/1/28）。

聯合報，2021。〈鎖定跨國公司！中國大陸再出招施壓立陶宛〉12 月 9 日（https://udn.com/news/story/6809/5949802）（2022/1/10）。

聯合報，2022a。〈立外交部：未預料到中立關係惡化對立陶宛經貿嚴重影響〉1 月 10 日（https://udn.com/news/story/7331/6023272）（2022/1/10）。

聯合報，2022a。〈絕不善罷甘休？立陶宛總統再喊話籲內閣與台灣洽談代表處改名〉1 月 27 日（https://udn.com/news/story/6809/6066200）（2022/1/28）。

薄富爾（Andre Beaufre）（鈕先鍾譯），1996。《戰略緒論》。台北：麥田出版社。

關鍵評論，2021。〈中國施壓阻訪台、辱罵學者「流氓」，法參議員李察：法台關係無需北京同意〉《關鍵評論》3 月 21 日（https://www.thenewslens.com/article/148674）（2022/1/10）。

Art, Robert J., and Patrick M. Cronin. 2003. *The United States and Coercive Diplomacy*. Washington, D. C.: United States Institute of Peace.

BBC，2021a。〈台灣代表處在立陶宛掛牌：中國與歐盟的關係是否會進一步生變〉11 月 24 日（https://www.bbc.com/zhongwen/trad/chinese-news-59386798）（2022/1/10）。

BBC，2021b。〈中國、立陶宛與台灣爭端：北京召回大使的前前後後〉8 月 11 日（https://www.bbc.com/zhongwen/trad/chinese-news-58172684）（2022/1/10）。

BBC，2021c。〈中國決定降級與立陶宛外交關係，「嚴正抗議」在該國設立台灣代表處〉11 月 22 日（https://www.bbc.com/zhongwen/trad/world-59363971）（2022/1/10）。

BBC，2021d。〈台灣駐立陶宛代表處掛牌：北京強烈抗議稱「後果自負」〉11 月 19 日（https://www.bbc.com/zhongwen/trad/world-59346775）。

BBC，2021e。〈台灣疫情：立陶宛捐贈疫苗梳理立陶宛如何「近台灣遠大陸」〉《6 月 25 日（https://www.bbc.com/zhongwen/trad/57559210）（2022/1/10）。

BBC，2022a。〈台灣與立陶宛：德方商會施壓立陶宛新設基金緩解衝擊〉1 月 22 日（https://www.bbc.com/zhongwen/trad/world-60094488）（2022/2/1）。

BBC，2022b。〈立陶宛與台灣：歐盟成員國聲援立陶宛但未提出實質措施〉1 月 15 日（https://www.bbc.com/zhongwen/trad/world-60006885）（2022/2/1）。

Beaufre, Andre. 1965. *An Introduction To Strategy*, translated by R. H. Barry. London: Faber & Faber.

ETtoday，2022。〈立陶宛半年內遭中國 8 點全面打壓！總統：以「台灣」設館是錯誤〉1 月 5 日（https://www.ettoday.net/news/20220105/2161692.htm）（2022/1/10）。

Higgins, Andrew，2021。〈立陶宛 vs. 中國：彈丸小國對抗新興超級大國〉《紐約時報中文》10 月 11 日（https://cn.nytimes.com/world/20211011/lithuania-china-disputes/zh-hant/）（2022/1/10）。

U.S. Department of State. 2021. "Secretary Blinken's Meeting with Lithuanian Foreign Minister Landsbergis." September 15 (https://www.state.gov/secretary-blinkens-meeting-with-lithuanian-foreign-minister-landsbergis/) (2021/1/10)

# 中國對拜登政府「中國政策」的評估與因應

張國城

臺北醫學大學通識教育中心教授

2021 年，拜登贏得大選，就任美國總統，接著就面臨幾項重大考驗；疫情；阿富汗局勢急轉直下；俄羅斯對烏克蘭的挑戰。這些影響了拜登政府的整體對外戰略佈局，自然而然牽動對中政策。而中國如何評估和因應一年來拜登政府的對中政策，是本文所要探討的重點。

要分析拜登政府一年來的對中政策並分析中國的應對，筆者以為，首先應該理解拜登總統的對外政策思維與策略，接著研究這一時期內足以影響美國對中政策的重要國際事務。這些事務動見觀瞻，許多和中國的崛起有密切的關係。

## 壹、拜登政府的總體外交思維與作為

綜觀拜登政府的總體外交思維，有幾個重要原則，第一是收拾川普時代的結果。川普時代的外交特色首先是對國際建制以「美國第一」為理由，多表輕視和拒斥的態度，因此有退出「巴黎協定」之舉，拜登政府一上台就決定重返。作為全球最大工業國家，美國退出這一協

定，一方面不利於這個問題的解決，甚至於對其他開發中國家的不配合起起了促進作用。同時直接破壞和重視此一議題的國家之間的關係。同時也不利於國內的政治支持度。因為美國國內仍然有許多團體重視這一議題。這些人不僅是總統的票源，也是國會議員的票源。身為美國總統，國會議員的支持還是至關重要。

還有一個非常重要，但是在美國以外的地方很少有人注意的，就是退出國際建制，也就喪失了制定遊戲規則和發揮影響力的機會。美國雖然是超級強國，但並不能完全自外於國際規範之外。同時由於中國的出現並崛起，已經在國際上對美國形成了過去蘇聯所無法形成的威脅。蘇聯在經貿上無法在國際組織中扮演重要角色，因為和國際貿易太接軌會衝擊蘇聯的計劃經濟體制，因此蘇聯寧可自己建立自己的貿易圈－經濟互助委員會。

但是中國是世界上第二大貿易國，幾乎是世界上所有主要經濟體的貿易夥伴，而且非常積極地參與國際經貿原則的制定－因為並不衝擊中國現有的經濟體制。甚至連美國自己，也必須積極和中國維持現有的貿易關係。沒有美國廠商需要蘇聯廠商代工生產他們的產品（Cooley & Nexon, 2022）。不然對它自己的經濟會形成嚴重的影響。雖然這也會傷到中國的經濟，但是目前美國和中國並未處在戰爭狀態，國會和美國社會不太可能接受美國要用自己的犧牲來傷害中國。到底能有多少傷害也是一個不容易衡量的問題。

在大選時，拜登對工會組織的選民負有承諾，而這些選民傾向要求華府維持對中強硬政策，許多民調也顯示，美國輿論已明顯轉向對中國更多敵意。美國未能迫使中國成為一個更開放的市場，但貿易戰也敲響警鐘，讓美國民眾大多將中國視為不友好，甚至敵對的競爭對

手，這樣的轉變將對美中關係產生深遠影響（自由時報，2021a）。

然而，拜登既然要重返國際建制，就不免必須接受中國已經在許多組織已經攻城掠地的現實，同時也不能因此迴避與中國的互動，在重返『巴黎協定』之後，2021 年 11 月在格拉斯哥舉行的 COP26 氣候峰會上，中國和美國同意在未來十年加強氣候合作，此舉出乎外界預料。但就是具體的結果。

拜登第二個與川普不同的是很少強調他個人與美國以外獨裁領袖的個人交情。川普時代最喜歡標榜他個人和習近平、普京和金正恩的私人關係，並且經常強調是因為他個人有特殊的本事，才能讓這三人服服貼貼。拜登雖然在外交事務上比起川普有遠較豐富的經驗，但不願意凸顯他和外國領袖之間的私人關係。因此在拜登就任之後，美朝、美中和美俄元首之間關係都陷於冷淡，只有進行過視訊會談。

第二是盡量強調聯盟關係的重要性，一方面讓同盟和區域內其他國家了解美國的立場和政策，另一方面也是增強必要時應對的力量。2021 年，美國公布《國家安全戰略初步指導》（Interim National Security Strategic Guidance）指出：「…拜登政府將透過北約組織、澳大利亞、新西蘭還有亞洲地區的盟友如日本跟韓國等國際盟友合作，在國際上站在一起，邁向一致的願景，並且團結各國力量，來建立更有效的國際規範，來讓像中國這樣的國家為其行為負責」。這份報告說，這樣的國際聯盟優勢才是美國最大的戰略資產（White House, 2021）。

2021 年 4 月，拜登與當時的日本首相菅義偉舉行高峰會，這是拜登就任之後首次與外國領袖進行面對面的高峰會，會後雙方發表聯合聲明強調，再度確立日美同盟是印太地區安保核心，並宣示打造「自由開放的印太地區未來」。對比起 1969 年的美日聲明，此次聲明除了

同樣提及強化美日同盟，加強區域安保和關注朝鮮半島局勢之外，幾乎提及所有印太地區的「敏感話題」──釣魚台、安保、南海，到新疆和香港人權問題，更罕見地提及台灣以及未來國際產業鏈和高科技競爭等等話題（*BBC*, 2021b）。9 月 24 日，拜登主持了四方安全對話領袖親自與會的首次高峰會，成立四方安全對話是要加強美、日、印、澳合作，在印太地區抗衡愈來愈獨斷專行的中國。聯合聲明表示，「…為了創設強健供應鏈，四國將會確認它們的半導體供應能力並找出弱點，…使用先進技術的共同原則，應該以尊重人權為基礎。」四國領袖確認，「為硬體、軟體和服務打造堅韌、多元且安全技術供應鏈，攸關四國的共同國家利益」。聯合聲明明言「技術的設計、發展、治理和應用，應該由我們共享的民主價值以及尊重普世人權來形塑」（中央社，2021）。

　　第三是避免衝突的發生。但是拜登的作法並非一昧強硬或清楚地畫下紅線，而是透過各種作法，讓潛在對手不致於因為覺得受到逼迫而貿然行動（Altman & Powers, 2022）。因為紅線需要有確定的保證以讓敵方知道違反的後果。然而對美國來說，除了具體的盟約規定和對美國本土的直接攻擊以外，任何外國的行為都很難在事前表達清楚的戰略。也就是說，「紅線」是非常難清楚畫下的。

　　第四是再次釐清美中關係的本質。

　　美國對中國的戰略定位就是全面的戰略競爭對手，認定美中關係的本質就是競爭，而且是全面與長期的。中國為「唯一有能力集合經濟、外交、軍事和技術力量，持續挑戰穩定和開放國際體系的競爭對手」（White House, 2021）。是對中國威脅論與美國最主要競爭對手的再確認。

美中關係的競爭首要在於中國的經濟實力逐漸強大。經濟實力第一增強了中國政府和人民的信心，直接形成其改變政策的動力；第二形成了擴張軍事實力的具體基礎；第三對於其他國家的連結和影響力大幅增加（如一帶一路）；第四增加在國際組織中的話語權和影響力；第五直接在美國培養出和中國密切相關的利益團體；第六增加了必要時對抗的籌碼（如台灣問題），提供更多的政策選項；第七是重要的高科技發展。這就和美國產生激烈的競爭。

所以，拜登政府持續了大部分川普時代對中經貿戰的作為。美國貿易代表戴琪在 2021 年 10 月 27 日明確表示將通過與北京的坦率對話，並針對產業政策直接與中國接觸，尋求習政權做出有意義的改變。此外，將與 WTO 新任總幹事就改革進行合作，以滿足世貿組織成員的需求，意味拜登政府可能透過 WTO 架構與盟邦共同應對中國。另外，拜登政府也嘗試重建盟邦信心，尤其是歐盟，對此，華府已經釋出善意，解決了與歐盟關於波音補貼的貿易爭端，並建立雙邊貿易和技術委員會（TTC），以共同的民主價值觀應對全球挑戰（徐子軒，2021）。

美國商務部 2 月 8 日公布去年 12 月美中貿易數據，顯示中國距離兌現 2020 年初與川普政府簽署的美中第一階段貿易協議兩年採購目標落後甚遠，僅達目標的 57%，甚至不及貿易戰前向美國採購額度。另有知名智庫指出，中國完全沒有履行該協議所明定的 2,000 億美元增購承諾（吳介聲，2021）。因此，拜登對中國的經貿政策將不會比川普時期放寬多少。

## 貳、中國怎麼對抗拜登政府的對中政策？

### 一、積極創建、參與貿易組織

拜登總統要收拾川普時代的結果，中國要做的就是鞏固川普時代得到的戰果。川普時代，中國的最大戰果就是美國退出 CPTPP，這讓中國所倡議成立的 RCEP 立刻就成了亞太地區最重要的區域經貿組織。因此中國在 2022 年啟動了 RCEP。目前在 RCEP 15 個成員國中，已經有 10 個國家通過並且開始執行，中國與東協、以及中國與紐西蘭、澳洲之間的立即零關稅比率已經超過 65%；跟韓國相互立即零關稅的比率也達到了 39% 和 50%，與日本相互立即零關稅比率，分別將達到近 25% 和 56%（陳民峰，2022）。

2021 年 9 月 17 日，中國表達願意加入 CPTPP，雖然 CPTPP 的經濟規模並沒有 RCEP 大，但比後者擁有更低的關稅和更高的貿易自由度，還涵蓋了加拿大、秘魯等美洲國家，這可以提升中國參與主導亞太區域經濟合作的廣度和深度。此外，當 CPTPP 生效、成員國之間開始實行零關稅，若中國被排除在外，可能直接影響中國商品在亞太市場上的競爭力（*BBC*, 2021c）。

此外，中國想加入 CPTPP，所有成員進入和中國談判的軌道。這給中國和這些國家發展關係的機會。這恐怕是中國經貿以外更重要的目的。當然，中國必須做出承諾，但是因為中國是目前 CPTPP 所有創始會員國的最重要貿易伙伴，可以想見各國不至於給予中國過度嚴苛的刁難。而且若中國在 CPTPP 裡面，它必然是裡面經濟規模最大的成員。而美國居然退出，這讓中國有機會同時稱霸亞太所有的經貿組織。

## 二、威脅美國的同盟

美國強調並且重建聯盟的重要性，中國的評估是必然有一定的成效。畢竟美國和這些國家有長久的合作關係，又有具體的條約，意識形態相同，所以中國要分化並不容易。最有效的作法，就是將美國和盟國的合作在「反中」這個領域上，框限到最小的程度。對這些國家「用以支援美國協防安全的能力予以威脅」是手段之一。

因此，中國大力發展彈道飛彈和航空母艦戰鬥群。根據媒體報導，2021 年 7 月，中國首次進行了一場極音速滑翔載具繞地球飛行的測試，載具以超過 5 馬赫速度飛行時，在南海上空發射飛彈。這項突破讓美國國防部官員備感意外。美國、俄羅斯與中國這 3 個強權都在實驗所謂的極音速滑翔載具，即速度至少達 5 馬赫的武器，但能與中途發射飛彈相提並論的優勢，直到現在才展示出來。以極音速飛行的武器，讓發動攻擊的一方能以空前速度和前所未有的操作性，克服防禦裝置上的障礙。麻省理工學院的中國核武政策專家傅泰林（Taylor Fravel）告訴英國「金融時報」（*Financial Times*），極音速滑翔載具「飛行軌跡較低，飛行中途具有操作性，使得它們更難以追蹤、殲滅」（自由時報，2021b）。

彈道飛彈或極音速導彈可以威脅所有支援美國在台海軍事行動的國家，讓它們的本土—至少是軍事設施—有遭到中國直接攻擊的可能。這就會形成這些國家內部對於必要時「直接支援美國軍事行動」的牽制力量。為了支援他國支援另一國的行動，而讓本國國民有被攻擊的危險，對民主國家的領導人來說是難以接受的。

中國不會主動攻擊日本和澳洲，但是若美軍以日本為基地支援在

台海阻擋中國犯台的軍事行動，駐日美軍基地就很可能成為中國彈道飛彈攻擊的目標。中國的航母戰鬥群對日本數百個有人居住的離島也是嚴重的威脅。這些離島大多數毫無駐軍，若日本投入對中國的戰爭，這些島嶼和上面的日本民眾就有可能成為中國航空母艦艦載機攻擊的對象，形成東京當局投鼠忌器的因素。

從中國第一艘航母「遼寧號」成軍服役之後，中國接連派遣它和姊妹艦「山東號」的戰鬥群通過第一島鏈的幾個重要海峽，前推至第一島鏈以東的太平洋海域，顯然不是為了攻台，可能也不是如多數人認為的，是要模擬執行對美國航艦戰鬥群的「反介入」戰略，因為要放棄自己的既有優勢，在遠離中國岸基航空兵力掩護之外迎戰美國航母艦隊，對中國來說並不是聰明的戰略。從外線地位威脅日本從九州以南到八重山列島的漫長島嶼線，逼使日本必須分散兵力防守，甚至要求美軍給予額外支援，恐怕是中國航母艦隊的首要戰略盤算。

其次可以使力的是經貿關係；日本和澳洲都是 RCEP 和 CPTPP 會員。兩國都對中國的加入意圖沒有明顯的反對，其他東南亞國家更不會有太多意見。中國會利用這些組織讓其經貿影響力發揮到最大。在疫情之下，美國想要將供應鏈移出中國，但是因為疫情的關係，受到相當程度的影響；2021 年開始，全球包括美國在內，面臨塞港造成的全球性物流不順、通膨、物價上升問題，中國作為「世界工廠」的地位一時不至於動搖。各國面臨通膨壓力下，也不會支持對中國更廣泛的貿易制裁措施。

## 三、製造美國和同盟國家的麻煩

在 2022 年 1 月這個月裡，北韓七度試射飛彈，頻繁程度前所未見，

其中還包括發射自2017年以來威力最強的飛彈，暗示了北韓可能重啓長程武器及核武測試。美國起草聯合國安全理事會聯合聲明，準備譴責北韓接連試射飛彈，但中、俄不願響應，中國駐聯合國大使張軍今天還呼籲美國與北韓來往應更有彈性（中央社，2022）。在2022年1月17日，中國外交部宣布重啓丹東至新義州鐵路口岸貨運，這是疫情爆發後，北韓時隔二年來首次正式開放與中國的陸上邊界。

北韓試射飛彈對北京是一項重大資產。它讓日本和韓國都必須更接近北京，以爭取北京約束北韓的行爲。它讓美國可能必須分散用以協防台灣的資源。然後它也提供一個中國觀察美國的嚇阻是否有效的機會。也增加首爾對美國嚇阻效力的懷疑。這種懷疑就會影響首爾當局和美國在台海問題上合作的意願。

伊朗是中國另一個突破口。早在2020年，中國就計畫和伊朗簽訂了一項長達25年的合作協議，該協議將大幅增加在伊朗能源、電力、銀行、電信、港口、鐵路及農業等方面的投資，具體項目還包括在波斯灣的格什姆島（Qeshm）等地設立自由貿易區、智慧城市、5G和多個城市的地鐵線建設。由於伊朗遭美國嚴厲制裁，和中國的經濟合作可以說是及時雨，2021年3月，中國國務委員兼外長王毅訪問德黑蘭時，與伊朗外長扎里夫（Mohammad Javad Zarif）正式簽署該文件（BBC，2021a）。伊朗長期和美國對立，遭受美國經濟制裁令伊朗經濟長年限於困境，因此中國強化和伊朗合作自然強化伊朗繼續和美國敵對的力量。伊朗的實力不削弱，美國在中東就還是還是面臨一定程度的麻煩；因爲伊朗對鄰國具有威脅性，並且是防止核武擴散的破口。

烏克蘭與俄羅斯在2021年再次爆發衝突，其原因不是本文所要探討的。但也是中國對付拜登政府的有力籌碼。首先，強化了中俄的合

作。2022 年 2 月 4 日，應中國領導人習近平邀請，俄羅斯總統普京抵達北京出席冬奧會，並且和習近平舉行會談；這是過去兩年來習近平第一次面對面會見外國領導人。在北京釣魚台國賓館，習近平與俄羅斯總統普京舉行會談。雙方並發表了聯合聲明。

在聯合聲明中，中俄提出雙方「…反對北約繼續擴張，呼籲北約摒棄冷戰時期意識形態，尊重他國主權、安全、利益及文明多樣性、歷史文化多樣性，同時反對在亞太地區構建封閉的結盟體系、製造陣營對抗，高度警惕美國推行的「印太戰略」，對本地區和平穩定造成的消極影響。」在烏克蘭危機上，普京獲得了北京全力支持－中方在聯合聲明中表示：支持俄國提議的歐洲具有法律約束力的安全保障。中方也在台灣問題上獲得了普京明確的態度。在雙方會後發表的聯合聲明中，俄羅斯重申恪守一個中國原則，承認台灣是中國領土不可分割的一部分，反對任何形式的「台獨」。

俄羅斯在一個中國問題上表態對台灣的影響倒不是很大。因為俄羅斯向來在兩岸的主權議題站在北京一邊，俄的表態對其他國家也無示範作用。俄對中國最大的支持就是增加美國的麻煩。美國雖然對於烏克蘭沒有直接的安全義務，但是烏克蘭問題關係歐洲的安全和北約的團結，如果美國在這個問題上讓俄羅斯得逞，那從冷戰開始以來的跨大西洋聯盟就有可能遭受嚴重的挑戰，甚至可能解體。

俄羅斯總統普京是一個積極的變更現狀者。他之所以染指烏克蘭，一方面是大俄羅斯民族主義心態，要協助烏克蘭境內的俄羅斯裔，另一方面也要阻止烏克蘭加入北約，讓西方的勢力不能接近到足以威脅俄羅斯腹地的地方。他進一步的希望是要鬆動 70 年來為了對抗蘇聯所建立起來的跨大西洋聯盟，減低美國在歐洲的影響力，這樣俄羅斯

就可以以土地和軍事力量的優勢，在歐洲取得更大的領導權。

普京的戰略目標就俄羅斯來說是可以達成的；因為俄羅斯的軍事實力對烏克蘭居於絕對優勢，而烏克蘭則在週遭沒有任何可依恃的戰略夥伴足以牽制俄羅斯。烏克蘭尚未加入北約，因此境內也沒有西方的軍事力量足以支援烏克蘭對抗俄羅斯。普京希望烏克蘭不得加入北約，而北約會員國也擔心若容許烏克蘭加入，各國將可能需因烏克蘭和俄羅斯一戰，因此也對接納烏的加入持消極態度（如德國）。這正是普京所要的－反對烏克蘭加入北約的力量不僅來自俄羅斯，也來自於北約國家。

烏克蘭面臨的這種戰略困局和台灣頗為相似；歐洲各國不願看到烏遭俄侵略，但也不願意將烏納入北約此一正規防禦體系而使自己必須直接和俄為敵。同樣的，亞洲的日本、澳大利亞等國不會樂見中國統一台灣，但也不願意將台灣正式納入各項防衛協議，僅僅是在各項宣言、聲明中表達對台海和平的關切。美國和日本、澳洲和印度形成的四方安全對話（Quadrilateral Security Dialogue）就完全沒有台灣正式或非正式參與的空間。俄羅斯從台海局勢吸取經驗；中國一樣從烏俄局勢吸取經驗。對中國來說，觀察美國如何應對烏克蘭危機，可以獲得拜登當局應對國際危機和「變更現狀者」方式的第一手觀察，對於中國如何研擬、修正對台策略有極大幫助。

中國所能支持俄羅斯的還有外交。2014年俄羅斯吞併克里米亞時，中國向處於孤立中的俄羅斯提供了經濟和外交支持。兩國關係從此走向繁榮。中國已經成為俄羅斯長年最大貿易伙伴，雙邊貿易額去年達到1,470億美元的新高。兩國去年進行了多次軍演，簽訂了建立更緊密軍事關係的相關協定。1月31日中國常駐聯合國代表張軍表示，美國

要求安理會舉行公開會，理由是俄羅斯在烏克蘭邊界的兵力部署對國際和平與安全構成威脅，中方不能認同這樣的看法。他批評美國在聯合國會議上推行「麥克風外交」，認為這種做法不利於為對話談判營造有利氣氛，也不利於推動化解緊張局勢（*BBC*, 2022）。

除了外交以外，2021 年 10 月 14 日，中俄海軍在俄羅斯彼得大帝灣附近海域舉行了歷史上最大的一次聯合軍演。根據中方發布的消息，中俄雙方分別在各自編隊指揮艦開設聯合導演部，由中國人民解放軍北部戰區海軍副司令員柏耀平和俄羅斯太平洋艦隊濱海混合區艦隊司令卡班佐夫共同擔任演習導演。此次演習是中俄兩國海軍根據年度計劃作出的正常安排，中俄雙方派出多型艦艇、固定翼反潛巡邏機、艦載直升機等，將主要圍繞通信演練、編隊通過水雷威脅區、消滅浮雷、編隊防空、對海射擊、聯合機動、聯合反潛等課目展開演練。中方萬噸級驅逐艦、反潛巡邏機等多型平台首次出國參演，雙方還將使用多種新型武器彈藥開展實際使用武器演練。

2021 年 11 月 19 日，中華人民共和國國防部和俄羅斯聯邦國防部聯合宣布：「11 月 19 日，中國與俄羅斯兩國空軍位亞太地區組織實施聯合空中戰略巡航。中方派出 2 架轟－6K 飛機，與俄方 2 架圖－95MC飛機聯合編隊，位日本海、東海有關空域組織聯合巡航。飛行期間，兩國空軍飛機嚴格遵守國際法有關規定，未進入其他國家領空。此系中俄兩軍開展的第三次聯合空中戰略巡航，旨在進一步發展中俄新時代全面戰略協作伙伴關係，提升雙方戰略協作水平和聯合行動能力，共同維護全球戰略穩定。此次行動是中俄兩軍年度合作計劃內項目，不針對第三方」（中國國防部，2021）。

美國當然也意識到中俄狼狽為奸對其的威脅。在《國家安全戰略

初步指導》（Interim National Security Strategic Guidance）中指出，「⋯俄羅斯仍然決心要加強其全球影響力並在國際舞台扮演破壞性的角色，北京和莫斯科都大量投資，試圖『制約美國優勢並防止我們在世界各地捍衛我們的利益和盟友』」（White House, 2021）。對美國來說，一方面當然可以用台灣作爲籌碼，暗示北京不要和莫斯科太靠近，否則美國可能以更加支持台灣作爲還擊。一方面，由於中俄眉來眼去，很接近 1950 年代的局勢，美國也可能爲了避免北京過度傾向莫斯科，因此在對台政策上留一手。這在中蘇共分裂交惡分裂前就不乏前例。未來只要烏俄歧見一天不能完全解決，莫斯科和北京之間的關係發展就會成爲影響美國對中政策的關鍵之一。

## 四、倡導「北京價值」對抗自由民主

拜登政府推動民主價值，在 2021 年召開首次「全球民主峰會」，因爲中共多年來巧妙地運用各項「大內宣」及「大外宣」，提出所謂「北京價值」、「中國模式」，讓海內外中國人認同，甚至崇拜中國現行體制對於經濟發展和國家建設的優越性，連帶排斥、反對自由民主體制的運作。並且以經濟建設鼓舞民族主義，增加中國人民、海外華人甚至外國人對中共當局的支持以及反美意識。近年來，中共不再使用僵化或平淡的意識形態語言，他們以更有吸引力的方式傳遞訊息，再借力『軟實力』宣傳。蔡文軒闡述：「中共的外宣使用符合外國文化的語言和交流方法，讓外部宣傳更容易被外國讀者理解」（蔡文軒，2020）。

就筆者看來，中國的這些作法已經建立一定的基礎，美國和其他國家雖然義正詞嚴，但充其量僅能在香港、西藏和新疆人權議題上對中國起到干擾作用，無法令中國在這些地方的政策作出根本改變。反

而讓中共提供了一個讓西方國家在被質疑是否「關心中國人權」時一個方便的簽到處─表表態即可。

2019 到 2020 聲勢浩大的香港抗爭運動，在筆者撰述此文的時候（2022 年 2 月），已經在疫情和中共的壓制之下幾乎完全銷聲匿跡。中共勢必縝密研究在香港抗爭時美國的一系列政策，評估類此事件發生時美國的決策思維、過程與限制。

## 五、威脅台灣

對於美國和盟國在亞太的軍事力量，中國更積極透過經濟成長所帶來的國力，以軍備競賽的方式展現抗衡美國的意願和能力。2021 年 11 月，美國國防部公佈 2021 年度《中國軍事與安全發展報告》（Annual Report to Congress: 2021 Military and Security Developments Involving the People's Republic of China）提及解放軍在多領域開展聯合、遠程精確打擊的能力、日益複雜的太空、反太空和網絡能力以及核武力量的加速擴張。該報告指出，中國海軍擁有約 355 艘作戰艦艇和潛艇，是世界上最大的海軍。陸軍目前擁有最大的現役軍隊，約 97.5 萬名現役軍人，空軍擁有超過 2,800 架飛機，為世界第三大空軍（U.S. Office of the Secretary Of Defense, 2021）。中國軍費連續 20 年高速增加，主要表現在追求新一代具有全球行動能力的主戰平台與戰法理念。2015 年底，中國實現了國防和軍事體制的重大轉變，將過去基於國土防衛的軍區體制轉變為美國式的五大戰區制度，為實現這些任務，新一代戰機、戰艦和太空裝備紛紛亮相，如以多航母為代表的大規模的藍水海軍艦艇建設，以殲－20 為代表的新一代隱形戰機的生產和服役等（趙楚，2019）。

中國軍力日益強大，而且表現出積極變更現狀的意願。而中國最可能使用軍立變更現狀，挑戰拜登政府的地方就是台海。因此，拜登政府對台灣的支持是日見具體。但是最關鍵的還是在於協助台灣對抗中國的軍事威脅。中國軍力的建設對拜登政府的對台政策將是最直接的嚴厲挑戰。由於拜登的作法並非一昧強硬或清楚地畫下紅線，因此對台灣仍然保持一定程度的「戰略模糊」。這裡的「戰略模糊」並不是說美國不會在中國攻台時介入助台，這點應該是清晰的；但是就協助的方式，以及讓行動更有效的方式（如聯合訓練、演習及對台灣國防體制的協助）就面對中國可能的威脅來說，仍然太少。

中國判斷拜登不會正式放棄「戰略模糊」政策，因為如果宣布「戰略清晰」，中國可能立刻採取激烈行動。因為，美國即使宣布「戰略清晰」，也不能立刻就在台灣協立起類似過去有邦交時代的協防軍力，所以這個真空期反而可能是最危險的時刻；因為中國會認為「武統台灣的機會之窗會隨著美國戰略清晰、增加明確軍事合作、台灣防衛力量快速加強而逐漸消失」，另一方面認為美國若宣布「戰略清晰」，對台灣島內「台獨勢力」必是一大鼓舞，這兩個因素必然會促使中國「加速下達武力犯台決心」，趕快動手。因此，美國迄今未對「戰略清晰」鬆口。

問題是，美國若持續「戰略模糊」，會有以下副作用：

1. 「更容易」而非「更不會」讓中國誤判美國的態度而持續採取挑釁行為。

2. 對中國軍力的提升沒有任何阻止效果。

3. 實質拖慢、妨礙台灣和美國建立「足以抵擋中國的軍事合作」的能力（譬如為了維持戰略模糊、就不能明確和台灣軍方實施

聯合演習，結果就是「共同作業能力」始終處於原始狀態。

4. 有利台灣內部投降主義、失敗主義的蔓延。

5. 不利美國在緊急時刻，建立援台所需的充分政治共識。

這種趨勢對中國是有利的。

這中間還有一些操作性的因素也會形成影響。因為美國還是會透過外交活動，進行各種對話，讓潛在對手不致於因為覺得受到逼迫而貿然行動，而美中只要不發生戰爭，就一定會有外交關係；有外交關係就會有對話。而對話的本身就會影響美國對台灣的政策。中方當然樂意和美方持續對話。因為中國官方可以操控媒體和民意，因此和美方持續對話不會被中國民意認為是和美國讓步屈服。這樣一來，和美對話就沒有負面效益，充其量沒有效果。因此未來雙方仍將繼續對話。此外，中方會利用持續和美國對話，達成在一定時間內鎖死台美關係的作用；因為只要美中對話持續進行，在這一次對話和下一次對話之間，美國就可能有官員會認為應該「暫時」凍結台美關係，以免影響下一次的美中對話氣氛或實質內容。因為中方官員會用抗議占用會談時間，讓真正的會談無法進行，美方也無法向中方提出要求或檢討先前中方的作為。如果一年有幾次對話，這種「暫時」就可能拉的很長，中國的目的就達到了。

因為美方有「一個中國政策」，中方會將其視為美國對中國的一種承諾，因此美國只要改善對台關係，就會被中國拿來作為「美國是否違反承諾」的爭吵籌碼。最低限度，這些爭吵可以作為中國「延遲或拖延對美國真正關心的議題作出解釋」的有力工具。

所以，只要美中對話，先天就可能對台灣不利。這不會因為美國

在對話中沒有對台灣問題作出讓步，或將對話內容詳細告訴我方就有所改變。

## 參、結語

中國目前在對美國的博弈賽局中，處於一個前所未有的位置；主要在於中國在外交、經貿和軍事上，都走上和美國過往累積世界影響力同樣的步驟；外交上美國推動自由民主，中國則有「北京價值」，經貿上美國籌組貿易組織，創建國際的遊戲規則，中國也如法炮製；軍事上美國有多年航艦外交、越洋用兵的經驗和實力，中國也正在朝此方向前進。至於利用美國尚存的「戰略模糊」和外交對話牽制美國，威脅台灣，更是中國的重要抗美手段。而國際上其他地區發生的衝突，更讓北京貫徹「敵人的敵人就是朋友」此一邏輯，聯合美國的其他假想敵（俄羅斯、北韓和伊朗），對拜登政府製造麻煩。

傳統上，美國會以軍事優勢為基礎，讓他國評估和美國發生衝突將付出巨大代價，因而節制甚至放棄以武力解決爭端。如今中國採取的是相同的作法；只不過方向不同，北京想嚇阻的對象是美國，「以美國的行為模式因應美國的政策」。未來將如何發展，尚待我們密切觀察。

# 參考文獻

吳介聲，2022。〈美國又被耍了嗎？中國對貿易協定承諾消極以對〉《聯合報》2 月 11 日（https://opinion.udn.com/opinion/story/120611/6091282）（2022/2/2）。

徐子軒，2021。〈美中和解了嗎？拜登政府如何看待對中貿易政策〉《聯合報》（https://opinion.udn.com/opinion/story/120491/5846679）（2022/2/2）。

陳民峰，2022。〈RCEP 正式啓動對台灣造成的衝擊〉《RFI》1 月 14 日（https://www.rfi.fr/tw/專欄檢索/台北一周/20220114-rcep 正式啓動對台灣造成的衝擊）（2022/2/2）。

蔡文軒，2020。〈大外宣不見得講給你我聽 中研院蔡文軒談中共外宣〉《人文・島嶼》12 月 16 日（https://humanityisland.nccu.edu.tw/）（2022/2/2）。

趙楚，2019。〈觀點：讀懂中國軍費增速下調和「過緊日子」〉《BBC》3月15日（https://www.bbc.com/zhongwen/trad/chinese-news-47579483）（2022/2/2）。

自由時報，2021a。〈美國之音：中國正在輸掉美中貿易戰〉《自由時報》10 月 21 日（https://ec.ltn.com.tw/article/paper/1476385）（2022/2/2）。

自由時報，2021b。〈中國試射極音速武器專家：能否用於作戰仍不明朗〉《自由時報》11 月 24 日（https://www.cna.com.tw/news/firstnews/202111240065.aspx）。

中央社，2021a。〈四方安全對話峰會 美日印澳將同意建構安全半導體供應鏈〉《中央社》9 月 19 日（https://www.cna.com.tw/news/firstnews/202109190004.aspx）（2022/2/2）。

中國國防部，2021。〈中俄兩軍組織實施 2021 年度聯合空中戰略巡航〉（http://www.mod.gov.cn/big5/topnews/2021-11/19/content_4899150.htm）（2022/2/2）。

BBC，2021a。〈中國伊朗 25 年全面合作協議「靴子落地」伊朗民間反對聲高漲〉《BBC》3 月 29 日（https://www.bbc.com/zhongwen/trad/world-56561203）（2022/2/2）。

*BBC*，2021b。〈中美日關係三岔口：美日 52 年後再度提及台灣聯合聲明的同與異〉《BBC》4 月 18 日（https://www.bbc.com/zhongwen/trad/world-567 85182）。

*BBC*，2021c。〈中國申請加入 CPTPP 北京爲何要「偏向虎山行」〉《BBC》9 月 17 日（https://www.bbc.com/zhongwen/trad/business-58596046）(2022/2/2)。

*BBC*，2022。〈烏克蘭：中俄互動頻繁，中國會在危機中扮演何種角色〉《BBC》2 月 6 日 （https://www.bbc.com/zhongwen/trad/world-60278000）(2022/2/2)。

Altman, Dan, and Kathleen E. Power. 2022. "When Redlines Fail: The Promise and Peril of Public Threats." *Foreign Affairs*, February 2 (https://www.foreignaffairs.com/articles/russia-fsu/2022-02-02/when-redlines-fail?utm_medium=newsletters&utm_source=fatoday&utm_campaign=When%20Redlines%20Fail&utm_content=20220202&utm_term=FA%20Today%20-%2011 2017#author-info) (2022/2/2)

Cooley, Alexander, and Daniel H. Nexon. 2021. "The Real Crisis of Global Order: Illiberalism on the Rise." *Foreign Affairs*, December 14 (https://www.foreignaffairs.com/articles/world/2021-12-14/illiberalism-real-crisis-global-order?utm_medium=newsletters&utm_source=fatoday&utm_campaign=When%20Redlines%20Fail&utm_content=20220202&utm_term=FA%20Today%20-%) (2022/2/2)

U.S. Office of the Secretary of Defense. 2021. "Annual Report to Congress: 2021 Military and Security Developments Involving the People's Republic of China" (https://media.defense.gov/2021/Nov/03/2002885874/-1/-1/0/2021-CMPR-FINAL.PDF) (2022/2/2)

White House. 2021. "Interim National Security Strategic Guidance." (https://www.whitehouse.gov/wp-content/uploads/2021/03/NSC-1v2.pdf) (2022/2/2)

# 美中戰略競爭對台灣的影響

**蕭衡鍾**
聯合大學通識教育中心助理教授

## 壹、前言

　　拜登上任後由於受到川普政治遺緒的影響，以及中國大陸在各層面給予試探性的施壓，美中之間的緊張情勢仍未獲得緩解，使得拜登有別於之前民主黨歷任總統的風格，除了延續川普政府路線、定調對中國大陸的「戰略競爭」狀態外，在競爭手段上也更加多元及靈活，目的也定調在與中國大陸展開長期的「戰略競爭」為目標，並以重拾盟友信任及鞏固國內穩定等兩項關鍵策略，在科技供應鏈及貿易關稅上持續與中國大陸抗衡，同時在與各國多邊會談上也積極主導與凝聚「抗中」共識。

　　拜登政府調整步調重啟競爭，目的為了是在美中競爭的棋局中獲勝，而不是為了妥協，故某些層面的競爭仍保有或許會更加激烈的可能性，同時，由於拜登政府對中國大陸的競爭態勢也是參眾議院兩院的共識，若想要對中國大陸採取比較寬鬆的外交政策，也不可能脫離這個共識的框架，因此拜登一改川普所強調單邊主義「衝突」（confrontation）

的外交模式，轉爲多邊主義所體現的「再接觸」（reengagement）戰略。拜登政府對於中國大陸下的第一手棋就是「美中阿拉斯加高峰會談」，同時善用其「聯盟戰略」，祭出了新的島鏈圍堵戰略，以「印太戰略」爲框架，並通過「五眼聯盟」（Five Eyes）、美日印澳「四方安全對話」（Quad）、美英澳「軍事安全合作夥伴關係」（AUKUS），還有「美日安全諮商(2+2)會議」以及「美韓安全諮商(2+2)會議」等聯盟機制的落實，來展現各國對於防範中國大陸勢力擴張的合作。

而美台關係也由於上述因素，故拜登政府在處理台灣議題上更爲穩健，除延續川普政府時期利用「台灣牌」的方式刺激中國大陸外，從其一系列的友台措施可看出，拜登政府並未因此而犧牲掉美台關係，讓美中台三邊的「戰略三角」（strategic triangle）關係持續川普政府後期的狀態。美國智庫外交關係委員會（Council on Foreign Relations, 2021）在2021年1月發佈的「年度預防重點調查」（Preventive Priorities Survey）中便顯示，美中兩國在處理台灣問題上的分歧，產生軍事衝突的機會加劇，這是美國繼朝核問題之外，在該地區面臨到的第二大威脅。

美國前國家安全顧問麥馬斯特（Herbert McMaster）也針對台海發生軍事衝突的可能性表示，風險最大的時間從2022年起，到北京冬季奧運會和中國共產黨的全國代表大會之後，台海將成爲軍事衝突的「最重要的引爆點」（most significant flashpoint）（Fang, 2021）。對於美中即將在台海衝突的急迫性，美軍印太司令部司令戴維森（Philip Davidson）上將也在美國企業研究所演說中指出，他在過去的幾個月裡，觀察到解放軍在台灣及其周邊地區的空中活動有所增加，因此對於台海安全在未來六到十年間的走向深感擔憂（Mehta, 2021）。由此可見，美中「戰略競爭」態勢在拜登政府任內的持續與加劇，對於台灣

的影響、以及台灣該如何應對，都應審慎看待。

## 貳、美國的戰略轉移與台灣的地緣角色

台灣在第一島鏈中的重要性及角色，向來有「不沉的航空母艦」之稱，位於第一島鏈中心的台灣，在區域安全與地緣戰略上的戰略價值也因美國「戰略轉移」的利益考量而轉變，從 1949 年國民政府播遷來台，美國原本採取袖手旁觀政策，企圖從國共內戰中脫身，但後又因為韓戰爆發，轉而支持台灣作為牽制共產政權勢力擴張的夥伴，到了冷戰期間又為了利用中國大陸圍堵蘇聯，對台灣的政策也隨之產生質變，放棄與台灣（中華民國）過去的關係基礎及『共同防禦條約』，轉而與中國大陸（中華人民共和國）建立以三個公報為政治基礎的外交關係。

美國與中國大陸先於 1972 年簽訂了『上海公報』，確認美國認知到兩岸均堅持一個中國政策，美國對此不表異議；復於 1979 年簽訂『建交公報』，同時與台灣「斷交、廢約、撤軍」，因而讓美台之間失去關係基礎；至 1982 年簽訂『八一七公報』，華府同意每年遞減對台軍售額度。美國國會旋於 1979 年 3 月通過具有法律地位約束性的『台灣關係法』（TRA），明訂有義務提供台灣防衛性武力，成為美國與台灣（中華民國）斷交後的關係基礎。

另外，在『八一七公報』簽署後，美國雷根政府提出了「六項保證」（Six Assurances），強調美台雙方斷交後的關係，不因『八一七公報』而有所改變。但這「一法三公報」迄今仍是各自解讀，最被討論的詞彙就是「一個中國政策」，一直以來都被當作美國對於美中台三方

互動關係的定海神針，策略性的模糊讓美國得以視當下的國家利益彈性操作，所以當美國政府在面對中國大陸時，就會強調一中政策裡面的「三個公報」；而於面對台灣時，則會強調『台灣關係法』和「六項保證」。

但對於中國大陸來說，其「一個中國原則」的三段論即「世界上只有一個中國、中華人民共和國代表全中國的合法政府、台灣是中國領土」，此原則也融入在他們所採取的外交策略，每當與其他國家建交時，都會要求一併將這個「一中原則」放入公報，不過世界各國的官方立場也不相同，操作詞彙也會讓許多不同的動詞出現，例如認知、理解（understand）、尊重（respect），而傾向中國立場的國家，有的會用支持（support）、遵循（adhere to）等字詞，幾乎看不到用「承認」這個字眼。

要說美國如何把握與掌握台灣在第一島鏈地緣角色中最核心的利益，那就是通過軍售一途了。美中衝突至今，中國大陸始終認為美國違反了在 1972 年接受的「一中原則」，這包括美國最終將停止所有對台軍售、接受台灣是中國的一部分等方面在內。不過從 1982 年的「六項保證」中可以看出，美國並不完全站在中國大陸的立場，在各說各話的情況下，實際上只是一個解讀的問題罷了，但不變的是「軍售」作為台美關係中最核心利益的位置。

台灣每年國防預算約 100 億美元，相較於中國大陸大約差距高達 23 倍之多（SPRI, 2021），其支出分散在人員維持、作業維持、軍事投資等三大項目，編列以「國防預算將隨 GDP 等比例成長，每年增加額度不低於上年度國防預算 2% 為原則，另視武器裝備採購需求外加 1%，如有重大武器採購案，將以特別預算支應」為指導（BBC 中文網，

2017），而其中軍購的品項及金額是最無法預測的，往往是美國賣什麼給台灣、台灣都得買單，過去售給台灣的武器也多屬防禦型為主，雖常被戲稱為繳交保護費，但軍售確實也是美國對台海安全最實質的保障（吳建德、張蜀誠，2019），藉此放慢失衡的軍力，使解放軍不敢冒進。

而強調「和平透過實力」的川普政府與拜登政府，其對美台軍售的重視其實早有跡可循，美國對台軍售的態度也越來越不在乎中國大陸的反應，期打造台灣成為「亞洲北約」中的要塞堡壘，尤其是2019年同意售予提升台灣空防能力的 F-16C/D Block70 新式戰機，在立法院審議的法案與預算案中火速通過，無論執政黨、在野黨都同聲表示贊成，我國國防部也發動媒體戰大肆宣傳此採購案，讓後續一連串的「常態化」軍售取代了以往之「包裹式」軍售，不再積累軍事銷售項目，而是比照處理盟國的方式，對其單一案件立即進行處理。

由此可見，無論在美國政黨如何輪替，以「中國威脅」共識的政策方向不會改變，台灣已成為美國重要的盟友，協助台灣不被「武統」已深鑄在美國的兩岸政策中，基於相同的理念及共享的價值，反中及親台的音量也遠遠勝過親中派，犧牲台灣、與中國大陸交好的解決方法在美國政治上目前是不可行的（Miller, 2017）。

同時，美國軍售給台灣的武器，從過去的以防禦型為主、轉而涵蓋攻擊型武器在內以因應兩岸軍力的大幅失衡，更是美國對台軍售案中的重要突破，因為包括多管火箭系統、增程型距外陸攻飛彈及海岸防衛系統等武器均可對解放軍進行地面制壓，打破了所謂「防衛性武器」的界線，有效增強了反制打擊能力、填補了美國在第一島鏈圍堵圈中的火力網空隙，美國也更為強勢、主動地介入跟主導台灣的整體

防衛作戰戰略規劃。在此情況下，對比我國同類型的國造雷霆 2000、萬劍彈、及雄風反艦飛彈等武器，如何在國產與外購之間取得平衡，更考驗了台灣的財政能力與國防自主政策，特別以當前的「國艦國造」政策來看，相關核心技術仍是需要美國的支持與移轉的，形成了兩難。

在美國對台灣是採取「戰略清晰」抑或「戰略模糊」的爭議方面，其實美國始終靠著結盟、經濟和軍武等三個方面擴展其勢力，以其『台灣關係法』作為台灣「堅若磐石」的盟友，美台雙方在政治、經濟及軍事三個方面，具有「共同的價值觀」（包括民主、法治及自由）、「緊密的貿易、產業合作」（特別是台灣的半導體供應鏈）及「軍事安全合作」（意指 1949 年之後依賴美國的軍售及斷交前的協防），「印太戰略」可以說是開啟了台灣的戰略契機，面對中國崛起勢力的擴張與解放軍的現代化，台灣不再是孤軍奮戰，而是可以協同印太地區相關國家來全面展開合作。

但美國始終以「戰略模糊」的策略來保持美中台結構性的穩定格局，防守不斷以「切香腸」與「剝白菜」等戰術循序漸進地發動「灰色地帶」衝突的中國大陸，「灰色地帶」是介於戰爭與和平之間的「對抗狀態」，一個國家不必實際訴諸正規軍事武力，就能尋求從另一個國家獲得政治、經濟或領土利益。「灰色地帶」也是一個介於衝突與現狀之間的「空間環境」，在此空間引發之衝突充滿政治、安全、心理和經濟方面競爭。

如此一來，既可使中國大陸摸不著頭緒，也能防止台灣貿然做出可能具有挑釁性的動作（李俊毅、許智翔，2020）。美國指庫「外交關係協會」便發表專文質疑美國在面對崛起的中國大陸時，「戰略模糊」是否還有其嚇阻的可信度（credibility），建議拜登政府應改採「戰略清

晰」，明告中國大陸倘若對台動武，美國必將回應。儘管這兩派說法引
起了學術界的激辯（陳亮智，2020）。但面對台灣是否「搭便車」的質
疑，從時任美國戰略司令部司令的海騰（John Hyten）上將所稱「美國
並沒有一個清晰策略以因應灰色地帶的競爭」（美國之音，2019）。可
知，「離岸平衡」策略一直是美國的外交準則，台灣仍必須自立自強，
表現捍衛領土的決心，以抗擊中國大陸操作「灰色地帶」衝突對台灣
安全的不斷侵蝕。

## 參、台灣面對的威脅與挑戰

　　台灣問題對中國大陸來說，已被意識形態及民族主義的邏輯思維
形塑著。意識形態上，領土主權為核心利益，讓中國大陸領導人有強
烈的動機改變兩岸分治與中華民國事實存在的情形，進而導向統一的
終局。在面對西藏、新疆及香港等問題下，是不可能對台灣妥協的，
雖然「和統」為其主要手段，但「武統」也是其不願放棄的手段，兩
岸統一的戰略安全利益在於吸收台灣的經濟和軍事資源，增強解放軍
對於西太平洋投射軍事力量的能力，成為一艘中國大陸沿海的巨型航
空母艦（Mearsheimer, 2014）。

　　而在民族主義思維方面，中國近代飽受欺凌，主權屢失，淪為各
國奴隸的「半殖民地」，所以對於「兩岸必將統一」、堅持「台灣是中
國的一部分」的立場向來堅定明確，也是中國大陸國家認同及確保政
權合法性的核心要素之一，在無法再仰賴經濟的成長確保政權的隱憂
下，只好採取最後的手段，激起好戰而帶著報復心態的民族主義，對
領土主權絕不妥協。故台灣問題關係到中共政權的正當性，同時也是

美中關係的核心問題之一。

　　過去中國大陸對領土主權爭端採用三種最常見的處理方式及案例有三種，第一種是不能談判、也不容質疑，就像是台灣問題；第二種為名義上容許共同開發、分享利益，例如釣魚台及南海爭端；第三種是通過協商談判來化解爭議，就好比黑瞎子島的主權歸屬。而在台灣問題的處理方式上，還有一項需要去考量，就是地理位置，台灣是中國大陸要從陸權轉為海權國家的中繼站，不像因俄羅斯與之還有著共同安全空間的陸上邊境、較有共同利益般。

　　綜觀歷任中國大陸領導人對台灣發表的重要宣示，都會因台灣執政者的態度做出調整，但「一個中國」的基調始終未曾改變，實現台灣統一始終都是任內的重要目標，鄧小平將毛澤東時代的「解放台灣」轉變為延續到目前的「和平統一，一國兩制」政策；江澤民基於台灣實現民主化、受到美國支持的情勢，採取了武力威懾；胡錦濤在與美國協調的同時阻止台灣獨立的企圖，並且提出了「兩岸關係和平發展」，以中國的經濟和軍事力量的發展為背景，成功地實現了對中國大陸有利的兩岸關係局面。

　　然而，侑於由此轉向統一的政治對話幾乎毫無進展，使得在習近平上台後發現「兩岸關係和平發展」路線陷入了僵局，對民進黨政權的不信任和惱怒，讓他在十九大時強調「絕不允許任何人、任何組織、任何政黨、在任何時候、以任何形式，把任何一塊中國領土從中國分裂出去」，更明確界定了兩岸關係的根本性質就是基於「一中原則」的「九二共識」，表明兩岸關係不是「國與國」、也不是「一中一台」，大陸與台灣本同屬一個中國。2019 年底，中國大陸國防部長魏鳳和與時任美國國防部長的艾思博（Mark Esper）舉行會晤時，也表示美中雙方

的兩軍關係是兩國關係的「穩定器」，中國大陸致力於和平解決台灣問題，但決不容許台獨，要求美國要慎重妥善處理台灣問題，不要給台海局勢增加不穩定因素。

中國大陸始終認為像是「耽誤和平崛起」、「美國介入風險」等讓其不對台灣動武的顧慮是所謂的「假議題」，並清楚地刻畫出了對台動武的底線，包括有台灣宣布獨立、發展核武、外國軍隊派駐台灣等，對台政策也逐步從「反獨」走向了「促統」的進行式，認定「促統」將因時間越久，導致疏離感越重、時間壓力越大，因此面對台灣問題要保持有意志、有決心、有能力處理的「戰略定力」，不怕民進黨、也不靠國民黨。

而台灣面對兩岸關係，在 2008 年馬英九主政時期，兩岸進入大交流、大合作、大發展的階段，互動的性質是「先經後政」，處理彼此衝突採「治權互不否認、主權互不承認」的方式，且政治用「九二共識」創造模糊性的戰略，但強調的則是「各自表述」。接任的蔡英文在面對中國大陸方面，則是改而採取了「善意不變、承諾不變、不在壓力下妥協、不走回老道路」的四不政策，也改變了馬英九政府時的「親美、友日、和中」政策，改為「聯美、親日、抗中、獨台」的政策。

面對從毛澤東時代「站起來」、鄧小平時代「富起來」到習近平主政下「強起來」的中國大陸，其崛起讓經濟綜合實力大增，直接影響了軍事實力與手段。台灣過去掌握空優、跨越中線偵照沿岸的優勢，至今已角色互換，解放軍海空軍從初步的出海能力進展到了頻次日益密集的常態化「繞島」航訓，持續侵擾我國西南防空識別區與東南防空識別區，不只企圖測試台灣與美日的反應時間與能力，壓縮我國空軍的反應時間、增加台灣空防壓力，甚至遭驅離的解放軍飛行員還在

無線電中聲稱「沒有所謂的海峽中線」一事，可以說是嚴重的挑釁動作。

中國大陸通過「超限戰」的思維，在未達大規模戰爭門檻的「灰色地帶」衝突施壓台灣，採取多樣化的鬥爭手段，測試台灣反應並製造犯錯的機會，進而達成其目的（鍾志東，2020）。該運用方式多元，以各式不同手段鋪天蓋地的侵襲著台灣，可以說是無煙硝的戰爭。

以外交為例，中國大陸採用「以經逼政」的干涉模式滲透著我國友邦，以輸出「中國模式」來壓制萌芽中的「台灣模式」，讓我國在外交處境上窒息，此舉除了是中國大陸運用「灰色地帶」對台灣血淋淋的運作模式外，在戰略態勢上更是穿透了美國盟軍第一島鏈的戰略位置，有利於解放軍掌握太平洋與印度洋的重要據點，讓美國家門口的南太平洋彷彿成了第二個南海（蔡榮豐，2019）。就此可知為何 2019 年索羅門群島與吉里巴斯相繼與我國斷交、轉而和中國大陸建交時，美國要如此緊張，其原因不外乎一旦中國大陸的勢力拓展到南太平洋後，這兩國將成為監控美軍在太平洋地區活動的灘頭堡，故對於中國大陸對台灣操作「灰色地帶」衝突的應對，我國政府應當集結各部會，研擬各項應對腳本，以面對防不勝防的出招。

特別是在面對「灰色地帶」衝突的新型態作戰威脅方面，戰爭的型態已從 18 世紀的陸權、19 世紀的海權、20 世紀的空權發展到了 21 世紀的電磁權，已經是包含了「陸、海、空、天、電、網」的多維作戰形態。中國大陸積極發動的新形態作戰模式就是「認知作戰」（cognitive warfare），包含了信息戰、宣傳戰、輿論戰以及訊息戰，現今除了看得見的戰爭，「信息戰」成為看不見的戰場，而且天天發生，解放軍的戰略支援部隊便具備這些高科技能力。

　　「網軍」這類隱形軍種的出現，助長了中俄等潛在強權每年持續擴散這種廉價卻不甚複雜的技術，透過電腦病毒、木馬程式、釣魚軟體等手段，破壞資訊基礎設施，例如俗稱「影子部隊」的解放軍 61398 部隊，近年來更以中國大陸製品牌網通設備爲媒介，監控使用者動態，蒐集軍事及商業情資，進而成爲中國大陸軍武工業及高科技產業的技術獲得途徑，形成資安黑洞，這也是爲何我國與歐美各國政府大多要求政府資安裝備禁止使用中國大陸製產品，並將華爲（HUAWEI）、中芯（SMIC）甚至是抖音（TikTok）等軟體列入黑名單的主因。

　　在軍事上，當兩岸發生軍事衝突時，解放軍最有可能對台灣採取的行動爲「由演轉戰、猝然攻擊」，以聯合軍事威懾、聯合封鎖作戰、聯合火力打擊、聯合登島作戰等手段取得「制空、制海、制電磁權」等三權，以貫徹其「兵貴勝，不貴久」、「首戰即決戰、速戰速決」的攻台戰略。

　　於作戰初期，解放軍恐先以海空全面封鎖、導彈全面空襲、電子戰攻擊、敵特攻與潛伏人員先行等方式對台灣進行「點穴戰」，癱瘓我國指管中心、機場、雷達站及飛彈陣地，繼之以空、機降突擊奪控中樞、機場等目標，實施三棲進犯，來達成「以戰逼降」的目的。尤其是航空母艦加入解放軍的作戰序列，已服役的遼寧號、山東號兩艘航母，雖處於訓練及初步戰力的階段，但航母上的殲擊機及艦隊中的導彈驅逐艦、護衛艦、潛艦等仍構成了內、中、外防區等三層防護圈，進而達到 1,000 公里以上的防禦縱深，對可能馳援台灣的美軍以及我國東部的戰機、船艦造成極大壓力。

　　解放軍對台作戰模式採取的是「效能作戰」的概念，如同美國空軍所提出的「五環打擊理論」，第一環是指揮控制環（leadership），第二環是

生產設施環（Organic Essentials），第三環爲基礎設施環（infrastructure），第四環是民眾環（Population），第五環則是野戰部隊環（fielded military forces）。此理論的本質是作用點不同，產生的成果不同，選擇攻擊的作用點越關鍵，獲得的效果越大，所以造成敵人癱瘓，就可以極小的成本獲取最大的戰果，而對重心實施某種程度的打擊，是實現癱瘓的必要途徑和措施，更可產生決定性的效果（舒孝煌，2016）。

　　國家是國際關係的主要行爲體之一，國際強權透過地理位置與相互間的地緣關係，獲取對資源支配及戰略要點控制等權力，以謀求國家安全與利益（謝茂淞，2014），因此，地緣戰略就是爲了阻止某國控制地緣的心臟地帶，進而威脅自己，美國爲了對抗共產勢力的擴張，在亞洲主導了越戰與韓戰兩場大戰，從此之後便以武力常駐此區，聯合盟友以島鏈對中國大陸進行圍堵，以維護美國在亞太地區的安全與戰略利益（蔡志銓、樊兆善，2015）。

　　而台灣在歐亞大陸與太平洋、東北亞與東南亞的交會處，北臨東海與琉球群島連成一線、南隔巴士海峽與菲律賓相對、東向太平洋、西控台灣海峽與中國大陸相望，以全球的觀點來看，是重要的地緣戰略位置，一來是經貿與能源運輸的要道，一來可有效遏止中國大陸勢力向東突破太平洋，經濟或軍事價值不言可喻，故蔡英文也曾表示「現在台灣不是兩岸關係裡的台灣，而是印太地區的台灣」，清楚地說明了當前我國政府在國際上的自我定位（新頭殼，2019）。

　　外援的有無不可否認會對非強權是否採取避險產生很大的影響，明確的安全承諾會進一步加強國家避險的意願，但若全盤接納，反而不利其避險策略的推展（吳玉山，1997）。雖然有學者認爲，美國若切斷自身與台灣的軍事合作、或者在兩岸發生危機時未能妥適保護台灣，

對於其他盟友而言，是美國保護無能、不守信譽的信號，不利於美國在區域政治與全球領導權的維繫，因此長遠來看美國是有強烈動機將台灣納入其圍堵中國大陸的聯盟之中的，但是，自從美軍拋棄庫德族、還有撤軍阿富汗之後，這個答案似乎不再絕對，更何況，台灣雖為美國的重要利益、但並非其核心利益，而台灣卻是中國大陸的核心利益，關係到習近平執政的政權穩定與歷史定位問題。

國家是地緣關係上的共同概念，領土主權則是國家的核心利益，如今，兩岸軍力的槓桿已經嚴重傾向解放軍，正當習近平欲以中國大陸自身的實力解決台灣問題、美國又以台灣為其「制中」的一顆有用「棋子」時，相信中國大陸未來除了加劇軍事威脅外，還是會持續結合輿論戰、心理戰及法律戰等「三戰」手段跟『反分裂法』的運作，脅迫台灣接受其政治條件，而台灣似乎也應尋找緩衝的可能，降低「中國威脅」對台灣的壓迫感，以避免最壞的結果、也就是戰爭的發生。

## 肆、地緣戰略與地緣政治下的台灣

從「戰略三角」模式的總體概念來看，形成條件第一為行為者是理性的主權者，有完全的能力可以決定自己的對外行為，也就是自主性，第二為任何雙邊關係都繫於和第三者之間的關係，即使在三方權力不對等的情況下，有第一及第二項的條件仍可構成戰略三角（吳玉山，2000）。美中「戰略競爭」關係的本質，就是既有霸權國面對崛起強權的威脅，進而主動對其提出挑戰，期能維持霸權的地位，也就是「修昔底德陷阱」（Thucydides' Trap）的基本態勢，造成美中台「戰略三角」結構中，美中雙邊關係產生持續性的惡化，由此也間接影響美台、兩

岸等雙邊關係的僵化。

以個體角色的視角來看，原本所具有的自主性受到了國家利益、決策者認知及內部政治因素的影響，使得在對外政策方面受到制約因素的影響而無法選擇，由此顯示在美中「戰略競爭」狀態下的美中台「戰略三角」型態是僵化的、導致個體角色上的能動性降低，並激化在此型態中「孤雛」與「夥伴」的對立程度，在美中雙方在「戰略三角」條件中第二項「關切的核心利益」的互不相讓，進一步影響到台灣在第一項條件中「自主性」的弱化。

「修昔底德陷阱」代表的是既有強權面對崛起強權時，對於即將被取代的恐懼，造成競爭及不斷提升的對抗情勢，最後無法避免戰爭的發生。而在「戰略三角」中若某一方失去另兩方的關切或是失去自主選擇的能力，也就代表了「戰略三角」失去了存在的條件。在當前美中高度競爭與對峙的狀態下，更加突顯了「修昔底德陷阱」中既有強權對於崛起強權的恐懼及戒心，但相較於冷戰時期美蘇對抗的態勢有所不同，不論是在經濟相互依賴上，或者是科技的進步發展，美中雙方極難完全形成「脫鉤」態勢，且現今外交政策工具的多元化，可提供領導者進行更多的選擇，故「競合相生」的狀態也可說明現在美中關係的複雜程度，雙方關係中既存在對抗，也存在競爭與合作，形成了「競爭性共存」的現實關係。

地緣戰略是國家基於地理因素與地緣關係，作為制定國家安全戰略的依據，俾利遂行對外關係（李景治、羅天虹，2003）；地緣政治則是國際政治學的研究重點，任何的戰略學者都無法忽視印太未來在全球戰略布局的影響力。美國前國家安全顧問布里辛斯基（Zbigniew Brzezinski）指出，美國作為全球獨一無二的盟主地位，只有號稱「世

界島」的歐亞大陸（Eurasia）可挑戰這既成事實，因爲擁有足夠的人口、資源、科技與文化，布里辛斯基還將國家區分爲「地緣政治樞紐國家」與「地緣戰略玩家」兩類（Brzezinski, 2014）。

「地緣政治樞紐國家」最典型的就是美國在東亞最緊密的盟友－日本，其扮演一個重要的區域防務盾牌，可對區域產生很大的政治、文化影響，故美國有義務審愼培養與日本的關係，使其在遠東安全擔任中心的角色；而中國大陸則是具有能力運用其實力與影響力，改變現有的地緣政治的「地緣戰略玩家」，其潛力及傾向容易造成地緣政治動盪，進而追求區域強權的地位，挑戰世界霸權－美國的政策。所以拜登政府在對中國大陸「戰略競爭」態勢不變的前提下，在調整競爭手段上對中國大陸施加壓力，可見拜登在上任後，受到美中競爭結構性的影響，美中關係仍是處於「戰略三角」的「敵視」狀態。

但拜登政府與前任川普政府不同的在於，其將美中之間的競合關係給實際地納入了爾後對中國大陸及台灣的政策思維當中，拜登政府對於重啓美中競爭關係的重視程度，可由甫上任兩個月內即發布的《國家安全戰略臨時指南》（Interim National Security Strategic Guidance）發現，相較於川普政府時期上任一年發布的《國家安全戰略報告》，拜登政府在凝聚應對中國崛起與勢力擴張的策略共識上有其急迫性，除了對於美中之間的競合關係作了表述、希望藉由對話回復美中之間的互信之外，也對於彼此間的分歧爭點及各自核心利益有所了解，希望能在此一穩定基調下，以理性及實力爲前提在各項領域與中國大陸重啓競爭。

拜登政府雖然在避免衝突的前提下競爭，但也並不表示會重回歐巴馬政府時代的政策風格，美國爲了鞏固並擴大現在的「民主灘頭堡」，

也勢必要與中國大陸繼續「戰略競爭」下去。因此，在美中「戰略競爭」的態勢下，相信無論未來美國政府如何論替，這個基調都不會改變，美中未來的發展無論在科技、軍事還是制度上都會持續競爭，能否在各領域上獲得更多志同道合的盟友便是地緣戰略成敗與否的關鍵，但無論執政的美國政府如何更替，美中雙方「競爭性共存」的現實關係將持續主導著兩國的外交政策。

在拜登上任後對於美中「戰略競爭」態勢的認知裡，將外交的位階擺在軍事之上、且把軍事衝突視爲最後手段，故對於川普政府時期持續在美台關係突破所造成台海情勢的升溫，拜登政府試圖以「戰略模糊」的穩健態度看待美台關係，對於「是否出兵協防台灣」的議題採取模糊態度，一方面強調美國長期以來對「協助台灣提升自我防衛能力」的安全承諾，另一方面也向中國大陸釋放不要破壞台海和平穩定的信號。但拜登政府所做的不僅於此，除了穩定台海局勢之外，在美台關係建設性的成長的部分，也有做了不少努力，代表拜登政府在看待台灣議題上，是採取較川普政府時期更爲務實的立場。

台灣是美國「印太戰略」與「聯盟戰略」裡不可或缺的一部分，這是由於台灣在印太地區的地緣戰略有其重要價值，又與美國在「民主自由同盟」上的價值與理念相同，所以台灣可以在美中對峙的大局下，提供支撐「印太戰略」的功能。對台灣來說，若台灣成爲在「印太戰略」的支點，其戰略價值便等同澳洲及印度，可順理成章成爲美國印太同盟的一份子，形成美台交流新模式，所以台灣政府便一再強調台灣是「印太戰略」的相關者，而美台夥伴關係則爲印太區域和平與穩定的關鍵支柱。

但台灣政府卻忽略了，縱然美中是處於「戰略清晰」態勢下的最

大地緣競爭對手，但美國仍並未考慮摒棄其長年以來對台灣的「戰略模糊」政策，美國的對台政策還是以符合其「一中政策」為主軸，通過『台灣關係法』、美中三個公報與「六項保證」的方式，維持美國與台灣之間的關係。所以，美國對台灣的承諾是不變、但也不會再更清晰了。

美中之間「競爭下的有限合作」仍是未來首要主線，就日本、韓國與台灣在美國的聯盟體系位階來看，美日同盟與美韓同盟的持續發展為次要目標、是美國制衡中國的戰略手段之一，最後的台海議題則是依附於美中關係之下的策略工具和棋子，就像美國賣給台灣某些超出『台灣關係法』範疇的攻擊性武器，背後目的也是想利用台灣的地緣戰略位置，讓台灣替美國來牽制解放軍罷了（蕭衡鍾，2022a）。

然而，對台灣而言，在美中高度競爭態勢下，美中雙方對於台灣問題的重視及操作，雖然更加凸顯了台灣的角色，讓台灣充滿機會與挑戰，卻也讓台灣的「自主性」有了弱化。因為就辯證法來說，在目前台灣政府一昧地「聯美、親日、抗中、獨台」的政策路線之下，台灣就更加需要倚靠美國了，不然怎麼會改變原本規劃，對包括岸置魚叉導彈系統的 100 套系統、400 枚導彈等在內的完整採購合約一次性地照單全收！只能說，美國對台灣或許不至於直接從「戰略模糊」改為「戰略清晰」，但卻是把「戰略模糊」運用的更為靈活了。在美國新的島鏈圍堵戰略中，美國需要台灣、台灣也需要美國，形成了美台之間的地緣戰略依賴（蕭衡鍾，2022b）。

故美國智庫外交關係委員會於 2021 年就將台灣列為「全球潛在衝突一級風險」、英國權威《經濟學人》雜誌封面故事更直指台灣是「世界上最危險的地區」，這些都再再顯示出台海危機正在沸騰。面對國際

戰略環境改變中，應該要與競合中的大國保持距離，採用彈性的外交政策，如此可避免當兩大強權進入生死相搏時，不必跟著陷入戰爭泥淖中（Kuik, 2008），台灣不應成為特定大國的代理人，不該一面倒去抗衡或屈從任何一個大國，而應採取避險（hedging）政策，彈性地維持美台關係與兩岸關係的平衡，才能應對亞洲崛起、同時在美中對峙的機遇與挑戰下保有自主權。

過去美中實力差距大，美國打台灣牌的彈性較大，但自從川普政府時期美中差距明顯縮小開始，美國為了遏止中國大陸的崛起與擴張，台灣牌在此時的價值隨即提升，這是台灣對於美台關係升溫時應有的自覺。現在，拜登政府對中國大陸維持「戰略清晰」、對台灣採取「戰略模糊」的策略，其戰略思維已不侷限於操作「台灣牌」為主了，而是以多邊主義方式結合盟友對中國大陸施壓。在拜登政府調整其亞太區域佈局中各項核心要素的比重之際，台灣也應該重新思考，回歸到兩岸關係的經營。

因為台灣雖然被美國當作「棋子」，稱不上是玩家，但台灣仍要有自己的路、必須鞏固自己的重要性，讓其他玩家無法無視台灣，同時持續彰顯在供應鏈以及地緣戰略的角色，在美中雙方都需要台灣的立基點上，善用美中兩強爭霸下的機會之窗，既不選邊站只依靠任何一方、也不要同時遊走兩面討好，更別過於權謀博奕或是民粹操作，而是要在其間取得一平衡與穩定，以維繫我國生存發展與堅持台灣核心價值的信念來追求最大的國家利益。

# 參考文獻

李俊毅、許智翔，2020。〈美國在台海採取『戰略模糊』的可能論據與作為〉《國際情勢特刊》6 期，頁 13-27。

李景治、羅天虹，2003。《國際戰略學》。中國北京：中國人民大學出版社。

吳玉山，2000。〈非自願的樞紐：美國在華盛頓－台北－北京之間的地位〉《政治科學論叢》12 期，頁 189-225。

吳建德、張蜀誠，2019。〈近期美中臺關係展望〉《空軍學術雙月刊》668 期，頁 77-96。

威克，2017。〈台灣軍武：蔡英文承諾增加國防預算的原因〉《BBC 中文網》11 月 3 日（https://www.bbc.com/zhongwen/trad/chinese-news-41866688）（2022/2/28）。

陳亮智，2020。〈台灣面對美國「戰略模糊」與「戰略清晰」的因應策略〉《國際情勢特刊》6 期，頁 53-66。

黎堡，2019。〈美軍高官：美國缺乏清晰策略應對中國灰色地帶挑戰〉《美國之音》7 月 31 日（https://www.voachinese.com/a/hyten-confirmation-china-grayzone-challenge-20190730/5022157.html）。

舒孝煌，2016。〈效能作戰論對空權影響及近期發展〉《戰略與評估》7 卷 1 期，頁 73-98。

鍾志東，2020。〈兩岸灰色地帶衝突與台灣國家安全〉《國防情勢特刊》2 期，頁 80-87。

蔡榮豐，2019。〈中國干預我南太邦交國之模式與戰略意涵〉《國防情勢月報》148 期，頁 44-58。

蔡志銓、樊兆善，2015。〈中共推動一帶一路的的戰略意涵〉《國防雜誌》30 卷 6 期，頁 29-58。

謝茂淞，2014。〈美國亞太再平衡軍事部署下的台灣地緣戰略〉《國防雜誌》

29 卷 4 期，頁 59-79。

蕭衡鍾，2022a。〈美提升台灣為戰略聯盟 可確保台海穩定？〉《中時新聞網》11 月 15 日（https://www.chinatimes.com/opinion/20211115000019-262110?chdtv）（2022/2/28）。

蕭衡鍾，2022b。〈台灣在「新島鏈戰略」中將更依賴美國〉《華夏經緯網》11 月 11 日（https://www.huaxia.com/c/2021/11/11/870416.shtml）（2022/2/28）。

Brzezinski, Zbigniew（林添貴譯），2014。《大棋盤：全球戰略大思考》（*The Grand Chessboard*）。台北：立緒文化。

Council on Foreign Relations. 2021. "Conflicts to Watch in 2021." (https://www.cfr.org/report/conflicts-watch-2021) (2022/20)

Fang, Alex. 2021. "Taiwan in Danger from 2022 on, Expert Warns US Congress." (https://asia.nikkei.com/Politics/International-relations/Taiwan-in-danger-from-2022-on-expert-warns-US-Congress) (2022/2/22)

Kuik, C. C. 2008. "The Essence of Hedging: Malaysia and Singapore's Response to a Rising China." *Contemporary Southeast Asia: A Journal of International and Strategic Affairs*, Vol. 30, No. 2, pp. 159-85.

Mehta, Aaron. 2021. "Give Taiwan 'Consistent' Arms Sales, Says US Regional Commander." (https://www.defensenews.com/global/asia-pacific/2021/03/05/give-taiwan-consistent-arms-sales-says-indopacom-head/) (2022/2/22)

Mearsheimer，John（張登及、唐小松、潘崇易、王義桅譯），2014。《大國政治的悲劇》（*The Tragedy of Great Power Politics*）。台北：麥田。

Miller，Tom（林添貴譯），2017。《中國的亞洲夢：一帶一路全面解讀，對台灣、全球將帶來什麼威脅和挑戰》（*China's Asian Dream*）。台北：時報出版。

Stockholm International Peace Research Institute (SPRI). 2021. "SIPRI Military Expenditure Database." (https://www.sipri.org/databases/milex) (2022/2/22)

# 拜登上台後
# 美中關係的變遷與展望

## 顏建發
健行科技大學企管系教授

## 壹、川規拜隨之圍中戰略的不變與變

中國自 2018 年春以來被川普一連串地打壓後，原以為 2021 年 1 月拜登勝選就職後會比較溫和、好商量，卻沒想到，不管經貿、外交與軍事上，拜登團隊圍堵與打壓中國的方法與策略和川普固有差異，但路線卻是一致的。對於中國而言，1 月 25 日是一個重要的轉折，因為那天習近平在「世界經濟論壇達沃斯會議」上尖銳批判美國，恃強凌弱，在國際上搞小圈子。在中共的傳統外交模式中，最高領導人一旦出手，便是定調。

美國社會的理念與利益是多元化的，高度一致的反中氛圍透露了美中國關係的惡化難以恢復，甚至已趨結晶化的境地。2021 年 6 月 30 日皮尤研究中心（Pew Research Center）根據 2020 年和 2021 年的兩個夏天分別在 17 個發達經濟體所作民調指出：90% 的民眾認為中國並不尊重個人自由，其中 93% 的共和黨或傾向共和黨的無黨派人士持這一看法；另有 87% 民主黨或傾向民主黨的無黨派人士持這一看法（松仁，2020）。

如上所言，在對中國的立場上，拜登延續了川普的路線，這不僅展現出美國政界即使內政見解南轅北轍，但在對待共同敵人上，一致對外的意志是不變的，而所不同的只是策略、方法與處置。也就是說，拜登固然反對川普以美中爲中心的單邊主義所建構的強勢與一刀切的戰略與作風往往以傷害盟友的利益與感情爲代價，短線而不長久，代之而起的是，而是要以尊盟友的立場與利益、透過游說與對話的柔性手段與盟友合作來推行美國優先的目標，並爲民主和人權挺身而出。2021年3月3日拜登政府的《國家安全戰略暫行指南》(Interim National Security Strategic Guidance)，揭櫫「敵對、競爭、合作」分流的對策，相對於川普的一刀切，此一分流的差別對待，細緻與柔性得多，除了可顧及美中關係的現實，也符於盟友對中政策的個別需求，較有彈性、務實性與可行性。而毫無疑問地，三個範疇中，競爭與敵對是美國對中國戰略的主軸（顏建發，2021）。

## 貳、以美國爲首的反中聯隊已成形

### 一、反中情報分享圈的擴大

美國的民主同盟國反中的社會氛圍提供了美國圍中的進一步基礎與力量。2020年7月底，時任日本防衛相的河野太郎主張日本應成爲「五眼聯盟」的「第六隻眼」。雖然目前還在協商階段，且有些技術性的問題待克服，如日本缺乏與美國中央情報局相當的成熟機構，東京的情報收集活動規模也相形見絀，不過，雙方高層很積極，2021年10月13日本首相在他的第一次國家安全委員會會議時便主張，有必要審查日本已有8年歷史的安全戰略以適應當今的挑戰。而美方有許多官

員提議華盛頓能夠利用日本的專業情報，同時國會也很積極，例如亞利桑那州民主黨眾議員魯本・加列戈（Ruben Gallego）是眾議院武裝部隊特種作戰和情報小組委員會主席，他在 2022 年美國國防預算中增加了一項條款，建議擴大由美國、英國、澳大利亞、紐西蘭和加拿大包括日本、韓國、印度和德國，也就是所謂的「九眼聯盟」（Moriyasu, 2021）。看來，在對付中國威脅的情報分享網絡的擴大應指日可期。

## 二、反中自由經濟聯盟在擴大中

自從 2017 年 1 月 23 日川普退出『跨太平洋夥伴關係協定』（TPP），同年 11 月 11 日，TPP 改組爲『跨太平洋夥伴全面進步協定』（CPTPP），同時凍結 22 條美國主張但多數成員反對的條文。迄今，CPTPP 主要是日本和澳大利亞在主導。時任日本防衛相的河野太郎公開呼籲英國加入 CPTPP，而此議很快獲得英國的歡迎，英國甚至主張：此一聯盟應擴大爲一種戰略經濟關係，匯集關鍵的戰略儲備，如關鍵的礦物和醫療用品（工商時報，2020）。2021 年 1 月 31 日，英國正式申請加入 CPTPP。2021 年 9 月 16 日，中國提出申請加入。然早在 2020 年 11 月，日本經濟再生擔當大臣西村康稔對當時中方表態加入 CPTPP 一事做出反應說：中國眞的打算遵守高水平規則，將是開展談判的前提（肖曼，2021）。日方如此的負面回應，意在言外。但日本這種含蓄的做法對於中國已獲新加坡的支持，並強行加入的舉措，恐怕力有未逮；美國的表態仍是最關鍵的。

美國終於登台了。今（2022）年 2 月 11 日拜登公布印太戰略報告，該報告指出，中國正結合經濟、外交、軍事與技術實力，在印太地區尋求勢力範圍，並尋求成爲全球最具影響力的大國；報告的提出，

印太地區面臨越來越嚴峻、來自中國的挑戰越來越巨大。其中，新出爐的印太經濟架構（I ndo-Pacific Economic Framework），將在亞太地區和友邦國家在數字貿易、供應鏈、減碳及潔淨能源、和綠色技術、基礎建設、勞動標準等議題。該架構旨在填補美國 2017 年退出 TPP 後留下的亞洲戰略漏洞（Yuka Hayashi, 2022；無作者，2022）。未來的結果究竟是由「印太經濟架構」取代 TPP 還是相互融合，仍不得而知，但在「反中」的議題上，應是相應與一貫的。而美國對中國的經濟制裁的標準，應會成爲反中自由貿易區的濫觴：2021 年 7 月 12 日布林肯批評中國對新疆維吾爾人犯下了種族滅絕和反人類罪行，國務院將保留和繼續對相關聯的中國官員與企業進行制裁；商務部將 20 多家中國公司和實體列入黑名單。7 月 13 日國務院財政部等六部門聯合發表一項新的嚴屬警告美國公司和個人留意與新疆地區實施強迫勞動和侵犯人權的實體往來在聲譽、經濟與法律上的風險。據此推測，印太地區經貿圍中的框架可望逐漸成形。

　　值得一提的是，隨著中國戰狼外交的橫行、對民主與人權的漠視與踐踏，2021 年 5 月 20 日歐洲議會壓倒性高票凍結歐中投資協定，並主張中國一天不解除對歐洲政治人物及學者的制裁，議會不恢復處理，同時譴責中國對新疆人權、香港民主的侵犯，以及聲明與台灣的經貿合作協議不應被歐中協定牽制，歐中關係再進一步惡化。歐中關係轉惡也將有助於印太之外的美歐的抗中共識的增強。2021 年 11 月 15 日拜登簽署 1.2 兆美元（33.41 兆台幣）的基礎建設法案，欲提倡綠能與對抗污染，強化美國鐵公路、橋樑、電力網路、水管更新與用水處理、機場、港口、電動巴士與電動車充電站的基礎投資，不僅可創造全美大量就業機會，也讓美國重新強固世界經濟成長的核心地位，並提高

美國左右開弓，連結印太與美歐自由經濟的連結與黏著，提高對美國領導民主同盟共同對抗集權中國威脅的向心力。而美國與盟友對中國經貿的持續制裁與科技「卡脖子」，也間接讓中國的軍事科技的前景更加黯淡。

## 三、圍堵中國的軍事聯盟在成形中

2021 年 3 月布林肯訪歐後，英、法和德等北約國也派遣或聲明要到南海及印太地區實施「航行自由」行動，這是歐洲 2002 年來首次的動作。4 月 16 日，時任日本首相菅義偉與拜登在白宮會晤後，雙方發表聯合聲明強調，再度確立日美同盟是印太地區安保核心，並宣示打造「自由開放的印太地區未來」。聲明除了主張強化美日同盟、區域安保和關注朝鮮半島局勢之外，釣魚台、南海、新疆、香港，更罕見地提及台灣以及未來國際產業鏈和高科技競爭等等話題。2021 年 7 月 11 日布林肯針對南海仲裁案五周年發表講話，明確延續川普政府時期否定中國九段線的聲索權，而站邊菲律賓，並強調美菲防禦條約第 4 條所規定的美國之協防義務。美國假此理由積極介入南海問題的企圖，十分明顯。

而更值得注意的是，2021 年 9 月 16 日，拜登、英國首相強森（Johnson）以及澳洲總理（Morrison）三方透過線上視訊方式，宣布成立 AUKUS 安全聯盟。其中一項關鍵要務就是協助澳洲發展核潛艦技術。有官員指出，這是為了推進三方的戰略利益，並基於維護國際規則秩序，促進印太地區的和平與穩定。CNN 則直接挑明，這是美英澳為了抵制中國的新措施（Liptak & Maegan, 2021）。同時，自 10 月 12 日起，美國、日本、印度、澳大利亞在孟加拉灣，展開為期 4 天的聯合

海軍演習，是英美澳宣布成立 AUKUS 三方安全協議以來，「四方安全對話」（Quad）舉行的首次軍事演習，象徵遏制中國侵略的同盟關係正穩健發展（顏建發，2021）。很清楚地，這些舉措說明美國對應中國的威脅是結盟的、在地的、常駐的，顯露了美國對於抑制專制中國鐵般的決心。

## 參、中國的戰略格局的進一步內縮

習近平自 2013 年執政以來，進行大立與大破：立，藉強勢抓權，發展經濟、科技與軍事，並藉一帶一路與南海擴張，追逐中國夢；破，藉反貪腐，爭取民心並壯大自己的政治勢力。前著，既陷入大躍進的發展模式，令沉痾舊疾更惡化，且威脅了以美國為主的西方世界的領導權。後者，既在權貴階層樹立對立面，更由於其手段過激，埋下動盪的隱患。尤其在川普自 2018 年以來對中國的強力打壓之下，習近平氣勢受挫，過去幾年來中國陷入內憂外患與多事之秋的困境，再加上，習近平爭取 2022 年二十大黨權賡續的操切之心，導致他整個戰略安排傾於混亂與激進，尤其 2021 年中以來近乎文革式地全面性整改，使得中國內部陷入一種不確定的氛圍與社會經濟生態的斷傷，茲分述如下：

### 一、「不達目的不罷休」的整改之長期佈局

實際上，整改並非新的課題，而是中國共產黨一個醞釀已久的改革措施與方向。在 2013 年 12 月 11 日的《人民網－中國共產黨新聞網》刊登一篇「習近平『不達目的不罷休』為整改再加壓」的文章指出：12 月 9 日下午習近平在中南海聽取河北省委黨的群眾路線教育實踐活

動總體情況匯報指出，「第一批教育實踐已接近尾聲，但四風整改遠未結束，而是步入常態化」；「抓整改要動真碰硬、攻堅克難，上下協力、加強聯動，持續用勁、步步為營，不達目的不罷休。」；「思想不能疲、勁頭不能鬆、措施不能軟，一以貫之走好群眾路線。」；「要真正的祛病除根，肅清不正之風。」；「留到最後的都是沉痾舊疾，整改勢必會傷筋動骨，斬斷部分人的利益」；「必須拿出壯士斷腕的勇氣，必須發揚刮骨療傷的氣魄，整改的要求境界：不等不拖，立查立改，改就改好。」；「好經驗、好做法，要及時以制度形式固定下來，建立長效工作機制，實現整改的常態化」（童年的稻草人，2013）。由此可見，整改並非即興之作，而文革式的語彙所流露的習性，溢於言表；這一次整風全面悄然展開，並在 8、9 月進入高潮的巨大張力，除了外部受美國民主大同盟的步步進逼外，內部毋寧是受到百年黨慶的十一慶典、第二任期今（2022）年底即將結束，而佈局今年底為賡續黨權除舊布新、剷除異己、爭取民心等因素之影響而啟動的全方位政改進程。然治大國如烹小鮮，習近平以此全面而高速的改革，其效率是顯見的，但其效果與後遺症卻是可憂的。

## 二、美國及其民主同盟的圍堵強化習近平更強化其內控與極權的念頭

「內循環」在中國官方語境中的全稱是「國內大循環」，這個詞第一次出現在公開報道中是 2020 年 5 月，當時中國剛剛從疫情中緩過氣，經濟逐步開始復甦，但外部環境從政治到經濟都開始全面惡化，尤其與美國及其民主同盟的關係。而「內循環」的戰略意義在於：以國內大循環為主體，透過發揮內需潛力讓中國經濟在「外循環」中將更為

靈活主動，其意在：「受惠」於外而不「受制」於外。而 2021 年 1 月
20 日拜登就職以來，雖有與中國「合作」的提議，但「競爭」與「敵
對」的範疇卻呈現「川規拜隨」的樣態，甚至加碼前進。據此，不管
是 2021 年的百年黨慶或 2022 年二十大的黨權之賡續，皆需先「安內」
才能進行習近平在第三任期的「攘外」工作。對習近平而言，安內則
必須仰賴「排除外力干擾」的全面整改。而在軍警政大權在握的狀況
下，受到文革影響的習近平與其同僚，顯然相信須採用如上述在 2013
年所講的「抓整改要動眞碰硬」，才能有效壓制境內的反習勢力與改革
進程在體系與風氣上的沉痾痼疾。

## 三、由《十九大報告》可窺視習近平集權的内心世界

　　2012 年習近平承接胡錦濤的政權；2017 年底的中共《十九大報
告》才是習近平邁向「完全」執政起點的藍圖。除了要繼往，也要開
來，十九大黨代表大會的主題開門見山地揭櫫：「不忘初心，牢記使命，
高舉中國特色社會主義偉大旗幟，決勝全面建成小康社會，奪取新時
代中國特色社會主義偉大勝利，爲實現中華民族偉大復興的中國夢不
懈奮鬥。」句子中的「新時代」透露了習近平領導班開創中國新局的
企圖心。報告強調：「公有制爲主體、多種所有制經濟共同發展的基本
經濟制度，是中國特色社會主義制度的重要支柱，是社會主義市場經
濟體制的根基。」；「完善產權制度，必須毫不動搖鞏固和發展公有制
經濟，毫不動搖鼓勵、支持、引導非公有制經濟發展。」，也就是說：
公有制經濟爲「主」，而私有制經濟爲「從」；「深化國有企業改革，必
須堅持黨對國有企業的領導。」習近平、黨、國有企業、民營企業，
是由上而下的位階關係。報告又指出，「兩個一百年」（2021 年是中國

共黨的第一個百年；2049 年是中華人民共和國成立一百年，也就是第二個百年。而配合「兩個百年」，報告規劃出了從 2020-50 的中國共產黨的國家發展藍圖，並分兩個階段來安排：第一個階段，從 2020 到 2035 年，基本實現社會主義現代化。」；第二階段，從 2035 年到 2050，要把中國建成「富強民主文明和諧美麗」的「社會主義現代化強國」。報告似乎表達一個訊息：2050 年「具有中國特色的社會主義市場經濟體制」將趨於的完善，而中國重新回到歷史上的世界中心。習近平追求黨、政、軍的領導人，姑不論其權力與私慾的驅力，純從理想面觀之，至少，就十九大報告所規劃的中國夢藍圖，他可能覺得自己至少要主導 2022-27 的銜接性歷史任務，心理才會踏實。

　　基本上，改革開放後的中國各個層面在和國際接軌的過程中，早已密不可分，但習近平為了清除以資本主義和民主主義所包藏的帝國主義遺毒，嚴格管制對外交流與淨化被感染的共產思想初心，對國內進行人與事的全面文革式的整肅乃勢在必行。而清算富人與名藝人、禁止英語教育、整頓補教、對電競遊戲的限制、清除外來文化毒素、嚴格管制進出國的人流、金流管控等等高壓舉措，整個社會的生機與活力受到嚴重的摧殘。而房地產的泡沫化、嚴重缺電，以及通膨的壓力日升，讓中全會雖於 2021 年 11 月 11 日順利落幕而習近平掌控二十大，看似沒有懸念，但國際形象與助援大為下滑與失落，以及內部的社會與經濟的挫傷以及反習勢力的掣肘，這些內外壓力的重負使得習近平的腳步越接近二十大的召開，越顯得舉步維艱。

## 肆、「容俄制中」應是拜登心底的戰略盤算

2022 年 2 月 4-20 日的北京冬奧，可說是習近平來到 2022 的山腳，仰望二十大權力高峰的起點。但當習近平卯足全力辦冬奧，美國及其盟友則在印太海域展開肅殺的軍事活動。據環球網抨擊，冬奧會前中國便在聯合國大會上提出了奧運期間的休戰協議而通過決議，但美軍卻無視聯合國決議，在南海及周邊海域佈署多艘航母，甚至聯合其他國家向中方施壓（谷火平，2022）。美日則是擔心，冬奧一旦結束，習近平或可能泡製俄羅斯陳兵烏克蘭邊境的作法，對台灣造成壓力與威脅。事實上，外媒 1 月警告，共軍已在第一島鏈以東常態部署軍艦，想切斷美日馳援台灣。這也是 2 月 3 日起美日在台灣周邊兩個關鍵海峽，也就是宮古海峽和呂宋海峽進行了多日的「高貴融合」（Noble Fusion）聯合軍演。不過，在北京的自制與粉飾下，整體氛圍仍顯得平靜；相反地，俄羅斯在一月初軍事介入哈薩克之後，緊接著，俄軍佈署軍力於烏克蘭邊境，不斷加碼，風頭正健，戰事儼然一觸即發。各種可能的說法，莫衷一是。

不過，截至本文完稿前普欽仍處在做勢階段。一方面，北京冬奧 2 月 20 日才閉幕，普欽需要考慮中國的面子。另方面，一旦俄軍入侵烏克蘭，以美國為首的北約不能坐視，西方將被迫與俄羅斯公開決裂；兵凶戰危，大國間的軍事衝突一旦升起，局勢將陷入不可測的災難，雙方不可能不進行理性計算。雙方的外交斡旋還在進行之中，和平落幕的機會仍存在著。本文認為，普欽應不至於動武，理由是：（1）普欽擁有梟雄行格以及恢復俄羅斯帝國光榮過去的強烈使命，他要的是對烏克蘭乃至於歐洲的外交影響力；（2）普欽此舉並無與美國全面決

裂的意思，否則沒必要與拜登談，同時還主動要求第二次對話，普欽對美國爲首的北約的軍事介入仍有所顧忌；（3）普欽所提的三點要求（不讓烏克蘭加入北約、北約不再接受新成員、以及不在前蘇聯加盟共和國建立軍事基地），拜登作爲世界領袖自然不能答應，但他和德國總理蕭茲以及法國總統馬克洪並未要求俄羅斯降低其對烏克蘭的影響力，因此，只要普欽只以透過軍事行動威嚇烏克蘭，而求取「烏克蘭現狀」得以維持，那麼，俄羅斯在此區影響力的上升，並不至於引來美國與歐洲的反擊與制裁；（4）中國既爲美國最大的潛在威脅，美國欲遏之而後快，準此，普欽爲了俄羅斯自身的利益，以及反轉當年季辛吉「聯中制蘇」，報一箭之仇，相信普欽自當樂見中國遭圍堵而影響力下降的趨勢，因而相信普欽應該不至於糊塗到替中國攬子彈，引火上身。

　　本文以爲，普欽威嚇烏克蘭不過是想利用美國集重兵於印太，圍堵中國，而無暇及它之際，加大對烏克蘭的地緣影響力，並藉美中矛盾擴大區域的戰略空間，一如一月初其受哈薩克斯坦總統之邀而以集體安全組織名義出兵哈薩克，但兵不血刃；烏克蘭如再更進一步納入俄國影響範圍，普欽的歷史使命便有更好的成績。普欽表面上與拜登博弈，甚至有替中國紓解美國印太戰略的「制中」壓力的表象，在地緣上，他實則擠壓了「一帶一路」沿線上，中國對烏克蘭與哈薩克的影響力。這次北京冬奧遭西方社會的抵制，普欽卻願意出席，一方面給足了中國面子，另方面也可藉此掩飾其在哈薩克與烏克蘭議題上擠壓與排除中國的作爲，這手法可謂「抹壁雙面光」。總體而言，普欽對烏克蘭的軍事行動應是著重在政治與外交考量，而非軍事佔領。因此，軍事行動應會雷聲大，雨滴小。根本上建立一個親俄的烏克蘭政權才

是普欽的主要目的。準此，普欽的軍事佈署應會「高舉輕放」，在兩軍交戰、千鈞一髮之際，「懸崖勒馬」；同理，拜登如有意暗地成全普欽的歷史使命，將會固守圍堵中國的印太戰略初衷，而對普欽的軍事行動表面重視，卻私下放水。迄今，我們固仍未聞拜登有「聯俄制中」的政策，普欽也沒有「聯美制中」的可能，但縮小中國的戰略空間應同時符合拜登與普欽各自的國家利益與戰略盤算。

## 伍、美升中降已成趨勢

2000 年 10 月，中國的十五計畫提出「走出去戰略」並立訂「鼓勵中國具有比較優勢企業 進行對外投資」的戰略方針。2001 年 11 月 11 日中國加入 WTO，這及時雨讓它得以推動「走出去」而進行全球化的戰略布局。在國際市場的自由天堂裡，中國政府的資源被積極調動起來挹注於企業的跨國行動，橫掃千軍，所向披靡。甚至，2015 年 5 月 8 日，國務院關於印發《中國製造 2025》的通知揭示：這是中國實施製造強國戰略第一個十年的行動綱領。而在 2016 年頒發的通知中說，「政府將對『中國製造 2025』城市、智能製造和服務型製造等試點示範方面予以優先支持，並在工業轉型升級（中國製造 2025）資金安排中對符合支持條件的予以傾斜」。

歲月悠悠，眼見紅色帝國旭日陡升，但好景不常。2009 年歐巴馬第一任期的重返亞太與第二任的再平衡，皆是針對中國崛起而來；第二任期尤其側重亞太的軍事佈署。2017 年執政的川普雖很鄙視歐巴馬，對其中國政策的缺乏決心與魄力多所嚴厲斥責，但其在 2017 年底所推動的「印太戰略架構」，卻無牴觸歐巴馬的對中路線，毋寧更將歐

巴馬時期以經營有成的印度關係，更進一步落實與強化，而由「亞太」擴大到「印太」。尤其 2018 年 3 月以來，在川普政府連番的強力經貿與科技的制裁下，中國步步退讓。2021 年川規拜隨，拜登對中國在經貿與關鍵技術的封鎖與打壓，並不亞於川普。中國於是被迫走向內捲作為。對內，這種急切的大轉彎，將使得中國的整體遭受嚴重的內傷與離心離德。而中國任何看似退讓或合作的舉動，對美國與民主同盟而言卻充滿欺騙的懷疑，不再輕信。民主同盟覺醒了。美英澳三國的軍事同盟（AUKUS）意味著印太戰略將是長久駐足的戰略與軍事建設，此生態將日趨結構化。

習近平主張要擺脫對美國的依賴，推動形成「以國內大循環為主體、國內國際雙循環相互促進的新發展格局」；「扭住擴大內需這個戰略基點，使生產、分配、流通、消費更多依託國內市場」。箇中「提升自主創新能力，儘快突破關鍵核心技術」成為關鍵事宜，但這種的自我挫傷與缺少外來資源，所謂的「要充分發揮中國國社會主義制度能夠集中力量辦大事的顯著優勢」恐怕再現大躍進的浩劫。而當「國際大循環」受制於美國主導的民主同盟，資金、技術、管理、資訊被卡住，單靠中國貧弱而低階的國內大循環以及「親中」國家所連結的有限之國際大循環，將難以在科技上突破而殃及經濟與軍事的發展。習近平要圓中國夢，難矣。

習近平主張完善「社會主義市場經濟體制」與追求中國夢的實現過程中，中國共產黨扮演最重要與最優越的地位與角色：「黨政軍民學，東西南北中，黨是領導一切的」；「必須把黨的領導貫徹落實到依法治國全過程和各方面」。換言之，黨的建設與集權仍是王道。所依恃的體制與方法論並無改變，依舊未脫離「黨權集中」而「舉國辦大事」

的邏輯。「黨權集中」容易導致小圈圈、不透明也不公開的暗箱操作，理性與周延的論證很難出現，糾錯機制不易產生，進而導致集體共盲的現象，而一旦有利可圖，便容易通往浪費、貪汙和腐敗；而「舉國辦大事」固得以集中力量，帶來資源靈活調度與高度整合，但如銅板的另一面，它也暗含更大的缺點：集中力量可能辦成大壞事，更可導致大災難，難以挽回；偉大的觀念造成偉大的錯誤。中國被迫內縮到自身的內需市場；既是情非得已的逆勢作為，前途自是凶險多於機會。而習近平不思體制與方法的變革，還要以講政治來搞發展，實乃緣木求魚。中國的沉痾已深，習近平的政權越牢固，只有讓宿疾越難治。在內憂外患之下，中國求自保已是萬幸，將無力侵吞台灣；那只是願望，而非現實。習近平以後史家論斷中國發展的這個檻可能會說：成也習近平，敗也習近平！2022 習近平一旦登基，共產黨的生命雖然尚存，如上述分析，中國國力將逐漸衰敗，而最值得關切的反而是「後習近平時代」的中國將會如何？悲觀地論，極可能出現群龍無首，分崩離析與軍閥割據的局面；中國人將再陷由治而亂的輪迴。

## 陸、結語

2003 年 12 月中旬中國前總理溫家寶訪美期間曾說過，「中國有 13 億人口，不管多麼小的問題，只要乘以 13 億，那就成為很大很大的問題。」從他的說法加以演繹，上述所陳之習近平面對過去歷史遺留或其一手造成的內憂外患所即將帶來的災難將是大到難以想像的地步。而當一個大帝國從政治、經濟、社會、文化、外交與軍事的各項指標都出現對中國負面遠大於正面時，其欲挑戰美國的世界霸權，將是幻

想遠多於真實，更何況，美中對立是以「聯隊 vs. 單個」的態勢呈現。中國內外交迫，問題叢生，但 2021 年 12 月下旬由習近平主持的中共中央政治局召開黨史學習教育專題民主生活會，卻在沒有雜音的狀況下，圓滿落幕，這不見得是好事。習近平的大權獨攬，乾綱獨斷，導致的一言堂將讓中國的國家發展更缺乏糾錯機制，而情勢的發展只會逼使志大才疏、抓小放大的習近平只能將錯就錯，錯到底。物極必反。依目前看，今年底中共的二十大習近平即便可賡續黨權，但其被掩匿的陳疾與壓力勢必逐漸發散與蔓延，其中，高層裡的明白人應該不少，只是沒有人願意當烏鴉而成為祭品，只等著看習近平犯大錯下台再伺機出頭。從某種意義來說，高層人士的政治冷感與一般市井小民的噤聲，反而是風暴來襲前的寧靜，其氣氛並非祥和而是肅殺的。

目前，習近平大權在掌，但中國人民感受過去近二十年的繁榮與相對的自由與最近的經濟下滑與輿論快速緊縮的落差，將使得中國內部的不穩難以被動員用來打對外這場「敵眾我寡」的戰爭。不穩定會造成更嚴重「內鬥」而非「外鬥」。中國人民既然對於中共的「不良治理」能夠容忍而難起大規模對抗政府（類似緬甸的反政府運動），那麼，中共想要動員民眾去當炮灰的作為應更困難。當前，北京至多能在海上與天上干擾與恫嚇台灣；但這也將招徠美國與民主同盟更緊密地關注與介入，並不討好。以當前俄羅斯置重兵於烏克蘭邊界，但美國的軍事與外交主力卻仍放在印太地區；美國欲壓制中國於腳下的企圖，可見一斑。

依眼前看，中國身處內憂外患，多事之秋，尤其是經濟下滑與政治必須緊控，而中共文宣欲醜化台灣的政治發展，其總體效果不佳，反而對執政的民進黨有利。一個銅板不響，只要台灣做自己的事，「淡

化」回應力度，中共很難單方炒作攻台的正當性。所謂淡化，就是不管對於對方的負面指責，或正面提議皆溫溫、淡淡地回應；強烈地反擊，會加深對立的火氣；給予過於正面回應（如春暖花開、強化交流等），又讓它認為，台灣既不接受一中，卻故意吃豆腐，終將激起其卑劣的狼性，而激起將平和與繁榮的台灣「搞個稀巴爛」的惡念。偶而不回應或回應時抽象而溫和、淡然，防止對立升級與衝突，應視為第一要務。同時，對於中共在海上或天上所設足以產生雙方誤判的「陷阱」，事前應多做一些想定與沙盤推演，以防不測。

總體而言，在美中關係上，美升中降的大勢已定。在台海兩國關係上，中國一旦陷入內外困境而變得不理性，是否對台統戰仍維持既有調性，值得深思與觀察。兩岸剩下的民間社會與經濟交流要可長可久，仍得繫乎情感的自然交流與價值理念的同質，然當前文革世代所主導的政策與作為皆與此扞格；對於台海兩國良性的交流，可遇不可求，只能靜候。依眼前態勢觀之，務實而言，台海兩國越多的交流與合作將使台灣陷入更糾纏的困擾，「脫中（國）向世（界）」才是王道。台灣應尋求建立堅強的主體性與獨立性以及有深度的社會文化體系，並積極與國際接軌，如此，將來不管被迫或主動與中共進行交流與接觸，才能立於不敗之地。

# 參考文獻

工商時報，2020。〈日本欲加入「五眼聯盟」英立即表示歡迎〉7 月 30 日
（https://ctee.com.tw/news/global/309984.html）（2022/2/14）。

谷火平，2022。〈美軍無視聯合國決議，冬奧會期間又要在南海搞事，絕不
姑息〉《網易號》2 月 7 日（https://www.163.com/dy/article/GVKHLP8E
053518R1.html?f=post2020_dy_recommends）（2022/2/14）。

肖曼，2021。〈中國正式申請加入 CPTPP 應對美國對華經濟脫鉤〉《rfi》9 月
16 日（https://www.rfi.fr/tw/專欄檢索/要聞分析/20210916-中國正式申請
加入-cptpp-應對美國對華經濟脫鉤）（2022/2/14）。

松仁，2021。〈17 國民調顯示對中國的觀感普遍很差，對習近平信心則接近
穀底〉《VOA》7 月 1 日（https://www.voachinese.com/a/survey-shows-xi-
jinping-near-bottom-of-ratings-while-us-rebounds-20210630/5948479.html）
（2022/2/14）。

無作者，2022。〈拜登公布任內首份「印太戰略報告」：重申「一個中國原則」，
但提到台灣的方式耐人尋味」〉《The New Llens 關鍵評論》2 月 12 日
（https://www.thenewslens.com/article/162684）（2022/2/14）。

童年的稻草人，2013。〈習近平「不達目的不罷休」為整改再加壓〉《人民網
－中國共產黨新聞網》12 月 11 日（http://cpc.people.com.cn/pinglun/n/
2013/1211/c241220-23812563.html）（2022/2/14）。

顏建發，2021。〈拜登的圍中戰略及其對兩岸關係的影響〉收於王崑義、施正
鋒（編）《拜登新局與美中台戰略轉型》頁251-68。台北：台灣國際研究
學會。

Liptak, Kevin, and Vazquez, Maegan. 2021. "Biden and UK to help Australia
acquire nuclear-powered submarines in new pushback on China." *CNN*,
September 16 (https://edition.cnn.com/2021/09/15/politics/us-uk-australia-
nuclear-powered-submarines/index.html) (2022/2/14)

Moriyasu, Ken. 2021. "Five Eyes to Nine Eyes? China Threat Sparks Call for Wider Intel Sharing." *Nikkei*, December10 (https://asia.nikkei.com/Politics/International-relations/Indo-Pacific/Five-Eyes-to-Nine-Eyes-China-threat-sparks-call-for-wider-intel-sharing) (2022/2/14)

Yuka Hayashi，2022。〈美國準備推出「印太經濟架構」，旨在制衡中國〉《華爾街日報》2 月 8 日（https://cn.wsj.com/articles/美國準備推出－印太經濟架構－旨在制衡中國（121644199835）(2022/2/14)。